首阳教育书系

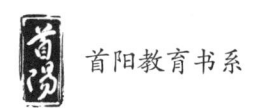

数字化转型的智慧课堂
问题化学习的课堂教学设计

马九克　黄昶力　著

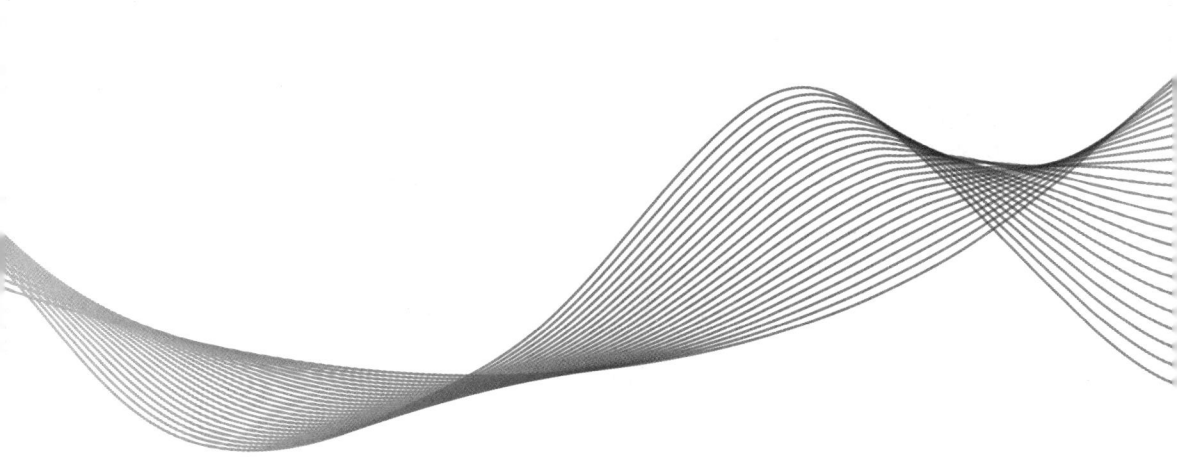

陕西师范大学出版总社　西安

图书代号　JY24N0942

图书在版编目（CIP）数据

数字化转型的智慧课堂：问题化学习的课堂教学设计 / 马九克，黄昶力著. -- 西安：陕西师范大学出版总社有限公司，2024.8（2025.3重印）.
ISBN 978-7-5695-4537-1

Ⅰ. G424.21

中国国家版本馆 CIP 数据核字第 20246MJ673 号

数字化转型的智慧课堂——问题化学习的课堂教学设计
SHUZIHUA ZHUANXING DE ZHIHUI KETANG——WENTIHUA XUEXI DE
KETANG JIAOXUE SHEJI

马九克　黄昶力　著

出 版 人	刘东风
出版统筹	杨　沁
责任编辑	李少莹　成少彦　郅　然
责任校对	徐文婷　胡雨琛
封面设计	李梦瑶
出版发行	陕西师范大学出版总社
	（西安市长安南路 199 号　邮编　710062）
网　　址	http://www.snupg.com
印　　刷	陕西信亚印务有限公司
开　　本	720 mm×1020 mm　1/16
印　　张	22.5
字　　数	311 千
版　　次	2024 年 8 月第 1 版
印　　次	2025 年 3 月第 2 次印刷
书　　号	ISBN 978-7-5695-4537-1
定　　价	79.00 元

读者使用时若发现印装质量问题，请与本社联系、调换。
电话：(029) 85308697

序 言

序 一

在当今信息技术飞速发展的时代，教育领域正经历着一场深刻的变革。数字化转型不仅是教育现代化的必然趋势，更是提升教育质量、促进教育公平的重要途径。在这一背景下，《数字化转型的智慧课堂》一书应运而生，为我们提供了一份宝贵的理论与实践指南。

本人作为一名长期致力于教育技术研究的大学教授，深知教育数字化转型的重要性和复杂性。智慧教育即数字化转型的大目标，承载着变革传统教学模式、提升教学效果的厚望。同时，智慧教育也是数智赋能的教育创新范式，需要广大教育工作者坚持不懈地共同努力，研究其支撑理论和探索可操作的实践模式。按照我的观察，作者在本书中提到的"三个五"智慧课堂教学体系与实践案例，正是对这一需求的有力回应。

本书作者马九克，原上海七宝中学物理特级教师，荣获全国优秀教师及上海教育年度十大新闻人物称号，被我视为基础教育界践行教育信息化与智慧教育的"奇人"，他边思考边实践，先在课堂教学中把PPT的功能发挥到极致，随后"马不停蹄"地探索多种信息技术赋能课堂教学创新实践，成果颇丰，可谓著作等身，其科研成果《教育信息技术助推课堂教学变革的实践研究》不仅荣获四年一度的上海市政府教学科研成果特等奖，还获得国家级基础教育科研成果二等奖。

  本书是马老师以其四十年的教学实践经验和十余年的智慧课堂教学研究为基础，与本书另一作者黄昶力深入探讨了教育数字化转型的各个方面。从教育数字化与数字技术的概览，到微课视频的设计制作策略，再到智慧教育平台的应用，本书以翔实的内容和丰富的案例，为我们展示了智慧课堂的全貌。特别是书中对课前自主学习、课堂互动展示、课后总结提升等环节的详细指导，具有很强的实用性和可操作性，为一线教师提供了具体的教学参考。

  值得一提的是，本书不仅注重理论的系统性和前瞻性，还结合了大量的实际案例和实践经验。西安藤信学校智慧课堂教学实践基地的丰富素材，为书中的理论提供了有力的实践支撑，使得内容更加权威和可信。同时，书稿在编写过程中得到了众多教育界权威专家的指导和支持，进一步提升了其学术价值和实用价值。

  作为中国教育信息化发展的亲历者，我深感推动教育数字化转型的责任重大。我们需要更多像《数字化转型的智慧课堂》这样兼具理论深度和实践指导的优秀著作，来引领和推动教育的变革与创新。我相信，本书的出版将为广大教育工作者提供宝贵的参考和借鉴，助力他们在教育数字化转型的道路上不断前行。

  最后，我诚挚地希望，本书能够激发身在一线的教育工作者的热情与共鸣，让我们携手并进，在教育数字化转型的广阔海洋中找到共同的航向，借助智慧教育的思想光芒，照亮教育现代化的新征程，共同绘制中国教育事业发展的未来新篇章。

2024 年 7 月 20 日

（祝智庭，华东师范大学终身教授，教育技术学博士生导师）

序 二

在数字化浪潮的推动下,教育领域正经历着一场深刻的变革。信息爆炸和技术革新不仅重塑了知识的传播方式,也为教育实践带来了前所未有的机遇与挑战。如何将数字化技术与教育实践深度融合,构建适应未来社会需求的智慧课堂,已成为教育改革的重要课题。《数字化转型的智慧课堂》一书,正是在这样的背景下应运而生,为我们提供了一份深入基础教育领域的研究成果和实践指南。

本书的作者,马九克老师和黄昶力老师,一位是在教育一线耕耘多年、深谙教育信息化之道的资深专家,另一位则是从哥伦比亚大学毕业回国、充满新思想新观念的年轻学者。他们在西安藤信学校进行智慧课堂改革的研究和实践中,共同完成了这项意义重大的研究工作。在多年的智慧课堂教学实践中,我有幸参与到他们的课堂教学改革设计和规划之中,目睹了这一改革如何逐步推进,如何在实践中不断调整和完善,最终形成了一套既有理论深度又富有实践指导意义的智慧课堂教学体系。

回望过去,自恢复高考制度以来的四十多年间,我国教育规模空前发展,义务教育和高等教育入学率均达到世界发达国家水平。然而,教育的本质内容、方法、目标、效果仍存在诸多问题，尽管尝试了多种改革，但顽瘴痼疾仍未根本解决。从幼儿园教育到研究生教育，考试和分数成为衡量学生优秀与否的主要标准，这限制了教育的全面发展，也使得钱学森之问——"为什么我们的学校总是培养不出杰出人才？"——愈发显得迫切。

教育改革的迫切性不仅源于对过去教育模式的反思，更源于对未来社会需求的预见。马九克老师和黄昶力老师在西安藤信学校推行的智慧课堂改革，正是对这一教育改革理念的积极探索和实践。他们提出的"三个五"数字化转型的智慧课堂教学体系，不仅为西安藤信学校的教学改革提供了实践指导，也为更多正在探索中的学校指明了方向。这套教学体系强调了树立学生自信心、增强学习自觉性、培养自主学习能力、激发创造力和好奇心、发展核心素养等几个方面，这些都是当前和未来教育发展中不可或缺的要素。

在数字化转型的课堂教学改革中，我们发现许多学校改革时，往往缺乏明确的理论指导和成熟的实践经验，导致改革的效果不尽如人意。而本书所提出的智慧课堂教学体系，恰好能填补这一空白，为教育工作者提供一套经过实践验证的理论与方法论，鼓励教师在尊重学生主体性的基础上，勇于创新，将现代数字技术与现代先进的教育理念深度融合，探索教育的全新领域。

教育改革之路从无坦途。当前，不少学校数字化转型的智慧课堂教学改革尚处于摸索阶段，容易陷入形式主义或盲目跟风。真正的智慧课堂，应是数字技术与教育理念的深度融合，是个性化与共性教育的和谐统一，而非简单地将技术作为应试教育的新工具。本书的出版，正是为了引导教育者重新审视教育的意义与可能，推动教育数字化转型，使之成为促进教育创新与提升教育质量的强大动力。

我坚信，这不仅是一本书的出版，更是一场教育理念的启蒙，一次教育生态的重塑。它如同一股清流，将启迪更多教育者重新审视教育的意义与可能，为我们国家的数字化转型的推动和促进提供一个可借鉴参考学习的样本。我们期待，通过智慧课堂的广泛实践，能够培养出既有深厚人文底蕴，又具备创新精神与实践能力的未来公民，为社会培育出更多适应时代发展的高素质人才。

最后，我衷心希望《数字化转型的智慧课堂》能够成为引燃教育创新的星星之火，照亮教育现代化的广阔道路，让每一位学生都能在智慧的光芒下茁壮成长，共同书写教育改革与发展的新篇章。

黄藤

谨序于 2024 年春

（黄藤，教育管理学博士、教授，现任西安外事学院董事长、校长，西安藤信学校发展指导委员会主任，第十届、第十一届全国人民代表大会代表，民进第十一届、第十二届、第十三届中央委员会委员）

前　言

在人工智能与信息技术不断融合的今天，教育行业正进行着一场深远的数字化转型革命。这场革命不仅带来了前所未有的挑战，更开启了教育创新与活力的全新篇章。随着全球教育发展战略的推进与中国教育现代化进程的加速，数字化转型已成为推动教育创新的核心力量。面对这一不可逆转的趋势，我们亟须洞悉时代的需求，积极响应时代的召唤，探索如何借助数字技术的力量，推动教育的革新与进步，培育出一批具有创新精神、实践能力及核心素养的新时代人才，以回应社会对教育的殷切期待。

在人工智能带来的挑战与机遇面前，教育改革已迫在眉睫。我们要与时代同步，通过更新教育理念、重构教学模式、优化教育资源等多维策略，从根本上转变传统教学模式，全面落实现代教育思想。我们需着重培养学生的创新能力、批判性思维、创造性思维以及解决实际问题的能力，确保他们能在不断变化的未来世界中持续成长，保持竞争优势。

智慧课堂，作为教育数字化转型的关键组成部分，承载着彻底改革传统教学模式的厚望。然而，在智慧课堂的推广实践中，我们面临着种种挑战，这些挑战主要源自缺乏成熟的理论支撑和完善的实践模式。尽管许多教育工作者对推动智慧课堂充满热情，但在缺少明确指导和可操作模式的情况下，他们的努力往往难以实现预期的教学成效。因此，迫切需要我们构建一套系统化、实用的智慧课堂教学理论和方法，确保教育改革能够顺利推进并取得实质性的进展。

基于此，《数字化转型的智慧课堂》一书应时而生。本书汇集了作者四十年的教学实践经验和十余年智慧课堂教学的理论研究。在与海外学成归来的另一作者黄昶力先生深入交流、探讨后，创新性地构建了"三个五"智慧课堂教学体系。这一教学体系旨在弥合智慧课堂理论与实践之间的断层，为教育工作者提供一系列具有前瞻性且实用的课堂教学改革策略。

"三个五"智慧课堂教学体系基于长期的教学实践研究，提出了一种全新的教育思想。它在"五新教育"理念的指导下，突出了新课程观、新教学法、新技术应用、新教师角色和新体系支持在数字化转型中的重要性，明确了智慧课堂的五大核心要素：全面发展的教育方针、核心素养的培养目标、大单元教学设计、以学业质量为导向的评价体系以及技术与教育理念的深度融合。书中详尽阐述了智慧课堂实践中的五大关键环节，包括数字技术资源整合，学生自主学习的引导，小组合作交流与探究，学习成果的展示与分享以及教师的适时指导、答疑解惑与精细评价，以期构建一个流畅有序的教学流程，充分激发学生的主观能动性和创新力，全面提升教学质量和学习效果。

本书的亮点在于其紧密结合了理论与实践。书中的所有理论概念和策略均源于对实际教学的深入反思和提炼。书中不仅包含了基于真实课堂情境的教学案例，展示了智慧课堂教学体系在实际教学中的应用，还在每章开头设置了引导性的思考题，并附有参考答案，方便读者自主学习和自我检测。

教育数字化转型是一个长期而复杂的探索过程，要求我们要不断适应新技术的发展，深化对教育理论的理解和应用。西安藤信学校在智慧课堂教学改革的征途上，虽然已经取得了初步成果，但我们也清楚地认识到，未来的路还很长，许多工作等待我们去开拓。我们将继续探索如何更有效地利用数字技术工具促进课堂教学改革；如何利用生成式人工智能技术助力，在促进学生深度自主学习的过程中，培养学生的创新思维；如何通过精准的学情分析实现对学生更加个性化的教学；如何在课堂上激发每一位学生的参与热情，发挥他们的主观能动性；如何加强学习共同体的建设，提升学生的自我管理能力；如何在课后为学生设计有助于思考和探究的合作学习任务。这些都是我们未来工作的重点方向。

我们诚挚地希望，有志于推进数字化课堂教学改革的学校和教师能与我们携手合作，共同深入研究和实践，为我国教育的数字化转型贡献力量。

在本书的编写过程中，得到了众多教育界权威专家的精心指导和大力支持，他们的宝贵意见和建议对本书的完善起到了至关重要的作用。同时，西安藤信学校的智慧课堂教学实践基地在探索实践中也发挥了重要作用，并提供了丰富的实践素材和宝贵启示。在此，我要向研究团队成员陈凌云、王锋、肖雁、王颖、李亚、邓珺、聂海、卢晓强，以及西安外事学院的田稼之博士等的不懈努力和专业精神表示由衷的感激。

《数字化转型的智慧课堂》一书融合了前沿理论探索与丰富的实践经验，以其独特且具有广泛适用性的"三个五"教学体系为核心，结合丰富的案例分析，为教育同仁在数字化转型的大潮中指明了方向、夯实了实践基础。我期待本书能够激发每一位教育工作者的热情与共鸣，让我们携手并进，在教育数字化转型的广阔海洋中找到共同的航向，借助智慧课堂的光芒照亮教育现代化的新征程，共同绘制中国教育事业发展新篇章的宏伟蓝图。

2024 年 5 月 18 日

引 言

党的二十大报告中着重强调了推进教育数字化转型，以实现办好人民满意的教育这一目标。这为我们每一位教育工作者提出了一个具有挑战性的重要任务。教育数字化转型，不仅是信息时代发展的必然要求，更是落实新课标理念、培养学生核心素养的关键手段。我们每一位教育工作者都需深入思考如何将教育数字化有效融入课堂教学实践中。

2022年4月发布的《义务教育课程方案》明确提出了通过学科教学培养学生的核心素养，以此作为全面落实立德树人根本任务的重要途径。在数字时代背景下，我们应当积极利用数字技术手段，通过线上线下融合的教学模式，切实贯彻新课标理念，培养学生核心素养。

回溯至2018年4月，教育部发布的《教育信息化2.0行动计划》预示着教育信息化与时代发展的紧密联系，揭示其走向教育数字化转型的历史必然性。当前，我国正处于教育数字化转型的发展期，亟须推动教育数字化的普及深化，并实施创新应用，实现教育数字化转型的实质性突破。

《教育信息化2.0行动计划》指出，在教育信息化转型过程中，办学形态、教学模式和学习方法都将发生革命性变革，旨在促进信息技术与教育教学深度融合并创新发展，重构教育生态系统，包括对课堂教学模式以及学生学习方式的根本性重塑。当前数字化时代，这一过程的关键在于探索如何借助线上数字技术资源赋能线下深度学习，以实现教育数字化转型。

　　课堂教学改革是教育改革的核心环节，教育数字化转型的课堂教学改革，就是借助线上线下融合的新模式，让数字技术为课堂教学赋予新的活力。在教育数字化转型的过程中，数字技术与课堂教学要深度融合、相互促进。我们要防止数字技术的应用与课堂教学变革之间出现"两张皮"的现象，要充分利用技术手段激发学生学习兴趣，丰富教学内容，打破课堂边界，延展教学时空，积极探索互动式、启发式、探究式、体验式的新型教学模式，确保数字技术与课堂教学的有效融合，真正落实国家新课标中关于培养学生核心素养的目标要求。

目 录

第一章　教育数字化转型与课堂教学改革新趋势 / 001

第一节　传统课堂教学的困境及其挑战 / 003

第二节　素质教育演进与核心素养体系构建 / 007

第三节　数字化课堂改革的现状与优势 / 011

第四节　教育数字化实践、价值与转型 / 016

第五节　教育创新趋势与人工智能技术驱动下的教育模式变革 / 029

第二章　新课标的四大教育创新 / 043

第一节　新课标的核心内容解读 / 044

第二节　核心素养的培养 / 046

第三节　大单元教学法 / 053

第四节　学科实践与学习方式变革 / 059

第五节　学业质量评价与融合实践 / 062

第三章　智慧课堂及课堂教学模式 / 072

第一节　深化教育理解与课堂教学革新 / 073

第二节　智慧课堂的内涵与实施 / 083

第三节　智慧课堂教学体系和教学模式 / 094

第四节　驱动性问题设计教学案例 / 107

第四章　智慧课堂五个教学环节 / 119

第一节　数字资源整合 / 120

第二节　课前自主学习 / 123

第三节　小组合作探究 / 130

第四节　成果分享展示 / 133

第五节　教师引导评价 / 140

第六节　智慧课堂的实践流程 / 142

第五章　大单元教学设计及学习案 / 154

第一节　大单元教学设计概念 / 155

第二节　问题化导向的学习案 / 160

第三节　学习案编写规范与要求 / 170

第四节　几种课型的课堂教学设计 / 173

第六章　班级学习小组构建 / 192

第一节　小组建设及组长人选确定 / 193

第二节　学习小组的运行与协作机制 / 197

第三节　学生积极性的调动策略 / 201

第四节　学习小组的精神文化建设 / 204

第七章　自主管理委员会的建设 / 216

第一节　班级自主管理委员会的构建 / 217

第二节　班级文化建设的宗旨与实践 / 220

第三节　班级自主管理委员会的职责培训 / 228

第四节　学校自主管理委员会 / 231

第八章　数字技术与教育数字化转型 / 238

第一节　教育数字化与数字技术概览 / 239

第二节　微课视频的设计制作策略 / 250

第三节　智慧教育平台的应用 / 259

第四节　国家智慧教育平台资源及应用 / 269

第九章　推进智慧课堂实施的必要措施 / 292

第一节　构建智慧课堂教学管理体系 / 293

第二节　举办系列教学竞赛活动 / 310

第三节　智慧课堂教学的系统化培训 / 320

第四节　取得初步成效 / 330

第一章
教育数字化转型与课堂教学改革新趋势

学习本章内容思考讨论回答下面问题：

问题一：如何在新课标指导下，通过智慧课堂教学有效融合素质教育与核心素养培养，促进学生的全面发展？

问题二：在当前教育数字化转型的背景下，教师应如何有效利用线上线下融合教学的优势，推动数字化课堂改革，并应对实践中的挑战？

问题三：在教育数字化转型的过程中，教师应如何有效利用数字技术资源，促进学生核心素养的全面发展，并实现教育教学的创新与公平？

问题四：在人工智能技术推动下，基础教育如何实现数字素养与核心素养的融合，以促进学生的全面发展和适应未来社会的挑战？

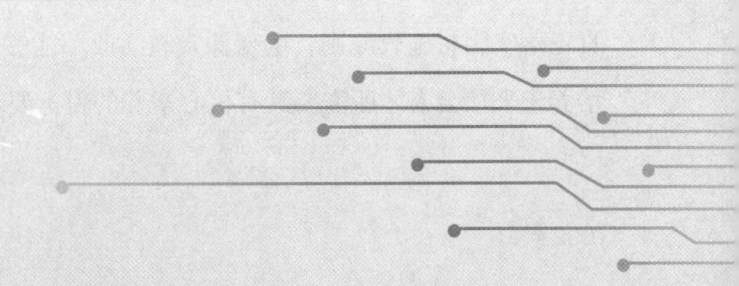

随着教育数字化转型的不断深入，课堂教学改革正面临着前所未有的机遇与挑战。

多年来，我们在课堂教学改革的道路上持续探索，众多课堂教学改革理念和方法均强调了学生的主体地位，提倡先学后教、以学定教的原则，并注重课前对学生学情的精准把握。尽管这些教育理念正确且具有前瞻性，但在传统课堂环境下却面临落地难题。

传统的课堂教学改革虽然鼓励学生自学，但由于教学手段与工具相对滞后，实际操作中往往难以有效实施。学生自学的内容受限于单一形式，难以适应网络时代下学生多元化的学习需求和兴趣激发。课前布置的导学案任务虽旨在引导学生课前自主学习，但其内容和形式的单调性并未能充分调动学生的积极性，反而加重了教师工作负担，尤其是在每日作业批改之余，还需投入大量精力对导学案进行审阅。这种情况下，教师获取学生实时学习信息的渠道有限，只能依赖次日作业反馈或考试结果，无法实现实时、精准的教学互动与学情掌握。

同时，优秀教师的优质课程资源难以得到有效传承与广泛共享，个性化、精细化教学及因材施教的理念在实践中遭遇瓶颈。由于上述种种挑战，传统课堂教学改革长期未能取得全面成功。

在当今教育数字化转型的大背景下，结合培养核心素养的目标导向，我们亟须对上述问题进行全面反思并重构改革策略。我们应充分利用现代数字技术手段，推进线上线下融合教学模式，丰富教学内容呈现形式，提高学生学习兴趣与主动性。通过智慧教育平台收集分析学情数据，实现即时、精准的学情监测与个性化的教学指导，进而推动教育资源共建共享，真正落实因材施教原则，确保课堂教学改革能够顺应时代发展潮流，满足培养未来社会人才所需要具有核心素养的目标要求。

第一节 传统课堂教学的困境及其挑战

一、传统课堂教学的特点及问题剖析

1. 传统课堂教学面临的挑战及现状

（1）传统教学模式在信息技术环境下面临的挑战

传统的课堂教学以满堂灌输、注入式教学和被动学习为显著特征，这种模式伴随着工业社会的兴起已存在了300多年，被比喻为"工厂流水线"式的教育方式。然而，在当前网络时代背景下，我们的学生自出生甚至更早便沉浸在信息技术环境中，对数字工具的使用驾轻就熟。随着科技的日新月异，现代学生获取知识与信息的渠道日趋多元，他们对于单一听讲的教学模式已经不再满足。

（2）满堂灌教学与学生注意力、积极性矛盾

在满堂灌教学中，学生课堂注意力容易分散，学习积极性不高，导致课堂效率低下，实际有效学习时间远低于40分钟的课堂时长。即使部分学生专注听课，也常常出现考试时无法灵活运用所学知识的现象，反映出浅层学习的问题。教师反复讲解而学生难以内化，家长、教师乃至学校管理者普遍反映投入大量时间和精力，但学生的学习成效却难以显著提升，且易产生厌学情绪。

（3）被动学习对深度认知和创新能力的制约

这些现象产生的根源在于，学生在课堂上的被动接受和浅层学习阻碍了他们深度理解和创新能力的发展。尽管传统课堂教学也培养了大量人才，但在信息化社会下，教师不再是知识的唯一来源，学生可以通过各种途径获取学习信息进行自主学习。

（4）应试导向教学与综合素养培养的冲突

面对中考、高考的压力，不少学校依然沿用满堂灌的教学模式，依赖注入式、拼时间、题海战术在短期内提高成绩，但这与培养学生综合素养和社会适应能力的要求相去甚远。面向未来的不确定性，我们亟须培养学生的自主学习能力、探究思考能力、合作交往能力和解决问题的能力。

2. 浅层学习与虚假学习现象的凸显及后果

当前，课堂教学中的浅层学习和虚假学习现象颇为突出。

"浅层学习者"表现为以应付任务、避免惩罚为导向，过度依赖机械记忆和重复练习，缺乏深度思考和内化知识的过程，虽然能复制知识却难以实现知识的深度理解和灵活应用。

在浅层学习模式下，学生遵循教师的指令行事，即使对教师讲解的内容有疑问也难以发声，他们如同被动的信息接收器，对于需要深入思考的挑战性问题，往往选择等待现成答案而非主动探究。

"虚假学习者"数量也在不断增加，其主要表现包括：

（1）跟不上教学节奏，为了逃避惩罚而采取"假装学习"的策略。

（2）表面上严格遵守纪律，坐姿端正，看似专心致志地听课。

（3）过度迎合教师，紧跟教学步骤，避免深入思考或提出有挑战性的问题。

（4）出现诸如假写笔记、假读课文等自我掩饰行为。

（5）教师误以为教学进展顺利，学生反馈良好，加快教学进度，直至考试结果揭示出虚假学习带来的低效。

这种状况下，学习困难的学生群体（简称"学困生"）日益增多，成为教育领域的一大难题。

二、学困生及其产生原因剖析

1. 学困生的形成机制与演变过程探究

（1）学困生的形成

儿童天性中蕴藏着对学习和探索未知世界的浓厚兴趣，尤其在一年级阶段，新生们往往展现出积极主动的学习态度，此时通常不易察觉明显的学困生现象。然而，在知识深化、课程难度逐步提升的过程中，当学生面临理解难题、作业困扰等挑战时，如课堂讲解内容难以消化吸收，或独立完成作业的能力有限，若在传统的填鸭式教学环境中，他们缺乏提问和获得及时解答的机会，或者因为胆怯而不愿表达疑问，问题就会逐渐积累而得不到解决。

（2）演变过程剖析

随着课程的不断推进，这些学生对新知识的理解和掌握愈发吃力，进而受到来自教师和家长的压力及批评。长期处于这种困境下，他们的自信心将遭受打击，可能从原本的充满好奇心逐渐转变成消极对待学习，甚至可能为了掩盖真实的学习困难而表现出表面的努力，从而由看似成绩尚可的"伪学优生"，逐渐演变为真正的"学困生"。

（3）阶段性特征及问题加剧

从小学到初中乃至高中阶段，学困生的数量呈现出一种递增的趋势。小学时期潜在的学习困难如果没有得到妥善解决，到了初中阶段往往会进一步凸显，进入高中后，由于学习内容的复杂性和竞争压力的加剧，这类问题会更为严重。因此，对学困生形成机制及其发展过程的深入分析与有效干预显得尤为重要，以期尽早识别并帮助这些学生走出困境，重新点燃他们对学习的热情。

2.学困生产生的原因及应对策略

（1）学困生产生的主要原因

随着教育阶段由小学至高中过渡，学困生人数增加的原因不仅包括学科难度提升和个体认知差异，更在于教学方法和课堂教学模式的局限。传统的以教师讲授为主的课堂，忽视了学生的主体地位和互动交流，使得学生面对困惑时缺少及时解决问题的渠道，长期积累的问题最终可能导致学生放弃学习。

（2）学困生应对策略构建

鉴于当今教育数字化转型的大趋势以及落实新课标、培养核心素养的目标要求，我们需要革新课堂教学模式，倡导自主、合作、探究的学习方式，充分利用现代数字技术手段丰富教学内容和方法，促进学生深度学习，减少虚假学习现象，真正实现从知识传授到能力培养的转变，为未来社会培养具有创新精神和实践能力的高素质人才。

①调整课堂结构，激活学生主观能动性。鼓励他们在相互交流讨论中分享问题和解决方案，确保学习中的疑难点能得到实时回应。

②改革教学模式，推广合作探究式学习。优化教学模式，减少单向灌输，提供更多的小组合作、探究式学习机会，让学生在实践中发现问题并寻求答案。

③关注个性化需求，实施精准化教学。教师需关注学生的个性化需求，通过多元化的信息获取渠道了解学情，实施精准教学，做到有的放矢，根据学生实际掌握情况调整教学内容和节奏。

④激发课堂活力，丰富课程形式。激发学生兴趣，打破单一的知识传授模式，引导学生自主发现深层次问题，并鼓励他们尝试解决问题，从而有效预防和减少学困生的数量逐年上升的现象。

第二节　素质教育演进与核心素养体系构建

一、我国教育改革目标的演变历程

在我国教育改革的历程中，教育目标的设定和演变体现了对教育本质和功能认识的不断深化。以下是结合智慧课堂教学的理念和对新课标核心素养的理解，对教育改革目标演变历程的重新梳理和完善：

1. "双基"教学阶段：基础教育的奠基

在1978年《全日制十年制学校教学大纲（试行草案）》中提出的"双基"概念，即基础知识和基本技能，标志着我国教育改革的初步探索。这一阶段的教学模式以教师为中心，强调对课堂的有效管理和教师的主导作用，着重学生应试能力的培养，为后续教育改革奠定了基础。

2. "三维目标"阶段：教育目标的拓展

2001年《基础教育课程改革纲要（试行）》引入的"三维目标"进一步拓展了教育的目标，包括知识与技能、过程与方法、情感态度与价值观。这一阶段开始强调学生的全面发展，不仅关注知识和技能的传授，也重视学生的思维过程、学习方法的培养，以及情感、态度和价值观的形成。

3. "核心素养"阶段：全面发展的关键能力与品格

到了2022年，《义务教育课程方案（2022年版）》提出了核心素养的概念，这是教育目标的一次质的飞跃。核心素养强调培养学生适应终身发展和社会需求的关键能力、必备品格和正确价值观。这一阶段的教育目标更加注重学生的个性化发展、创新能力和批判性思维的培养，以及在真实情境中解决问题能力的培养。

智慧课堂教学的融入，使得核心素养的培养更加高效和个性化。通过利用信息技术和人工智能，智慧课堂能够为学生提供丰富的学习资源、个性化的学习路径和实时的学习反馈，从而更好地促进学生核心素养的发展。同时，教师在智慧课堂中扮演着引导者和促进者的角色，通过数据驱动的教学决策，更精准地满足学生的个性化学习需求，实现教育教学的优化。

综上所述，从"双基"到"三维目标"，再到核心素养的提出，反映了我国教育改革目标的逐步深化和完善，旨在培养能够适应快速变化的社会和终身学习需求的全面发展人才。

二、素质教育与核心素养的关系

在我国教育改革的背景下，素质教育的理念不断深化，其与核心素养的关系日益紧密。素质教育旨在超越传统的应试教育模式，促进学生全面而均衡地发展。随着教育数字化转型的推进，智慧课堂成为实现素质教育理念和核心素养培养的重要平台。

1. 素质教育理念的发展与内涵深化

素质教育在我国教育改革中扮演着核心角色，其目标是培养学生的全面能力和素质，而非单纯追求考试成绩。然而，在实施过程中，素质教育的理念曾面临理解不足和实施模糊的问题。部分人甚至误认为素质教育仅限于社团活动、兴趣小组或创客空间等课外活动。智慧课堂教学通过集成先进的数字技术和教育理念，为素质教育提供了具体的实施路径和方法，使得课堂教学与素质教育的目标更加一致，提高了教学的质量和效率。

2. 核心素养的确立与发展

核心素养的提出，是基于社会发展的需求和教育改革的趋势，旨在培养能够适应未来挑战的全面发展人才。核心素养的构建，不仅继承了素质教育的理念，更通过具体的素养要求，为教育实践提供了明确的指导。智慧课堂教学在此过程中发挥着关键作用，它通过个性化学习路径、实时反馈和数据驱动的决策支持，有效促进了学生核心素养的全面发展。

（1）核心素养的引入与研究

2014年，教育部印发的《关于全面深化课程改革 落实立德树人根本任务的意见》中首次提出"核心素养体系"的概念，标志着我国教育改革的新方向。智慧课堂教学的引入，为这一体系的构建提供了技术支持和实践平台。

（2）核心素养体系的构建

①核心素养体系的研究成果与教育目标

在2016年，北京师范大学联合众多教育专家共同发布了《中国学生发展核心素养》的研究成果，这一成果标志着我国教育改革在培养学生全面发展方面的新里程碑。该研究明确指出，中国学生发展核心素养以培养"全面发展的人"为核心，分为文化基础、自主发展和社会参与三个方面。综合表现为人文底蕴、科学精神、学会学习、健康生活、责任担当、实践创新六大素养，并具体涵盖人文积淀、人文情怀、国家认同等十八个基本要点。

②智慧课堂教学在素养培养中的创新应用

在智慧课堂教学的背景下，这些核心素养的培养得到了前所未有的支持。智慧课堂利用其高度互动性和灵活性，为学生提供了一个多元化的学习环境，其中集成了丰富的数字资源、个性化的学习路径和实时反馈机制。这样的环境不仅加强了学生对知识技能的掌握，还促进了他们在情感、态度和价值观方面的深入发展。通过智慧课堂教学的实施，学生能够在一个更加开放和创新的氛围中探索自我、发展个性，并在实践中培养解决复杂问题的能力，从而全面提高自身的核心素养。

（3）学科核心素养的融入

2018年发布的《普通高中课程方案（2017年版）》和《普通高中课程标准（2017年版）》，将核心素养细化到各个学科中，强调了课堂教学在培养核心素养中的核心地位。智慧课堂教学通过整合学科知识和技能，以及情感、态度和价值观的教育，实现了对学生全面发展的支持。

（4）核心素养的清晰阐述

①课程方案：核心素养新指导

2022年发布的《义务教育课程方案（2022年版）》对核心素养的培养提出了更为明确和具体的要求，这一方案的出台为智慧课堂教学的实施和优化提供了重要的指导方针。在这一方案的指导下，智慧课堂教学不仅需要关注学生的知识掌握和技能运用情况，更要重视学生核心素养的全面发展。

②智慧课堂：素养发展的创新策略

智慧课堂教学的创新之处在于其能够通过多样化的教学方法和评估体系，促进学生在人文底蕴、科学精神、学会学习、健康生活、责任担当、实践创新六大素养方面的均衡发展。这些素养的培养不再是孤立的，而是贯穿于各学科教学和日常学习活动中，形成了一个相互联系、相互支持的综合体系。

综上所述，核心素养的确立和发展与素质教育的理念相辅相成，智慧课堂教学作为数字化转型的关键组成部分，为实现这一教育理念提供了强有力的支持。智慧课堂教学的实施，可以更加科学、系统地培养学生的关键能力和品格，推动我国教育事业向着更加全面、深入的方向发展。

第三节 数字化课堂改革的现状与优势

一、数字化课堂改革的探索与挑战

1. 教学改革历程与实践成效概览

（1）数字化课堂改革的启程与实践

近年来，随着我国教育界不断追求创新与发展，教育数字化转型已成为一项重要议题。特别是平板电脑进入教室，标志着数字化教育的新起点。2013年，我们引进了美国的可汗学院和翻转课堂的教学理念。紧随其后，华东师范大学等知名教育机构迅速采取行动，于同年8月成立了"国际慕课研究中心"（简称慕课中心），该中心涵盖了国内60余所著名中小学，致力于推广翻转课堂教学模式的改革。

同年11月，我们在杭州为这60余所名校的200多位优秀教师，提供了为期两天的微课视频制作专业培训。此后，我们连续举办了多届全国微课视频大赛，并参与了许多学校翻转课堂教学实践的指导与评估工作，进一步推动了数字化教学改革的浪潮。

（2）教学改革实践的曲折与瓶颈期

然而，经过一段时间的发展，数字化课堂教学改革遭遇了一定程度的停滞。慕课中心的相关活动逐步减少，历时三年多的微课视频大赛悄然落幕。尽管2021年教育部等六部门发布的《关于推进教育新型基础设施建设构建高质量教育支撑体系的指导意见》鼓励"有条件的地方普及符合技术标准和学习需要的个人学习终端"，但在具体执行过程中仍收效有限。许多学校对数字化课堂教学改革的态度趋于保守，实践力度明显减弱。问题主要体现在两个层面：一是决策层对平板电脑在教学结构优化和教学质量提升上的价值认识不深；二是学校在处理家长购买平板电脑费用、媒体关注等问题时应对策略欠妥。另外平板电脑在教学实际中的运用效果不尽如人意，导致大量政府投资的移动教学设备闲置。

2. 当前教学改革现状及问题深度剖析

当前，随着教育数字化转型的深入推进，全国各地纷纷掀起课堂教学改革的热潮。然而，在这一进程中，我们也面临着诸多挑战和问题，我们要警惕信息化建设与应用、信息化应用与教学改革之间出现脱节的现象，即所谓的"两张皮"。这种现象的存在，不仅阻碍了数字技术与课堂教学的深度融合，也影响了教学改革的整体效果。

事实上，数字技术与课堂教学融合发展的步伐仍然相对缓慢，这在一定程度上制约了教育数字化转型的进程。通过对当前教学改革现状的深入剖析，可以发现以下几种主要类型的问题：

（1）表演展示型

一些学校在数字化教学观摩活动中精心策划和准备了示范课，以展示其教育信息化成果。然而，在日常教学实践中，这类学校并未真正将数字化手段融入常规课堂，往往是公开课结束后，平板电脑等数字化工具便失去了用武之地，再次陷入"沉睡"，课堂依旧沿用传统的单向灌输教学模式，未能实现真正的教育数字化转型。

（2）个别实验型

部分学校选取少量班级进行数字化教学改革实验，暴露出学校管理层对于全面实施课堂教学改革的决心和信心不够坚定。进行数字化课堂改革实验教学的教师不仅要适应新的教学模式，还需投入大量时间和精力自主研发适合本校学生实际情况的数字课程资源，导致成功率偏低。同时，由于普通班教师的工作负担相对较小，久而久之，进行数字化课堂改革实验教学的教师在多重压力下可能会选择放弃，回归传统教学方式，从而影响了教学改革的整体进程。

（3）孤军奋战型

个别教师凭借个人热情和决心，自发尝试数字化课堂改革，初期确实取得一定成效。但由于缺乏系统支持和制度保障，随着其他学科作业量的累积，学生无法保证足够的课前自主学习时间，导致这种新型教学模式难以持续稳定实施。同时，由于处于孤立无援的状态，教师承受改革压力，很容易在现实挑战面前被迫放弃创新，回归传统教学模式。

（4）盲目跟风型

部分经济条件优越的地区，学校在没有充分理解和制订出明确的数字技术与课堂教学理念融合策略的前提下，也匆忙跟进，要求所有学生配备平板电脑等设备。然而，由于缺乏配套的师资培训、课程资源以及有效的教学模式，这些昂贵的设备往往被闲置，造成教育资源的巨大浪费。若设备成本转嫁给家长，更容易引起家长群体的不满和社会舆论，从而影响教育改革的正常推进。

（5）传统课堂型

虽有不少学校已完成全校平板电脑的配备，接入了各类网络平台，并积累了丰富的优质视频课程资源，但在课堂教学模式革新的道路上却步履维艰。在许多课堂上，平板电脑仅充当题库和练习工具角色，服务于大量的习题训练，未能充分发挥其在激发深度学习、促进互动教学和培养学生批判性思维能力、创新能力及自主学习能力等方面的潜力。尤其需要注意的是，过度依赖数字化工具进行刷题的现象，本质上是"题海战术"的电子化延伸，偏离了智慧课堂注重人文关怀、全面发展核心素养的初心。

3. 数字化课堂改革的优化路径与策略

为推进数字化课堂改革向纵深发展，需要明确改革目标、优化实施路径并采取有效的策略。具体而言，可以从以下几个方面入手：

(1) 明确数字化课堂改革的目标与理念

数字化课堂改革的目标应聚焦于培养学生的核心素养和创新能力，促进学生全面发展。因此，需要明确改革的理念和指导思想，以新课标为引领，构建与现代教育理念相契合的数字化课堂教学新模式。

(2) 加强数字技术与课堂教学的深度融合

为实现数字技术与课堂教学的深度融合，需要加强技术研发与应用研究。一方面，要引入先进的数字技术如人工智能、大数据等，为课堂教学提供智能化支持；另一方面，要加强数字技术与教学内容的融合创新，激发学生的学习兴趣和动力。

(3) 建立科学有效的数字化课堂教学评价体系

为客观评估数字化课堂改革的效果，需要建立科学有效的评价体系。该体系应涵盖课堂教学质量、学生学习效果、教师教学能力等多个维度，采用量化指标与质性评价相结合的方式进行全面评估。

(4) 加强师资培训和课程资源建设

为提升教师的数字化教学能力，需要加强师资培训和课程资源建设。通过组织专题培训、观摩交流等活动提高教师对数字化课堂改革的认识和实践能力。同时，加强课程资源建设，为改革提供丰富优质的教学资源支持。

(5) 构建协同推进机制，形成合力

为推进数字化课堂改革向更深层次发展，需要构建协同推进机制。教育部门应加强与学校、企业等各方的合作与交流，共同推进改革进程。同时，加强内部协同，实现各部门间的紧密配合与协作，形成合力推进数字化课堂改革的深入研究与有效实施。

总的来看，当前我国大多数学校的数字化课堂改革实践尚未取得理想效果，仍存在诸多亟待解决的问题。主要问题在于缺乏科学的教学模式和有效的数字技术资源融入教学实践。同时，教育行政部门内部也缺乏专门针对线上线下融合教学的研究和指导机构。

在落实新课标和国家课堂教学改革政策的过程中，我们应致力于构建一套紧密结合新课标的课堂教学新模式，并充分利用数字技术资源使之与先进的教学理念深度契合。只有这样，课堂教学才能真正在教育数字化转型背景下实现质的飞跃，培养出具有核心素养和创新能力的未来人才。同时，也需要加强教育行政部门内部对线上线下融合教学的研究和指导力度，推动数字化教学改革的深入研究与有效实施。

二、教育数字化转型中的融合教学优势

在教育数字化转型的大背景下，线上线下融合教学模式崭露头角，不仅继承了传统课堂教学改革的精髓，更在多个方面展现出其独特优势。这种新型教学模式紧扣智慧课堂的核心素养，深入践行新课标理念，为现代教育注入了新的活力：

1. 丰富多样的数字课程资源

线上线下融合教学为学生提供了丰富多样的数字课程资源，这些资源以多元化的内容和活泼的形式呈现，极大地提升了学生的学习兴趣。同时，这些资源支持学生在课前进行深入的自主学习，有助于他们更扎实地吸收知识，提高学习效率。

2. 实时高效的师生互动

利用先进的数字技术，师生之间的互动在课前阶段得到显著加强。在线平台的交互功能使教师能够实时了解学生的预习情况，并通过自动批改和学生互评等方式，快速掌握学生对预习内容的理解程度。这不仅为教师提供了即时的反馈，还减轻了他们的工作负担，为其进行有针对性的备课

提供了强有力的技术支撑。

3. 资源共建共享的机制

融合教学中的数字课程资源实现了大规模的共建共享。这使得更多学校和教师有机会参与到优质课程资源的建设中来，让更多师生能够享受到优质的教育资源。尤其对于教育资源相对薄弱的地区和学校，这样的资源共享有助于缩小差距，最大限度地推动教育公平。

4. 科学量化的评价体系

相较于传统的主观性评价方式，线上线下融合教学能实现教师教与学生学的多维度、全过程的科学量化评估。利用系统后台的大数据分析技术，我们可以对教学效果和学生学习过程进行多维度、过程性的客观评价。这种评价方式不仅有助于教师及时了解学生的学习情况，调整教学策略，还能激发学生的学习动力，提升学习效果。

5. 精准学情分析助力个性化教学

融合教学模式依托人工智能、大数据及人机交互等先进技术手段，全面收集并精细分析学生的各类学习数据，形成学生个体特点的精准画像。据此，教师可针对不同学生实施差异化的教学策略，如设立个性化的错题集，自动收集和分析学生的错误试题，并推送相关练习题目，真正做到因材施教。同时，这种精准学情分析还有助于学校实现精细化的教学管理与个性化的学习辅导，为提升教育质量提供有力保障。

第四节　教育数字化实践、价值与转型

一、数字技术资源在教学中的运用

随着教育数字化的深入推进，数字技术资源在教学中的应用日益广泛。这些资源不仅丰富了教学手段，还为学生提供了更加个性化、多元化

的学习体验。在核心素养导向的新课标理念指导下,数字技术资源正逐步成为智慧课堂教学的重要支撑。

具体来说,数字技术资源在教学中的运用主要体现在以下几个方面:

1. 教学软件及数字化教学素材

(1)教学软件

通用教学软件和学科专业软件在教学中的应用越来越普遍。这些软件不仅提高了教学效率,还使得教学活动更加生动有趣。

①通用教学软件

这一类软件涵盖各类普及性强、适用于不同学科背景的软件工具,如文字处理软件、图像编辑软件、微课制作软件,以及适应于不同教学场景和班级管理需求的移动应用等,应用广泛,可满足各学科教师的教学需求。

②学科专业软件

这些软件是针对特定学科设计开发的,不仅有适用于桌面电脑的专业版软件,还有许多移动端 App,旨在辅助教师进行高效的教学活动。每位教师应根据自身的学科特点和教学习惯,深入研究并掌握几个核心的学科专业软件的功能及其使用方法。

(2)数字教育资源

数字教育资源分为硬件和软件两大类。其中,数字硬件教育资源是指在教育教学中广泛应用的各种数字化设备,例如计算机、投影仪、视频展示台、数码相机、数码摄像机等。而数字软件教育资源则指用于教学过程中的各类软件工具、多媒体课件、视频教程、音频资料及网络课程等。此处提及的"数字教育资源"通常特指数字软件教育资源或数字课程资源,它们是构建现代化课堂和实现个性化教学的重要支撑。

2. 智慧教育平台及其功能的深度整合

智慧教育平台是整合数字技术工具与数字课程资源的重要载体。它通过智能分析评价系统对学生进行多维度、过程性的评价和深度学情分析，为教学提供更加精准、个性化的支持。同时，智慧教育平台的各个模块设计紧密贴合新课标教学理念，致力于解决教学中的核心问题，如提供便捷高效的教学辅助工具、丰富多元的数字课程资源等。

具体来说，智慧教育平台的功能包括：

（1）提供便捷高效的教学辅助工具

①平台集成了一系列实用小工具，如随机点名、组间评分、实时上传图片、计时器、抢答系统以及学生间的互动点赞系统等，旨在提升课堂教学效率。

②支持教师按需布置多层次作业，促进个性化学习方案的实施，并通过家校互通应用保障家庭教育与学校教育的紧密协作。

（2）提供丰富多元的数字课程资源

①平台通过图形、动画、音视频等多种媒介形式为学生提供内容丰富、形式多样的自主学习资源。这些资源不仅有助于解决学生在自主学习中遇到的驱动性问题，还能激发学生的学习兴趣和探究欲望。

②融入先进的数字化技术，如利用扩展现实（XR）[包括虚拟现实（VR）、增强现实（AR）、混合现实（MR）等多种技术]开展跨学科的虚拟实验教学、英语语音识别、人工智能批改等，让学生在仿真环境下获得沉浸式学习体验，同时精准指导学生改进学习方法。

（3）构建全方位多维度的评价体系

①平台支持学生自我管理的考核、小组活动评价以及线上线下结合的作业展评功能，全方位过程性评价有助于促进学生的个性化发展。

②自主学习环节中的小组互评、学生自评和互评等功能的应用，实现了"教—学—评"的一体化。

（4）利用快速交互功能提升教学效率

①师生之间快捷交流，教师能迅速获取学情信息，实时了解教学情况，便于针对性地调整教学计划和二次备课。

②课堂上教师可即时推送习题，平台快速收集并分析学生作答数据，实时反映学情动态。

③学生自学成果能在全班范围内展示、分享，学生之间可以互相点赞，形成激励机制，激发学生的学习积极性。

④平台设立教师空间和学生空间，师生共建共享优质课程资源，逐年积累并完善优化，最终形成本校特色的教育资源库。

（5）大数据分析助力因材施教与科学评价

①数据统计与分析功能助力个性化教学实施

A. 系统采集学生学习数据，深度挖掘学情，生成学生画像，建立个性化的错题集，并基于题库推送相似知识点题目。

B. 动态追踪学生薄弱环节，根据海量题库数据，智能化推荐相关练习，推动因材施教策略的有效实施。

C. 综合分析多维度评价数据，构建全面的学生综合素质评价系统。

②对教师教学与学生学习进行科学评估

A. 记录学生从课前预习到课中交流讨论、作品展示的全过程，进行全面的过程性评价。

B. 严谨监测教师教学质量，从教学资源准备、教学活动实施到教学效果反馈等多角度持续优化教学实践，确保新课标核心素养的落地。

总之，数字化赋能智慧课堂教学要求我们立足于新课标倡导的核心素养，充分利用并优化数字技术资源，实现教育方式的创新转型，以满足新时代下教育目标和教学实践的高标准要求。

二、教育数字化的核心价值与目标

在信息化社会快速发展的背景下，教育数字化和人工智能的深度融合成为推动教育创新的关键力量。这种融合不仅改变了传统的教学模式，而且在更深层次上满足了学生的个性化学习需求，促进了教育资源的普及和共享，为实现教育公平提供了坚实的支持。结合当前对学生综合能力和综合素养的要求以及新课标的理念，教育数字化的核心价值和目标变得尤为重要。

1. 深化个性化学习，促进学生全面发展

（1）定制化学习路径

教育人工智能技术通过精准分析学生的学习风格、兴趣和能力，为每个学生量身打造个性化的学习计划和内容。

（2）内在动力的激发

智能辅导系统和沉浸式学习环境让学生在模拟的现实情境中进行学习，提高学习效率，同时激发学生的内在动力和促进学生的全面发展。

2. 拓展数字化资源库，满足多元化学习需求

（1）丰富多样的学习材料

教育数字化为学生提供了包括在线课程、教学视频、电子书籍等在内的丰富学习资源，满足学生多元化的学习需求。

（2）随时随地的学习机会

这些数字化资源打破了时间和空间的限制，支持学生随时随地进行自主学习，提升自主学习能力和创新能力。

3. 强化协作与交流，培养学生社会化技能

（1）便捷的协作工具

数字化教学平台提供了便捷的协作和交流工具，支持学生在虚拟环境中进行有效的团队合作和信息分享。

（2）沟通与社交能力的提升

通过在线讨论、项目合作等方式，学生锻炼了沟通技巧和社交网络构建能力，为未来的职业发展和适应社会打下基础。

4. 精准评估与反馈，引导学生持续改进

（1）实时学习跟踪

教育数字化评估系统能够实时跟踪学生的学习进度和成果，为他们提供精准的评估和反馈。

（2）教学策略的动态调整

教师可以根据评估结果及时调整教学策略，确保教学效果最大化，同时学生也能清晰地了解自己的学习情况，实现持续进步。

5. 推动教育创新与公平，构建均衡发展的教育体系

（1）教育理念与模式的革新

教育数字化与人工智能技术的结合推动了教育理念、模式、内容和方法的创新。

（2）教育资源的普及与共享

通过数字化手段实现教育资源的均衡分配，确保每个学生都能接触到优质的教育资源，促进教育公平。

综上所述，教育数字化的核心价值与目标在于通过智能化手段重塑教育生态，实现学习的个性化、资源的多元化、协作的社交化、评估的精准化以及教育的公平化。这一过程不仅深化了学生的个性化学习体验，还拓宽了他们的知识视野，提升了社交能力。同时，通过精准评估和反馈机制以及教育资源的共享机制，教育数字化在推动教学创新和教育公平方面发挥着关键作用。这些努力共同致力于构建一个均衡发展的教育体系，为培养具备核心素养的智慧课堂学习者提供有力支持。

三、教育数字化转型的关键路径

在信息化社会的快速发展中，教育数字化转型已经成为推动教育现代化、提升教学质量、优化教学过程及促进教育公平的重要战略。这一转型旨在构建以核心素养培养为核心的智慧教育新生态，满足当今对学生综合能力和综合素养的要求，以及新课标理念的实施条件。

1. 打造坚实的数字化基础设施

通过构建坚实的基础设施，为数字化转型提供强大的技术支撑和保障。

（1）完善教学设备与网络

完善教学设备，如智能交互平板、虚拟现实（VR）和增强现实（AR）技术，以及高速稳定的教育网络建设，确保数字化教学的顺畅进行。

（2）部署教育技术平台

建立和维护学习管理系统、在线协作工具和大数据分析平台，为教师和学生提供高效的教学和学习支持。同时，要加强教育网络建设，提升校园网络的覆盖范围和传输速度，确保数字化教学的顺畅进行。

2. 创新智慧化教学模式与方法

这些创新实践有助于激发学生的学习兴趣和动力，培养他们的自主学习、批判性思维和创新实践能力。

（1）整合线上线下教学资源

利用数字技术整合线上线下教学资源，打破传统课堂的时空限制，实施以学生为中心的智慧化、个性化教学。

（2）应用智慧教育平台

通过智能推荐系统为学生提供定制化的学习路径和内容，利用在线协作工具促进学生的团队协作与交流。

3. 优化数字化教育资源建设与应用

通过优化数字资源的配置和应用，确保每个学生都能享受到公平且高质量的教育资源。

（1）建设优质数字课程资源库

集中力量丰富包含电子教材、在线课程、微课视频等在内的多元化教学资源，以满足学生的不同学习需求。

（2）鼓励教师参与资源开发

推动教师积极参与数字资源的开发与共享，形成教育资源的共建共享机制，提升资源的质量和适用性。

4. 提升教师数字素养与专业技能

通过定期举办教师研修班、在线培训课程等活动，打造一支具备较高数字化素养和专业技能的教师队伍，为智慧课堂教学的实施提供有力保障。

（1）更新教育理念与技能

重视教师的信息技术应用能力培养，更新教育理念，提升教师运用现代教育技术进行教学的能力。

（2）举办专业培训与研修班

通过定期举办教师研修班、在线课程培训等活动，提高教师的数字化教学水平和专业技能。

5. 构建科学全面的智慧化评价体系

通过智慧化评价体系的建立和实施，推动教育教学质量的持续提升和学生的全面发展。

（1）建立多元化评价体系

构建以核心素养培养为导向，结合过程性评价和终结性评价的综合评价体系，确保评价的全面性和科学性。

（2）运用先进技术优化评价

充分利用大数据、人工智能等先进技术优化评价过程，实现对学生学业发展、教师教学质量以及学校管理水平的科学、精准评估。

教育数字化转型是一项系统工程，需要从基础设施建设、教学模式创新、教育资源优化、师资队伍升级以及评价体系重构等多个维度全面推进。通过这些关键路径的实施，我们将有力推动教育行业的深层次变革和整体提升，满足新时代对人才培养的新需求，实现教育的个性化、资源的多元化、协作的社交化、评估的精准化以及教育的公平化。这些努力共同致力于构建一个均衡发展的教育体系，为智慧课堂学习者核心素养的培养提供有力支持。

四、知识、能力和人工智能技术间的关系

在人工智能时代，知识、能力和人工智能技术之间的关系是紧密相连、相互促进的。教育工作者需要对这个问题有清晰的认识，以促进课堂教学改革。以下是针对这个问题的论述和解读：

1. 知识是基石

（1）基础知识的重要性

①知识与人工智能的理解

基础教育阶段应重视知识的学习，为学生打下坚实的知识基础。这包括学科基础知识、科学原理、数学逻辑等。这些知识为学生理解人工智能技术提供了必要的支持。

②知识与技术的互动

知识是人工智能技术的基础输入。人工智能尤其是机器学习和深度

学习模型依赖于大量的数据和知识来进行训练和推理。这些知识的积累和组织形式，如知识图谱，可以帮助人工智能系统更好地理解世界和解决问题。

（2）知识与能力的关系

知识与能力是相辅相成的。在人工智能时代，人们需要具备一系列与机器交互的能力，如编程、数据分析、人工智能原理理解等技能，以及与人工智能进行有效沟通，并对其操控和调优的能力。

基础教育阶段应注重知识的积累，并通过创新教学方法，如项目式学习、探究式学习等，激发学生的潜能，提升他们的能力。

2. 能力是核心

（1）能力的多样性

①人机对话能力

在人工智能时代，人类与机器之间的交流变得更加重要。人机对话能力包括理解机器的指令、向机器提问和回答机器的问题以及鉴别机器反馈的方案等。

②问题解决能力

人工智能时代需要人们具备解决问题的能力。这包括分析问题、设计解决方案和评估解决方案的有效性等。

（2）能力的培养与实践

①人机交互的实践

通过实际操作，学生可以更好地理解人工智能技术的应用和限制。例如，编程实践可以帮助学生理解人工智能算法的原理和应用。

②解决问题的实践

通过解决实际问题，可以锻炼学生的分析能力和创造力。例如，通过参加学科竞赛或科学实验，以及问题化、项目化的学习过程，可以锻炼学生的问题解决能力。

3. 人工智能是工具

（1）人工智能的工具属性

①社会问题的解决与知识能力的结合

人工智能技术正日益成为解决复杂社会问题的有力工具。人工智能不仅展现了强大的数据处理和分析能力，更是在知识和能力的支撑下，实现了高效、精准的决策支持。这种结合使得知识和能力得以更好地发挥，共同推动社会进步。

②教学辅助与个性化学习

在教学领域，人工智能技术作为辅助工具，为个性化教学提供了可能，智能推荐系统能够根据学生的学习习惯和能力，精准推荐合适的学习材料，而智能测评系统则可以实时反馈学生的学习情况，帮助教师进行教学调整。

（2）人工智能的应用与影响

①社会领域的广泛应用与知识能力的拓展

人工智能技术在教育、医疗、工业、交通等领域的广泛应用，极大地提高了生产效率和生活质量。这些应用不仅展示了人工智能技术的强大实力，也推动了相关领域知识和能力的不断拓展与深化。

②教育领域的深度应用与知识能力的提升

在教育领域，人工智能技术的深度应用为学生提供了更加个性化的学习体验。通过智能辅导、评估等手段，学生可以更有效地掌握知识、提升能力。同时，这些应用也为教师提供了更多的教学支持，帮助他们优化教学过程，提升教学质量。这种良性循环使得知识和能力在人工智能技术的助力下得以更好地传承和发展。

4. 人机协同能力

（1）人机协同的必要性

①人类与人工智能的角色分工

在人工智能时代，人类和人工智能各司其职，人类负责创新思维、设定问题框架和策略，而人工智能则擅长处理数据、模拟运算和优化解决方案。基础教育阶段需要明确这种分工，让学生明白人工智能并不是替代人类，而是与人类合作，共同解决问题。

②协同工作的重要性

在人工智能辅助下，人类可以将更多精力投入到创造性和高层次的思考中。我们应引导学生理解人工智能的潜力和局限，学会与之协同工作，发挥各自优势，共同应对复杂挑战。

（2）人机协同的实践

①创新思维的培养

教育不仅要教会学生如何使用现有的人工智能工具，还要激发他们的创新精神，鼓励他们思考如何改进现有技术或开发新的应用。通过设计创新性项目，学生可以在实际操作中培养创新思维，实现人机协同的创新实践。

②协同工作的实践

通过利用人工智能技术，围绕真实问题的解决过程进行项目化学习。学生可以体验人机协同的工作模式，并学会与人工智能系统协作完成任务、对人工智能系统进行编程和调试、使用人工智能工具进行创新性研究等。这样的实践不仅提升了学生的技术应用能力，也培养了他们与人工智能协同工作的能力。

5. 教育方式变革

（1）教学模式的创新

①适应人工智能时代的教学方法

我们应探索更多的互动式和参与式教学方法，鼓励学生主动学习和探索。

②教学内容的重塑

教师要将人工智能技术融入现有课程，使学生能在具体的学习情境中应用人工智能工具解决问题。

（2）培养问题解决能力

①教育目标的变化

教育的目标应从单纯传授知识转变为培养学生的问题解决能力。

②问题解决能力的培养

我们需要设计更多让学生主动解决实际问题的学习活动。

6. 终身学习能力

（1）培养自主学习习惯

①自主学习的重要性

在知识迅速更新的时代，终身学习成为必备的能力。我们应培养学生的自主学习能力，使他们能够不断更新知识和技能，以适应新的发展需求。

②自主学习的实践

教育工作者可以通过引导学生参与社区服务、开展研究项目、组织线上线下相结合的学习活动等方式，培养学生的终身学习能力。同时，利用人工智能技术，如个性化推荐系统、智能学习助手等，为学生持续学习提供支持。

（2）提升独立思考与创新能力

①独立思考的重要性

在基础教育阶段，应注重培养学生的独立思考能力，让他们学会在海量信息中筛选有用知识，同时借助人工智能技术，开展原创性研究和创新活动，以适应未来社会发展的需求。

②创新能力的培养

我们可以通过项目式学习、探究式学习等教学方法，激发学生的创新思维，培养他们的创新能力。

综上所述，在人工智能时代，知识、能力和人工智能技术之间是相辅相成、相互促进的。我们应充分认识到学习基础知识的重要性，通过创新教学模式和方法，培养学生具备使用人工智能技术所需的知识和能力，以更好地适应这个时代的发展。

第五节　教育创新趋势与人工智能技术驱动下的教育模式变革

一、基础教育创新发展趋势

在全球化与信息化背景下，国际基础教育正面临着深刻的转型与创新。中国教育科学研究院发布的《国际基础教育创新趋势报告2024》中提到的全球基础教育八个创新趋势，每一个都深刻反映了当前教育领域的发展方向和挑战，并勾勒出了未来教育的蓝图。这八个大趋势以提升师生数字素养为基石，着眼于创新意识与能力、跨学科学习、职业生涯教育、社会情感学习等多维视角，通过STEM教育生态体系构建、智能化评价手段探索以及对教育公平的不懈追求，共同描绘了一幅以学生全面发展为核心、面临未来挑战的教育改革画卷。

1. 提升师生数字素养

（1）数字技能培养

在数字化教育环境下，要求教师与学生掌握数字技术的基础应用，如数字工具、平台操作，以适应现代教学与学习的需求。

（2）信息素养与批判性思维

提升数字素养还包括培养师生的信息检索、筛选、整合及批判性思考能力，以便高效利用数字资源，形成独立思考和解决问题的能力。

2. 培养创新意识与能力

（1）创新思维养成

教育应鼓励学生在科技、艺术、社会等多领域大胆创新和敢于挑战，通过实践活动，培养跨学科的创新思维和解决问题的能力。

（2）未来竞争力培育

在全球化竞争激烈的背景下，创新意识与能力的培养有助于学生在未来职场和生活中占据竞争优势，应对社会发展变革。

3. 构建 STEM 教育生态体系

（1）跨学科整合

STEM 教育倡导学科交叉融合，通过项目化学习等形式将科学、技术、工程和数学知识有机融合。

（2）实践能力与综合素质提升

STEM 教育体系旨在为学生提供丰富的实践平台，通过动手操作、探究实验等方式培养其实践能力和综合素质。

4. 推进职业生涯教育

（1）职业启蒙与认知

基础教育阶段应引导学生了解不同职业领域特点与发展趋势，启发其对未来职业规划的初步认识。

（2）适应与发展技能培养

通过职业生涯教育，培养学生职业适应力和终身学习能力，为其未来职业发展奠定基础。

5. 注重社会情感学习

（1）情感教育与管理

教育过程中要关注学生情感发展，教授情绪识别、调控与表达技巧，培养健康的情感态度。

（2）社会交往与合作能力

社会情感学习还包括培养学生的同理心、团队合作精神和人际交往能力，以提升其社会适应能力。

6. 实施主题式跨学科学习

（1）跨学科整合教学

以主题式跨学科学习为主线，打破传统学科界限，将各学科知识有机融合，实现深层次学习。

（2）培养综合思维能力

主题式跨学科学习有助于学生建立知识间的内在联系，提升综合分析和解决问题的能力。

7. 探索数智技术赋能评价

（1）精准化评估与反馈

利用大数据、人工智能等技术对学生的学习过程和结果进行精准分析，提供个性化的反馈与指导。

（2）智能化教学支持

数智技术能够帮助教师进行更有效的课程设计和教学方法的创新。赋能评价还能为教师提供教学改进依据，实现教学过程的智能化调整与优化。

8.促进教育包容与公平

（1）教育资源均衡配置

确保所有学生都能获得高质量的教育资源，消除教育不公，保障每个人享有公平的教育权利。

（2）关注学生全面发展

在追求教育公平的过程中，尊重和关注每个学生的个体差异，提供多元化、包容性教育环境，助力每个学生的全面发展。

总之，国际基础教育八个创新趋势旨在全面提升教育质量，面向未来社会需求。首先，强调提升师生数字素养，以适应信息时代教学与学习需求；其次，注重创新意识与能力培养，通过构建STEM教育生态体系与实施主题式跨学科学习，增强学生的实践与创新能力；再次，通过推进职业生涯教育与社会情感学习，提升学生社会适应力和情感素质；从次，通过探索数智技术赋能教育评价，实现精准教学与个性化学习；最后，坚守教育包容与公平原则，确保每位学生都能获得高质量教育机会，全面发展。这八个趋势相互交织，共同为构建全球教育新格局提供了前瞻性指引与实践策略。

二、人工智能技术与教育模式的深刻变革

随着人工智能技术的不断进步，我们正站在一个新的历史起点上。这场技术革命不仅重塑了传统的教学模式，也为我们带来了前所未有的挑战和机遇。

1.教育目标的全面升级

（1）核心素养的培养重点

教育目标已经从传统的知识灌输转向核心素养的培养。新课标强调全人教育，注重培养学生的批判性思维、创新精神、协作能力和责任感。

教师应致力于培养学生的终身学习能力，帮助他们适应快速变化的未来社会。

（2）综合素质教育的深化

在新课标的指导下，教师应重视学生的个性化发展，提供多样化的学习资源和环境，促进学生在知识、技能、情感、态度等多方面的均衡发展。

2. 个性化学习的新纪元

（1）定制化学习路径

人工智能技术为每个学生提供了量身定制的学习体验。智能辅导系统和沉浸式学习技术［如虚拟现实（VR）和增强现实（AR）］为学生打造个性化的学习环境，激发学生的学习兴趣，提高学习效率。

（2）沉浸式学习的实践

沉浸式学习环境让学生在模拟的现实情境中进行学习，这种学习方式有助于学生更深入地理解知识，提升他们的实践能力和创新思维。

3. 智慧教学的实现

（1）精准教学的策略

人工智能技术使教师能够根据每个学生的特点和需求进行精准教学。这种个性化的教学方法有助于学生学习成效的最大化，提升教育质量。

（2）数据驱动的教学决策

教师可以利用人工智能技术收集和分析学生的学习数据，从而更好地理解学生的需求，调整教学策略，实现教学内容和方法的持续优化。

4. 教师角色的重塑

（1）从传授者到引导者

在人工智能时代，教师的角色应从传统的知识传授者转变为学习的引导者和激励者。教师需要利用人工智能工具激发学生自主学习，引导他们进行创新实践。

(2) 激发学生的创新潜能

教师应鼓励学生利用人工智能工具进行自主探索，培养他们的创新思维和解决问题的能力，帮助学生发掘自己的潜能。

5. 教育内容的创新与价值导向

(1) 创新与实践的教育内容

教育内容应紧跟时代发展，注重培养学生的创新思维和实践能力。课程设计应融入项目式学习、实验式学习等元素，促进学生主动探索，提升实际操作能力。

(2) 价值导向的教育内容筛选

教师在选取教学材料时要审慎，确保教育内容既符合主流价值观，又能够培养学生的伦理道德观念，引导学生进行正确的价值判断。

6. 教育管理的智能化转型

(1) 智能化管理系统的应用

人工智能技术在教育管理领域的应用提高了管理效率和质量。智能化管理系统能够帮助教育工作者更好地跟踪学生的进度，预测和解决潜在问题。

(2) 提升教育管理的决策质量

智能化管理系统提供的实时反馈和数据分析，能够帮助学校做出更加明智的决策，提升教育管理的整体水平。

人工智能技术为教育领域带来了深刻的变革。我们应积极拥抱这些变化，不断提升自身的专业素养和技术应用能力，培养具备创新精神和实践能力的优秀人才。

三、教师的数字化转型与教学创新指南

在当今的教育领域，数字化转型已经成为推动教学创新和提升教育质

量的关键动力。随着人工智能、大数据等新兴技术的快速发展，我们正面临着前所未有的机遇与挑战。为了帮助广大教师适应这一变革，下面将详细探讨教师数字化转型的重要性，并提供一系列实用的教学创新指南。

1. 树立数字教育新理念

教师应当认识到数字技术在教育中的重要作用，将其视为提升教学质量和效率的重要工具。教师要认识到通过科技赋能和数据驱动，可以为学生提供个性化的学习体验，实现个人发展与社会发展的统一。这需要教师不断更新自己的知识体系，积极学习并掌握新的数字工具和教学方法，以便更好地适应数字化教学环境。

2. 建立数字教育新体系

教师需要突破传统学校教育的局限，探索与家庭、社会等多元教育主体的合作，共同育人。通过构建一个包容性强、灵活度高的终身学习体系，促进学习者在不同环境和阶段的持续学习。这不仅涉及教育资源的整合和共享，还包括教育评价体系的创新，以及教育政策和制度的适应性调整。

3. 构建数字教育新教学范式

教师应融合线上与线下教学资源，创新教育教学场景。通过跨学科、跨年级的学习共同体，教师可以促进学生在多样化的学习环境中发展，实现规模化教育与个性化培养的有机结合。这要求教师具备跨领域的知识和技能，能够设计和实施综合性的教学项目，同时鼓励学生主动参与和协作。

4. 重塑数字教育新内容

教师应当关注素质教育的发展，利用系统化的知识图谱和创新的内容呈现方式，使学习变得更加生动有趣。通过这样的教学方法，培养学生的高阶思维能力、综合创新能力和终身学习能力。这需要教师深入理解学科知识的本质，发掘和利用丰富的教学资源，创造富有吸引力的学习材料。

5. 构建数字教育新治理机制

教师需要适应以数据治理为核心的教育管理新模式。通过数字技术的应用，教师可以参与到教育管理与业务流程的优化中，提升教育治理的现代化水平。这包括对教育数据的收集、分析和应用，以及对教育质量和效果的持续监控和评估。

6. 探索数字教育新伦理规范

教师应当坚持"数字向善"的原则，正确认识人工智能等新技术带来的机遇与挑战。同时，教师需要关注技术可能带来的风险，如隐私、伦理、公平和安全等问题，确保技术应用的合理化、科学化和人性化。这要求教师具备良好的伦理意识和社会责任感，能够在教学实践中做出明智的决策。

教师的数字化转型不仅是教学技能的提升，更是教育理念和教学实践的全面更新。通过对上述几个方面的深入理解和实践，教师可以更好地利用数字技术，创新教学方法，提升教育质量，为学生的全面发展和未来的社会需求做好准备。这不仅是教师个人发展的需要，也是教育现代化进程中不可或缺的一环。

学习思考讨论题参考答案

问题一：如何在新课标指导下，通过智慧课堂教学有效融合素质教育与核心素养培养，促进学生的全面发展？

参考答案

随着教育改革的不断深入，素质教育与核心素养的培养成为教育工作的重点。在新课标的指导下，教师需要利用智慧课堂教学环境，创新教学方法和评价体系，以促进学生的全面发展。以下是几个关键点，教师可以在这些方面进行深入探讨和实践。

1. 教育改革目标的演变与核心素养的提出

（1）从"双基"教学到"三维目标"，再到核心素养的提出，我国教育改革的目标不断深化，更加注重学生的个性化发展和综合素质的提升。

（2）核心素养的培养要求教师关注学生的关键能力、必备品格和正确的价值观，以适应快速变化的社会和满足终身学习的需求。

2. 素质教育理念的深化与智慧课堂教学的融合

（1）素质教育理念的发展要求教育不仅仅是传授知识，更重要的是培养学生的能力和素质。

（2）智慧课堂教学提供了实现素质教育理念的平台和工具，通过集成先进的数字技术和教育理念，提高教学的质量和效率。

3. 核心素养体系的构建与智慧课堂教学的创新应用

（1）核心素养体系的构建为教育实践提供了明确的指导，强调文化基础、自主发展和社会参与三大领域。

（2）智慧课堂教学通过个性化学习路径、实时反馈和数据驱动的决策支持，有效促进了学生核心素养的全面发展。

4. 学科核心素养的融入与教学方法的创新

（1）新课标将核心素养细化到各个学科中，强调课堂教学在培养核心素养中的核心地位。

（2）教师应创新教学方法，如项目式学习、探究式学习等，以促进学生在人文底蕴、科学精神等方面关键素养的发展。

5.评价体系的构建与学生的全面发展

（1）新的评价体系应以学生的核心素养发展为导向，不仅评价学生的知识掌握程度，还要关注他们的思维过程、学习策略和情感态度。

（2）教师应利用智慧课堂提供的评估工具，对学生进行全面、实时的评估，以实现"教—学—评"一体化。

通过上述措施，教师可以在新课标的指导下，有效地融合素质教育与核心素养培养，利用智慧课堂教学环境，促进学生的全面发展。

问题二：在当前教育数字化转型的背景下，教师应如何有效利用线上线下融合教学的优势，推动数字化课堂改革，并应对实践中的挑战？

参考答案

教育数字化转型为课堂教学改革带来了新的机遇和挑战。线上线下融合教学模式作为这一转型的重要组成部分，展现出了其独特的优势和潜力。以下是几个关键点，教师可以在这些方面进行深入探讨和实践。

1.融合教学模式的优势认识

（1）丰富多样的数字课程资源。线上线下融合教学提供了丰富多样的学习资源，支持学生进行深入的自主学习，提高学习效率。

（2）实时高效的师生互动。利用在线平台的交互功能，教师能够实时了解学生的预习情况，及时提供反馈和支持。

（3）资源共建共享的机制。数字课程资源的共建共享机制有助于提升教育资源的利用效率，推动教育公平。

（4）科学量化的评价体系。线上线下融合教学实现了多维度、全过程的科学量化评估，有助于教师及时了解学生的学习情况，调整教学策略。

（5）精准学情分析助力个性化教学。依托先进技术手段，教师可以实施差异化的教学策略，实现因材施教。

2. 推动数字化课堂改革的策略

（1）明确改革目标与理念。聚焦于培养学生的核心素养和创新能力，构建与现代教育理念相契合的数字化课堂教学新模式。

（2）加强数字技术与课堂教学的深度融合。引入先进的数字技术，加强技术研发与应用研究，激发学生的学习兴趣和动力。

（3）建立科学有效的评价体系。建立涵盖多个维度的全面评价体系，采用量化指标与质性评价相结合的方式。

（4）加强师资培训和课程资源建设。提高教师的数字化教学能力，加强课程资源建设，提供丰富优质的教学资源支持。

（5）构建协同推进机制。加强教育部门与学校、企业等各方的合作与交流，形成推进数字化教学改革的合力。

3. 应对实践中的挑战

（1）针对表演展示型、个别实验型、孤军奋战型、盲目跟风型和传统课堂型等问题，教师需要采取切实有效的措施，如加强校内培训、改进教学方法、优化资源配置等，确保数字化教学改革能够落到实处。

（2）通过持续的专业发展和学习，教师可以提升自己在数字化教学环境中的能力和信心，更好地应对改革中的挑战。

通过上述措施，教师可以充分利用线上线下融合教学的优势，推动数字化课堂改革，克服实践中的困难，实现教育教学的优化和提升。

问题三：在教育数字化转型的过程中，教师应如何有效利用数字技术资源，促进学生核心素养的全面发展，并实现教育教学的创新与公平？

参考答案

教育数字化转型为现代教育带来了前所未有的机遇，特别是在促进学生核心素养的全面发展方面。为了有效利用数字技术资源，实现教育教学的创新与公平，教师可以从以下几个方面进行深入探讨和实践。

1.利用数字技术资源丰富教学手段。

（1）教学软件和数字化教学素材的应用。教师应掌握并运用各类教学软件和数字教育资源，如文字处理软件、图像编辑软件、微课制作软件等，以丰富教学内容，提高教学效率。

（2）智慧教育平台的深度整合。通过智慧教育平台，教师可以利用便捷高效的教学辅助工具，提供丰富多元的数字课程资源，构建全方位多维度的评价体系，实现"教—学—评"的一体化。

2.推动教育数字化的核心价值与目标

（1）深化个性化学习。利用人工智能技术，教师可以为每个学生量身打造个性化的学习路径和内容，促进学生的全面发展。

（2）拓展数字化资源库。教师应积极参与数字资源的开发与共享，满足学生的多元化学习需求，提升学生的自主学习能力和创新能力。

（3）强化协作与交流。通过数字化教育平台，教师可以培养学生的社会化技能，如沟通技巧和团队合作能力。

（4）精准评估与反馈。教师应利用数字化评估系统，实时跟踪学生的学习进度和成果，提供精准的评估和反馈，引导学生持续改进。

3.教育数字化转型的关键路径

（1）打造坚实的数字化基础设施。完善学校数字化基础设施建设，如智能交互平板、虚拟现实（VR）技术等。

（2）创新智慧化教学模式与方法。教师应采用数字技术整合线上线下教学资源，实施以学生为中心的智慧化、个性化教学。

（3）提升教师数字素养与专业技能。教师应不断提升自身的数字素养和专业技能，以适应教育数字化转型的需求。

4.知识、能力和人工智能技术的协同发展

（1）知识是基石。教师应重视学生基础知识的学习，为学生理解人工智能技术提供必要的背景。

（2）能力是核心。教师应培养学生与人工智能交互的能力，如编程、数据分析等，并在实践中提升解决问题的能力。

（3）人工智能作为工具。教师应将人工智能技术作为教学辅助工具，支持个性化学习和教学调整。

通过上述措施，教师可以有效地利用数字技术资源，促进学生核心素养的全面发展，并实现教育教学的创新与公平。

问题四：在人工智能技术推动下，基础教育如何实现数字素养与核心素养的融合，以促进学生的全面发展和适应未来社会的挑战？

参考答案

在全球信息化和人工智能技术不断进步的今天，基础教育正面临着前所未有的转型与创新。教育工作者需要深入理解和把握这一趋势，探索如何将数字素养与核心素养相结合，以培养能够适应未来社会的全面发展的人才。以下是几个关键方面的探讨和实践策略：

1.数字素养与核心素养的融合教育

（1）理解数字素养与核心素养的关系。探讨数字技能和批判性思维如何与学生的情感、道德和社会责任等核心素养相结合。

（2）设计融合课程和活动。分享如何在课程设计中融入数字工具的使用和项目式学习，以促进学生综合素养的提升。

2.创新能力与跨学科学习的推进

（1）培养学生的创新思维。讨论如何通过科技、艺术和社会等多领域的学习活动，激发学生的创新意识和挑战精神。

（2）实施跨学科的教学模式。分析如何打破学科界限，通过主题式跨学科学习和实践活动，提升学生的综合思维和解决问题的能力。

3. 职业生涯教育与社会情感学习的结合

（1）职业规划与职业技能的培养。探讨如何在基础教育阶段引导学生了解不同职业领域，培养学生适应未来职场的技能。

（2）情感态度与社会交往能力的发展。讨论如何在教育过程中关注学生的情感发展，培养学生的同理心和团队合作精神。

4. 人工智能与教育评价及教学创新

（1）精准化评估与个性化反馈。分析如何利用大数据和人工智能技术，对学生进行精准评估，提供个性化的学习指导。

（2）智能化教学的支持与改进。讨论人工智能如何帮助教师进行课程设计和教学方法的创新，实现教学过程的智能化调整。

5. 促进教育公平与资源的均衡配置

（1）教育资源的均衡分配。探讨如何确保所有学生都能获得高质量的教育资源，消除教育不公。

（2）提供多元化和包容性的教育环境。分析如何尊重学生的个体差异，提供适合每个学生发展的教育机会和条件。

通过上述措施，教师可以有效地根据新课标理念，培养和提升学生的核心素养，通过整合实践活动，培养高阶思维能力，促进学生的全面发展。

第二章
新课标的四大教育创新

学习本章内容思考讨论回答下面问题：

问题一：如何根据新课标理念实施核心素养的培养，并通过教学改革促进学生的全面发展和创新能力提升？

问题二：如何根据新课标理念有效培养核心素养，整合实践活动，培养高阶思维能力，促进学生的全面发展？

问题三：在新课标指导下，如何实施大单元教学以促进学生核心素养的全面发展，并适应智慧课堂教学环境？

问题四：在新课标指导下，如何通过学科实践与学习方式的变革有效培养学生的核心素养，并充分利用智慧课堂环境？

问题五：在新课标和智慧课堂环境下，教师应如何设计学业质量评价体系，以全面评估和发展学生的核心素养？

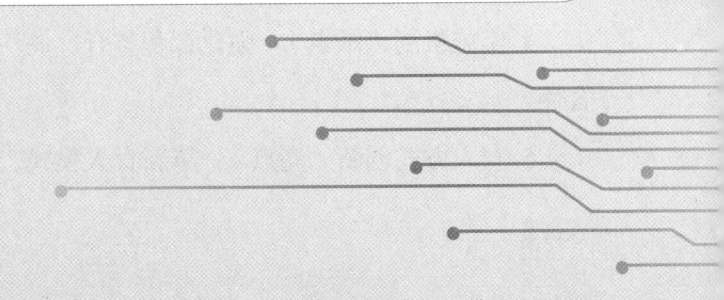

第一节 新课标的核心内容解读

核心素养如今已成为我国教育研究的热门议题。尽管自2014年以来对核心素养的理解逐步深化，但2022年发布的义务教育新课标，才真正从课程目标、课程内容、学业质量、课程实施等各方面做出了具体且细致的规定，确保核心素养能够在教学实践中得以切实落地。

一、培养目标

新课标明确了三个主要方向：

1. 培养有理想的学生，即树立正确的价值观。

2. 培养有本领的学生，对应于关键能力的提升。

3. 培养有担当的学生，这与必备品格息息相关。

这三个维度共同构成了核心素养的基础要素，为我们指明了新时代义务教育阶段育人目标的具体内涵和要求。

二、基本原则

新课标提出五个基础性原则：

1. 方向：始终坚持全面发展，坚持以人为本的教育理念。

2. 对象：面向全体学生，推行因材施教的教学策略。

3. 关键目标（重点）：聚焦核心素养的培养，为学生的未来做好准备。

4. 实施机制（难点）：强化课程整合，关注各学科之间的关联性和综合性。

5. 育人方式创新（亮点）：革新育人模式，尤其强调实践性学习的重要性。

三、课程内容调整举措

1. 各学科减少了部分偏重知识记忆和技能训练的内容。

2. 各学科增加了更多体现素养要求的部分，如提高实践操作能力的要求。

3. 各学科增设了占比达总课时 10% 的跨学科主题学习活动。

4. 新课标提出了两大核心思想——大观念和大任务。这两个概念不仅指导教学内容的选择和组织，而且作为教学方法和考试评价的重要依据。

四、深化教学改革措施

1. 坚持素养导向：教育目标不再仅关注知识点的学习，而是注重核心素养的整体培育。

2. 加强学科实践：认识到核心素养是在解决问题过程中锻炼出来的，所以要大力加强各学科的实践性教学环节。

3. 推进综合学习：打破学科壁垒，将学科内部知识整合，并开展跨学科学习，构建综合型课程体系。

4. 落实因材施教：利用现代数字技术工具，如人工智能、大数据分析及 5G 技术对学生学习情况进行精细分析，形成个性化的学生画像，进而实施精细化、个性化的教学方案。

其中，培养目标是首要任务，致力于培养适应未来的全面发展的个体；而如何有效进行跨学科融合和综合课程设计，则成为实施过程中的挑战。本次新课标的一大特色就是突出实践性学习，通过项目化实践活动培养学生解决真实问题的能力，从而实现核心素养的全面提升。

同时，高度重视激发学生的内在动力，培养其创新实践能力。要改变传统的讲授式被动学习模式，鼓励学生主动参与，培养高阶思维与创新能力。为此，要从变革学习方式着手，突破学科界限，联通学校与社会生活，打破时空限制，提供丰富多元的学习资源，采取最适合学生的方式，助力他们更好地学习成长。

培养学生核心素养的三大支柱体系包括国家课程、校本课程和社团活动，而教育的主要途径——课堂，则是落实核心素养培养的关键环节。通过线上线下融合的智慧课堂教学新模式，我们得以践行新课标理念，在提升学生高阶思维能力的同时，全面促进其核心素养的发展。因此，深入探讨核心素养的培养，首先要理解新课标。新课标突出了四个教育创新点，分别是核心素养的培养、大单元教学法、学科实践与学习方式变革、学业质量评价与融合实践。这四个方面相辅相成，共同致力于培育全面发展的人才。接下来的四节内容将分别对四个教育创新点进行简述。

第二节　核心素养的培养

一、核心素养是教育的核心目标

1. 关键能力：实际做事的能力。

2. 必备品格：积极塑造自愿做好事的习惯，比如正义、诚信和团队协作精神。

3. 正确价值观：对人及事物价值的正确认识与取向。价值观正确决定了一个人在拥有专业技能的同时能做出正确的选择。

简单来说，就是具有能够明确认识在什么情况下，运用什么知识，解决什么问题的能力。再通俗地讲，就是在解决真实问题的过程中显现出来的"既能且愿的胜任力"。浓缩成六个字表述：能干、愿干、会干。

二、核心素养框架体系

核心素养的核心就是要培养全面发展的人，细化为三个方面、六大素养、十八个基本要点。

1. 三个方面：文化基础、自主发展、社会参与。

2. 六大素养：人文底蕴、科学精神、学会学习、健康生活、责任担当、实践创新。

3. 十八个基本要点：人文积淀、人文情怀、审美情趣、理性思维、批判质疑、勇于探究、乐学善学、勤于反思、信息意识、珍爱生命、健全人格、自我管理、社会责任、国家认同、国际理解、劳动意识、问题解决、技术运用。如图 2.2.1 所示。

图 2.2.1

通过这些要点的实施过程达到核心素养的培养目标。

三、明道修身利他共荣

西安藤信学校的校训"明道、修身、利他、共荣"深刻体现了学校对教育的人文关怀和价值追求，强调培养全面发展、具备核心素养的现代公民。这一校训不仅指导着学校的教育实践，也激励着师生追求更高的人生境界。

1. 明道：追求生命的意义与目标

（1）使命与责任

明道要求师生明确自己的使命和责任，树立远大的理想和目标，追求个人生命的意义和价值。

（2）敬业与奉献

在实际行动中，明道倡导师生以敬业奉献的精神投入学习和工作中，通过为社会做出贡献来实现个体的价值和使命。

2. 修身：锤炼个人道德品质与内在修养

（1）道德修养

修身强调个人道德品质的提升，倡导师生遵循伦理道德，培养正直、善良的品格，摒弃不良品性。

（2）情操与责任感

修身还包括培养良好的道德情操和社会责任感，使师生在个人成长的同时，能够为社会的和谐与进步做出贡献。

3. 利他：发扬关爱他人、乐于助人的精神

（1）关注与助人

利他精神鼓励师生在日常生活中关注他人的需求，用自己的行动帮助他人解决问题，体验付出的快乐。

（2）社会责任感

通过服务他人，师生能够培养强烈的社会责任感和公益情怀，成为有担当的社会成员。

4. 共荣：实现共同进步、发展和繁荣

（1）集体与个体的双赢

共荣理念强调学校成员之间的相互促进和共同成长，追求集体与个人的共同繁荣和进步。

（2）和谐共生的文化

通过合作共享，学校旨在创造一个和谐共生的校园文化，让每个成员都能享受到公平的机会和共同的成果。

西安藤信学校的校训深度契合了当前教育领域对核心素养的聚焦与诉求，致力于培养既有高尚品格又具时代担当的学生，使学生能够在个人发展的同时，关注社会福祉，推动社会发展与人类文明的进步。通过这一校训的贯彻实施，学校期望能够培育出在全球化时代下积极贡献、引领未来的优秀人才。

四、培养高阶思维能力

在现代教育中，培养学生的高阶思维能力是实现核心素养教育目标的关键。高阶思维不仅涉及想象力、创新力，还包括问题解决、决策制订和批判性思维等多方面的认知能力。这些能力对于学生适应未来社会的复杂需求至关重要。

1. 高阶思维能力的重要性

（1）认知水平的提升

高阶思维能力是指那些超越记忆和理解的认知过程，包括分析、评价和创造等更复杂的心智活动。这些能力使学生不仅仅能够接受知识，而且能够主动地构建知识，进行深入的思考和理解。在认知水平的提升过程中，学生学会从多角度审视问题，发展独立思考的能力，这对于他们成为能够独立解决问题的个体至关重要。高阶思维能力的培养有助于学生形成批判性思维，提高解决问题的能力，使他们在面对复杂多变的现实世界时，能够做出明智的决策。

（2）未来社会的需求

随着现代社会的快速发展，对人才的要求也越来越高。未来的工作环境将更加重视创新和适应能力，而这正是高阶思维能力的核心。具备高阶思维的学生能够更好地适应新的工作环境，有效地处理信息，创新解决方案，以及在多变的环境中进行有效沟通。此外，随着全球化和科技的不断进步，社会对于能够进行跨文化交流、理解复杂系统和进行终身学习的人才有更大的需求。因此，高阶思维能力的培养对于学生未来在全球化社会中取得成功具有决定性的意义。通过发展这些能力，学生将更好地迎接未来社会的各种挑战，在职业生涯中取得成功。

2. 多维度培养解决问题能力

（1）实践教学中的开放性探索

在传统的教育模式中，作业与考试常常过于侧重标准答案，忽视了与实际生活、科学现象和自然规律的关联。例如，在解释"冰融化"的现象时，应鼓励学生从不同角度思考，如春天来临或环境温度变化等多元化的解答方式，而非局限于单一答案。因此，教师在教学过程中需打破对标准答案的过度依赖，倡导发散性思维的发展。

（2）创新教学手段激发多元思维

为了拓宽学生的思维方式，我们应当摒弃仅追求标准答案的教学策略。比如在探讨"树上有10只鸟，开枪打掉1只后还剩几只？"这类问题时，不仅要引导学生进行数学计算，更要鼓励他们提出新颖且具有创造性的解答，从而促进他们在解决问题时展现出更加灵活、全面的思考模式。

3. 批判性思维的培养与独立思考的激励

（1）批判性思维的培养

在教学实践中，应积极倡导和培养学生的批判性思维能力，激励他们不盲目跟从权威，敢于提出不同寻常甚至具有挑战性的见解。教育目标之一是让学生学会从多个视角深入分析问题，例如在科学探究中勇于质疑既有理论，并通过实证研究来验证假设。

（2）独立思考的激励

历史上，伽利略对亚里士多德关于物体下落速度的观点进行了有力的挑战。他通过严谨的自由落体实验揭示了一个颠覆性的结论：无论物体轻重如何，在真空中（或忽略空气阻力的情况下）所有物体下落的速度都是相同的。这一事例生动地展示了批判性思维和独立思考对于推动科学发展的重要性。

4. 实践活动与核心素养的整合

（1）科学原理与生活情境的紧密结合

教育实践中，将科学原理与学生的日常生活情境相结合是至关重要的。这种结合使得学生能够更加直观地理解抽象的科学概念，并认识到科学在现实生活中的应用和价值。例如，通过设计贴近学生生活的实验，如探究斜面上物体滑动的力学规律，学生可以直接观察和分析牛顿运动定律的实际效果。这种方法不仅加深了学生对科学原理的理解，而且提升了他们运用知识解决实际问题的能力。

（2）实践活动在深化核心素养中的作用

实践活动是加深学生核心素养理解的关键环节。通过亲身参与实验和操作，学生能够将理论知识转化为实践经验，增进对科学规律的深刻认识。以伽利略的自由落体实验为例，学生不仅能够通过实验验证物理定律，还能体验科学探究的方法和过程，从而培养严谨的科学思维和掌握娴熟的实验操作技能。此外，实践活动还能促进学生团队合作、批判性思维和创新能力的发展。在这样的学习环境中，学生能够感受到科学探索的乐趣，培养对科学的热爱和对知识的探索欲望，为他们未来的学习和成长打下坚实的基础。

5. 科学精神的传承与发展

（1）历史案例中科学探索与实证研究的重要性

通过介绍伽利略对亚里士多德物体下落速度理论的挑战，以及卢瑟福对汤姆生原子模型的否定等事件，我们向学生展示了科学知识发展的动态性和非线性。这些历史案例不仅揭示了科学知识是如何随着时间不断演进和变革的，而且强调了实证研究在科学发展中的核心作用，展示了通过实验和观察来验证或推翻理论的过程。

（2）培养批判性思维与探索精神

教育的目标之一是培养学生在面对科学问题时勇于提出自己的见解，并鼓励他们挑战已有的理论或权威观点。我们致力于激发学生对科学的好奇心和求知欲，引导他们在科学探索中独立思考，运用批判性分析，以推动科学知识的持续发展和创新。通过这样的教育方法，学生不仅能学习科学知识，更能理解背后的科学探索过程，从而在科学精神的传承与发展中扮演积极角色。

通过上述方法，可以有效地培养学生的高阶思维能力，帮助他们在学习过程中发展必要的认知技能，为未来的学习和职业生涯打下坚实的基础。

第三节 大单元教学法

一、大单元教学的必要性与新课标要求

1. 传统教学局限与新课标核心素养要求

传统教学过度聚焦于知识点的孤立学习,尽管这有助于学生在考试中取得高分,但这往往会导致他们在解决现实生活中的复杂问题时显得力不从心,这种"高分低能"现象凸显了传统教学方法在培养学生实际应用能力方面的不足。面对这一挑战,新课标提出了更高的要求,强调要从关注单一知识点学习转向学科核心素养的整体构建,包括培养学生的解决复杂问题的能力、必备品格及价值观念,以期实现知识与实践的有效结合,促进学生的全面发展。

2. 大单元教学的重要性

为满足新课标的素养目标,教师需摒弃单个知识点或单课时教学模式,转向整体的大单元教学设计。以大象为例,如果分别讲解其腿、耳朵、鼻子、眼睛、嘴巴以及头和身体等各个部分(如图 2.3.1 所示),尽管学生可能对每个部分都掌握了,但当要求他们描述完整的大象形象时,由于缺乏对大象整体形象的教学引导,学生可能会出现拼接认知错误(如图 2.3.2 所示)。因此,进行大单元整体教学设计至关重要。

大象的腿　　　　大象耳朵　　　大象鼻子　　　大象眼睛、嘴巴

图 2.3.1

图 2.3.2

3. 智慧课堂环境下的大单元教学实践

新课标强调整体化教学理念，即先通过大单元教学设计形成整体框架，随后细化为各个知识点的讲解，最后回归到整体层面，形成"整体—知识点—整体"的循环结构（如图 2.3.3 所示）。智慧课堂教学环境下的大单元教学，更是要借助现代信息技术手段，围绕一个主题或任务组织相关联的内容，构建连贯统一的大教学单元，其中包含多个相互关联的课时。

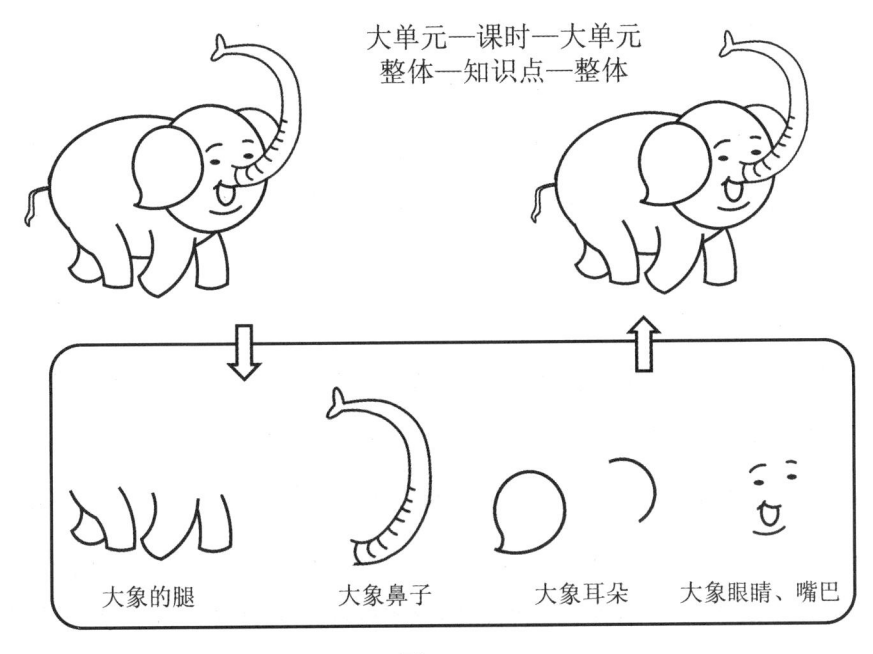

图 2.3.3

总之，为了有效落实新课标关于培养学生解决实际问题能力和核心素养目标，要打破传统的碎片化教学方式，积极推广实施大单元教学模式，并在智慧课堂环境下充分利用教育资源和技术工具，确保大单元教学得以高效开展，助力学生的全面发展。

二、大单元教学的实施

1. 大单元教学的设计理念

（1）大单元教学的整体构想

智慧课堂教学背景下的大单元教学设计，旨在依据学科核心素养框架、学生认知规律及学科知识内在逻辑，对教材中的关联单元进行深度整合重组。其关键在于设计一个以高度相关且统一的主题或任务为引领，包括明确主题目标、学习目标设定、核心任务规划、情境创设、互动活动设计以及综合评价在内的系统化教学方案。

（2）新课标理念下的教学策略

在新课标理念指引下，教师需通过集体协作或独立研究，围绕大单元整体设计展开工作，采用驱动性问题引导、真实情境模拟、项目式学习实践、任务挑战以及探究性问题解决等多元教学手段，激发学生的高阶思维能力，全面培养核心素养。

（3）核心素养导向的教学实践操作

教师在实施过程中，要精准把握并融合学科核心素养与学科内容，基于课程标准和教材内容，精心筛选有助于提升学科核心素养的教学材料和情境案例。具体而言，应从制订符合核心素养的学习目标开始，科学地选择组织学科内容，巧妙设计促进互动交流的学习活动，在课堂中有效执行，并配套建立完善的评价机制，确保学科核心素养培养过程的具体化、可操作性和可评估性。如此一来，方能打破传统的碎片化知识点教学模式，实现教学设计与素养发展目标的有效对接，满足新课标要求和智慧课堂教学的实际需求。

2. 大单元整体教学设计的核心要素

（1）单元课程理念

在智慧课堂环境下，单元课程设计理念不仅体现学科的教育价值和单元内容本身的育人作用，更注重将课程思政巧妙融入其中，以培养学生的正确价值观、良好情感态度及社会责任感。利用现代数字技术手段，教师能够生动形象地传达课程中的核心价值观念，并引导学生进行深度体验与内化。

（2）单元课程情境

基于智慧课堂的大数据分析功能，精确分析学情动态，结合教材内容和科学合理的课时安排，智能创设与现实生活紧密相连且能有效激发学生兴趣的学习情境，确保情境的真实性、生活性和参与性，利于学生主动投入学习。

(3) 单元课程目标

紧密贴合新课标中关于核心素养的培养要求，系统制订可衡量、可操作、具体化的单元学习目标，通过智慧教育平台实时监控目标达成进度并灵活调整教学策略。

(4) 单元课程内容

利用数字化技术解析教材结构，提炼单元知识要点，并采用文字、图表、动画等多种形式呈现，方便学生自主探究和个性化学习，提升学习效率，加深理解程度。

(5) 单元课程实施

①活动驱动式教学：遵循素养导向原则，强化实践性与跨学科综合学习，运用数字技术工具实现因材施教。设计丰富的、与实际问题相结合的情境任务以及项目式、探究式学习活动，使学生在解决问题的过程中积累知识、锻炼技能，并发展高阶思维能力。

②课时学习案编写：整个单元教学设计是由各个课时学习案串联而成的。所以在整个单元教学设计架构的基础上要编写好每个课时的教学方案——学习案。每个课时的教学方案应包含课时教学理念（育人目标）、教材分析、教学目标、学情分析、教学流程及教学反思等环节。数字化学习案要体现学生自主开展小组学习与讨论，以问题解决为主线贯穿整个学习过程，促进知识学习与素养提升的深度融合。

(6) 单元课程评价

构建多元化、智能化的评价机制，借助信息技术整合课堂表现、作业完成情况、预习效果、互动反馈等多维度数据，对学生核心素养的发展进行全面、实时追踪与评估。应用智慧教育平台进行同伴互评、自我评价，即时生成客观评价结果，推动教与学同步改进。在单元教学设计阶段预先规划评价工具、形式及主题，确保评价成为教学过程中不可或缺的部分，真正落实"以评促教，以评促学"，实现"教—学—评"一体化。

（7）单元课程反思

①教师层面：在智慧课堂教学前后均需进行深入反思，课前反思，包括但不限于课程设计的有效性、教育资源的优化利用、教学环节的实际执行效果分析，以及教学评价是否有助于核心素养目标的实现。课后依据教学过程中产生的实时数据，灵活调整教学计划和学习资源，保证教学质量持续提升。

②学生层面：鼓励学生采用多种方式进行单元学习后的反思总结，例如撰写读后感、绘制思维导图等，尤其是利用平板电脑或其他智能设备进行思维可视化创作。借助智慧教育平台，学生可以便捷上传作品，开展小组间互动点评，并可通过班级评选活动激励先进学科组和个人，形成良好的学习氛围，增强学生的集体荣誉感。

三、课堂教学结构的新变化

在新课标的指导下，智慧课堂教学模式的兴起，引领了教学结构的深刻变革。这些变革主要体现在以下五个方面：

1. 问题导向的教学

以知识记忆为中心的传统教学模式转变为以解决问题为核心的智慧课堂教学模式。智慧课堂利用数字技术创设真实或模拟情境，激发学生的探究欲望，引导他们主动发现、分析并解决问题，从而促进核心素养的培养。

2. 实践导向的学习

教学不再局限于"学以致用"，而是强调在"做中学、用中学"。智慧课堂鼓励学生通过项目式学习、实践操作等方式，将理论知识与实际应用相结合，提升解决现实问题的能力。

3. 整体性学习路径

整体学习取代了传统的碎片化学习，智慧课堂提供个性化的学习路径，将知识点整合到跨学科的综合任务中，帮助学生构建系统化的知识体系，实现知识的深度融合与应用。

4. 深度理解与灵活迁移

教学重点从知识的表层记忆转向对概念原理的深入理解和灵活迁移。智慧课堂通过多媒体资源和智能工具，促进学生对知识本质的深刻洞察，并将所学知识灵活应用于新的情境中。

5. 全面过程性评价

评价体系从单一的结果评价转变为关注学习过程全面发展的过程性评价。智慧课堂通过分析学生的学习数据，评价学生的知识掌握、思维品质、合作与创新能力等多方面的素养，以实现教学效果的持续优化。

综上所述，智慧课堂教学结构的新变化，旨在通过创新的教学方法和评价机制，构建一个以学生为中心，强调解决问题的能力和深度学习的教学环境，从而更好地培养和提升学生的核心素养。

第四节　学科实践与学习方式变革

一、学科教学实践化实施

1. 学科实践教学内涵

通过大单元和大任务的教学设计，将知识点的学习融入解决真实问题的情境过程中。实践教学应具备以下特点：

（1）真实性：构建与现实生活紧密相关的教学情境，使学生能够在模拟或真实的社会环境中学习，直面实际问题。

（2）实践性：通过实际操作和体验活动，如实验、调查、设计等，强化学生的实践操作能力，促进对知识的深入理解。

（3）综合性：推动跨学科的综合实践活动，整合不同学科的知识和技能，提升学生综合解决问题的能力。

2. 新课标倡导的学习方式

（1）鼓励采用互动式、启发式、探究式、体验式的学习方式，强调学生的主动参与和实践操作。

（2）利用主题化、项目化的大单元教学策略，结合信息技术，激发学生的创造力和解决问题的能力。

3. 实践活动中的关键要素

（1）实践活动应涵盖观察、考察、实验、实践操作、调研、设计策划、观赏鉴赏、阅读理解等多样化的学习方式，鼓励学生通过直接体验来深化理解。

（2）通过这些活动，增强学生间的交流与合作，强化学科间的相互联系，实现跨学科知识的有机整合，促进学生全面发展。

二、学习方式的创新变革

在新课标的指导下，学习方式的创新变革可以通过以下几个方面来实施：

1. 传统学习方式的转变

（1）启发式与探究式学习

在这一模式下，教师的角色转变为引导者，鼓励学生通过提出问题、探索未知来主动学习。这种学习方式要求教师设计开放性问题，激发学生的好奇心和求知欲，引导他们自主寻找答案，从而培养批判性思维和解决问题的能力。

（2）实践性教学

实践性教学强调学生通过动手操作和实际体验来学习。例如，通过实验室活动、现场考察或社区服务项目，学生可以将理论知识应用于实际情境中，从而加深对学科内容的理解和掌握。

2. 跨学科任务式学习

（1）真实问题驱动

跨学科学习项目以现实生活中的真实问题为核心，要求学生运用多学科知识来共同解决问题。这种方式鼓励学生跳出单一学科的框架，有利于培养他们的综合思考能力和创新精神。

（2）深度学习体验

通过参与具有挑战性的项目，学生不仅能够深入理解学科知识，还能在实践中提升沟通、协作等软技能。这种学习体验有助于学生形成终身学习的习惯，为未来的职业生涯做好准备。

3. 学科实践的日常融入

（1）日常教学中的实践环节

在日常教学中，教师可以设计各种实践活动，如模拟实验、角色扮演、案例分析等，让学生在参与和体验中学习。这些活动不仅能够提高学生的参与度，还能够帮助他们更好地理解抽象概念。

（2）问题导向的学习

问题导向的学习要求教师设置具有吸引力的问题，引导学生通过研究和探索来寻找解决方案。这种方法能够培养学生独立思考的能力和解决问题的能力，同时也能够激发他们对学科学习的兴趣。

4. 教学方法与设计的革新

（1）个性化学习支持

智慧课堂提供了丰富的数字化工具和智能平台，使得个性化学习成为可能。教师可以根据学生的学习进度和兴趣，提供定制化的学习资源和辅导，确保每个学生都能获得最适合自己的学习体验。

（2）全面培养能力

教学内容的结构化和学科实践化的改革，旨在全面培养学生的能力。这不仅包括学科知识和技能，还包括批判性思维、创新能力、团队合作等综合素质，为学生的全面发展奠定基础。

5.评价体系的构建

（1）科学合理地评价

评价体系的构建应以学生的核心素养发展为导向，不仅评价学生的知识掌握程度，还要关注他们的思维过程、学习策略、情感态度与价值观。这种评价方式有助于教师了解学生的学习需求，调整教学策略，促进学生的持续进步。

（2）智慧课堂的评估工具

智慧课堂提供的大数据分析和智能化评估工具，可以帮助教师进行更精准的学生评估。通过分析学生的学习行为和成果，教师可以及时发现学生的学习难点，提供针对性的帮助，从而提高教学效果。

下面一节将详细讨论有关学业质量的评价体系。

通过这些具体的改革措施，教师能够更加有效地实施新课标，培养学生的核心素养，同时确保教学活动与新课标的要求一致，为学生在智慧课堂中的成功学习打下坚实基础。

第五节　学业质量评价与融合实践

在新课标的指导下，学业质量评价已经发生了根本性的变化，其核心目标是全面评估学生的核心素养。智慧课堂教学环境的引入，进一步推动了这一评价理念的实施，它强调超越传统的知识记忆，转向培养学生的综合知识应用能力和解决现实问题的能力。在这种教学模式下，学生的学业成绩不再仅仅由传统的笔试成绩来衡量，而是更加重视他们在面对真实情境时所表现出的学科素养和创新思维。

随着这一转变，中考、高考等重要考试也在逐步调整命题策略，更加注重试题的综合性、实践性和应用性。这样的改革旨在更准确地反映学生的真实学业水平和潜在能力。通过这种方式，评价不仅关注学生的学术成就，还关注他们的个人成长和全面发展，确保学生能够适应充满挑战的未来社会。

一、学业质量评价的新维度

1. 知识主题的整体把握

评价不仅关注学生对学科知识的掌握程度，更重视他们对知识体系的整体理解和应用能力。这意味着评价应涵盖学生如何将知识点联系起来，形成有意义的知识网络，以及他们在解决复杂问题时所展现的逻辑推理和批判性思维能力。

2. 实践情境中的表现评估

智慧课堂鼓励将评价置于真实或模拟的实践情境中，如通过项目式学习、案例分析等活动，评估学生在具体情境下解决问题的能力和创新思维。这种评价方式有助于检验学生是否能够将理论知识应用于实际问题，以及他们在团队合作和沟通交流中的表现。

3. 情感态度与价值观养成

评价体系还应关注学生在学习过程中形成的情感态度和价值观。这包括他们对学习的热爱、对知识的好奇、对挑战的积极态度，以及他们在学习中展现的责任感和自我管理能力。

二、智慧课堂背景下的考试命题改革趋势

1. 知识点的情境化应用

考试命题将减少对孤立知识点的考查，转而设计情境化的问题，要求学生在理解知识生成和应用的背景下进行分析和解答。这样的命题策略有助于培养学生的综合思考能力和知识应用能力。

2. 情境化的考点设计

考点将不再孤立存在。无论是主观题还是客观题，考点设计都应根植于学生的生活经验和实际情境，确保考试内容与学生的日常学习和生活紧密相关。这种设计有助于提高学生的参与度，同时也能够更好地反映他们的真实学习水平。

3. 探究与创新能力考查

评价不仅要关注学生解决问题的能力，还要重视他们提出问题、进行探究和创新的能力。考试中应包含开放性问题和探究性任务，鼓励学生展现他们的创造力和独立思考能力。

4. 深度理解与批判性评价能力

除了检验学生对知识的熟练运用，还应考核他们对知识的深入理解和批判性评价能力。这要求考试题目能够引导学生进行深层次的思考，分析知识的适用性和局限性。

5. 综合能力与实践成果考量

学业质量评价应超越传统的纸笔测试，综合考量学生在实践活动、项目研究中的表现。这包括他们在团队合作、项目管理、创新实践等方面所展现的能力，以及他们在解决实际问题中所取得的成果。

智慧课堂教学强调对学生综合能力的培养，确保学生在扎实掌握基础知识的同时，能够灵活运用知识应对实际挑战。因此，作业布置、日常

测评及各类学习活动的设计都应围绕学业质量评价进行优化，引导学生在解决实际问题中活用所学，实现核心素养的全面提升。通过这样的评价体系，教师可以更准确地了解学生的学习进展和需求，从而为他们提供更加个性化和有效的教学支持。

学习思考讨论题参考答案

问题一：如何根据新课标理念实施核心素养的培养，并通过教学改革促进学生的全面发展和创新能力提升？

参考答案

新课标强调核心素养的培养，这对教师提出了新的教学要求和挑战。以下是几个关键方面，教师可以在这些方面进行深入探讨和实践。

1. 新课标核心内容的解读

（1）培养目标的明确。强调培养学生的理想信念、关键能力和责任感。

（2）基本原则的遵循。坚持全面发展、因材施教、聚焦核心素养、课程整合和育人方式创新。

2. 课程内容与教学改革

（1）课程内容的调整。减少知识记忆和技能训练，增加实践操作能力和素养要求。

（2）跨学科主题学习活动的设置。通过大观念和大任务引导教学内容和方法的创新。

3. 教学改革的深化措施

（1）素养导向的坚持。关注核心素养的整体培育，而非单一知识点的传授。

（2）学科实践的加强。通过实践活动培养学生解决真实问题的能力。

（3）综合学习的推进。整合学科知识，开展跨学科学习，构建综合型课程体系。

（4）因材施教的落实。利用数字技术工具进行学生学习情况的个性化分析和教学方案的制订。

4.激发学生的内在动力与创新实践能力

（1）变革学习方式。突破传统讲授模式，鼓励学生主动参与和探索。

（2）联通学校与社会生活。提供丰富多元的学习资源，助力学生的个性化成长。

（3）培养高阶思维与创新能力。重视学生批判性思维和创新能力的培养，为其适应未来社会发展做准备。

通过上述措施，教师可以有效地根据新课标理念实施核心素养的培养，并通过教学改革促进学生的全面发展和创新能力的提升。

问题二：如何根据新课标理念有效培养核心素养，整合实践活动，培养高阶思维能力，促进学生的全面发展？

参考答案

新课标理念强调培养学生的核心素养，这要求教师采用创新的教学方法和实践活动，促进学生的全面发展。以下是几个关键方面，教师可以在这些方面进行深入探讨和实践。

1.核心素养的构成与培养

（1）关键能力的培养。指导学生掌握实际做事的能力，提升解决问题的实际操作技能。

（2）必备品格的塑造。培养学生的正义感、诚信意识和团队协作精神，强化道德品质。

（3）正确价值观的形成。引导学生形成正确的价值取向，确保专业技能与价值判断的结合。

2. 核心素养框架体系的实施

（1）三大方面的培养。文化基础、自主发展和社会参与，全面提升学生的综合素养。

（2）六个维度的深化。人文底蕴、科学精神、学会学习、健康生活、责任担当、实践创新，关注学生的多方面成长。

（3）十八个基本要点的落实。通过具体的教育活动和课程内容，实现核心素养的细化培养。

3. 校训与核心素养的结合

（1）明道。确立个人和社会目标，追求生命的意义，服务于社会。

（2）修身。提升个人道德品质和内在修养，培养高尚的品德。

（3）利他。倡导关爱他人与助人为乐的精神，形成和谐的人际关系。

（4）共荣。鼓励合作共享，促进集体和社会的共同进步。

4. 高阶思维能力的培养策略

（1）开放性探索。鼓励学生从多角度思考问题，打破标准答案的局限。

（2）创新教学手段。激发学生的多元思维，提升解决问题的灵活性。

（3）批判性思维。培养学生的独立思考和质疑能力，鼓励探索和创新。

（4）实践活动的整合。结合科学原理与生活实践，深化学生对知识的理解。

通过上述措施，教师可以有效地根据新课标理念培养核心素养，整合实践活动与高阶思维能力，促进学生的全面发展。

问题三：在新课标指导下，如何实施大单元教学以促进学生核心素养的全面发展，并适应智慧课堂教学环境？

参考答案

新课标强调学生核心素养的全面发展，这要求教师转变传统的教学模式，实施大单元教学。以下是几个关键方面，教师可以在这些方面进行深入探讨和实践。

1. 大单元教学的必要性与新课标要求

（1）传统教学局限。传统教学中知识点孤立、学生应用能力不足。

（2）新课标核心素养要求。新课标要求教学不仅要关注知识点的掌握，还要培养学生的问题解决能力、必备品格和价值观念。

2. 大单元教学的实施

（1）教学设计理念。构建系统化教学方案，整合关联单元，实现教学内容的整体性和连贯性。

（2）教学策略。采用多元教学手段，如问题引导、情境模拟、项目学习等，培养学生的高阶思维能力。

（3）教学实践操作。精准融合学科核心素养与内容，设计互动交流的学习活动，建立完善的评价机制。

3. 课堂教学结构的新变化

（1）问题导向的教学。以问题解决为核心，利用数字技术创设情境，激发学生的探究欲望。

（2）实践导向的学习。通过实践操作等方式结合理论知识与实际应用，提升解决问题的能力。

（3）整体性学习路径。提供个性化学习路径，整合知识点到跨学科的综合任务中。

（4）深度理解与能力迁移。强调对概念原理的深入理解，促进学生灵活运用所学知识。

（5）全面过程性评价。关注学习过程的全面发展，通过多维度数据分析评价学生的核心素养。

通过上述措施，教师可以有效地实施大单元教学，促进学生核心素养的全面发展，并适应智慧课堂教学环境。

问题四：在新课标指导下，如何通过学科实践与学习方式的变革有效培养学生的核心素养，并充分利用智慧课堂环境？

参考答案

新课标强调培养学生的核心素养，这要求教师在教学实践中采用创新的学习方式和学科实践，促进学生的全面发展。以下是几个关键点，教师可以在这些方面进行深入探讨和实践。

1. 学科实践教学的实施

（1）真实性。构建与现实生活紧密相关的教学情境，让学生在模拟或真实的社会环境中学习，直面实际问题。

（2）实践性。通过实际操作和体验活动，如实验、调查、设计等，强化学生的实践操作能力，促进对知识的深入理解。

（3）综合性。推动跨学科的综合实践活动，整合不同学科的知识和技能，提升学生综合解决问题的能力。

2. 学习方式的创新变革

（1）传统学习方式的转变。采用启发式与探究式学习，鼓励学生主动提出问题和寻找答案，培养批判性思维和解决问题的能力。

（2）跨学科任务式学习。以真实问题为核心，鼓励学生运用多学科知识解决问题，培养综合思考能力和创新精神。

（3）学科实践的日常融入。在日常教学中设计各种实践活动，如模拟实验、角色扮演、案例分析等，提高学生的参与度和理解抽象概念的能力。

3. 教学方法与设计的革新

（1）个性化学习支持。利用智慧课堂的数字化工具和智能平台，根据学生的学习进度和兴趣提供定制化的学习资源和辅导。

（2）全面能力培养。通过教学内容的结构化和学科实践化的改革，培养学生的全面能力，包括学科知识和综合素质。

4.评价体系的构建

（1）科学合理的评价。构建以学生核心素养发展为导向的评价体系，关注学生的思维过程、学习策略和情感态度。

（2）智慧课堂的评估工具。利用智慧课堂的大数据分析和智能化评估工具，进行精准的学生评估，提供针对性的帮助。

通过上述措施，教师可以在新课标的指导下，有效地实施学科实践与学习方式的变革，培养学生的核心素养，并充分利用智慧课堂环境提供的支持。

问题五：在新课标和智慧课堂环境下，教师应如何设计学业质量评价体系，以全面评估和发展学生的核心素养？

参考答案

随着新课标的实施和智慧课堂环境的发展，学业质量评价体系面临着重大的改革需求。这一改革旨在全面评估和发展学生的核心素养，而不仅仅是传统的知识记忆和复述。以下是几个关键点，教师可以在这些方面进行深入探讨和实践。

1.学业质量评价的新维度

（1）知识主题的整体把握。评价应关注学生对知识体系的整体理解和应用能力，强调他们将知识点联系起来，形成有意义的知识网络的能力。

（2）实践情境中的表现评估。评价应置于真实或模拟的实践情境中，评估学生在具体情境下的问题解决能力和创新思维。

（3）情感态度与价值观的形成。评价体系应关注学生在学习过程中形成的情感态度和价值观，包括他们对学习的热爱程度、对挑战的积极态度等。

2.智慧课堂背景下的考试命题改革趋势

（1）知识点的情境化应用。考试命题应设计情境化的问题，要求学生在理解知识生成和应用的背景中进行分析和解答。

（2）情境化的考点设计。考点设计应根植于学生的生活经验和实际情境，确保考试内容与学生的日常学习和生活紧密相关。

（3）探究与创新能力考查。评价应包含开放性问题和探究性任务，鼓励学生展现他们的创造力和独立思考能力。

（4）深度理解与批判性评价能力。评价应考核学生对知识的深入理解和批判性评价能力，引导他们进行深层次的思考。

（5）综合能力与实践成果考量。学业质量评价应综合考量学生在实践活动、项目研究中的表现，以及他们在解决实际问题中所取得的成果。

3.教师在学业质量评价中的角色

（1）教师应成为评价的设计者和引导者，通过设计多样化的评价活动，引导学生在真实或模拟的情境中展现他们的知识和能力。

（2）教师应利用智慧课堂提供的数据分析工具，对学生的学习过程和成果进行跟踪和评估，以提供个性化的教学支持。

（3）教师应与同行、学校管理层和家长合作，共同构建一个支持学生全面发展的评价体系，确保评价活动的有效性和公正性。

通过上述措施，教师可以更准确地了解学生的学习进展和需求，从而获得更加个性化和有效的教学支持。这种以学生为中心的评价体系不仅能够促进学生的学业成长，还能够关注他们的个人成长和全面发展，确保他们未来能够适应充满挑战的社会。

第三章

智慧课堂及课堂教学模式

学习本章内容思考讨论回答下面问题：

问题一：在深化教育理解和推动课堂教学革新的过程中，教师应如何结合古今教育理念、学生需求和数字化技术，培养学生适应未来发展的核心素养？

问题二：在智慧教育时代背景下，教师应如何转变教学模式，有效实施智慧课堂教学，培养学生的关键能力和核心素养？

问题三：在智慧教育时代，教师应如何结合"三个五"智慧课堂教学体系，有效实施问题化导向的教学策略，培养学生的核心素养？

问题四：如何设计驱动性问题以促进学生的自主学习，并在物理教学中有效融合实验探究和生活实例，培养学生的核心素养？

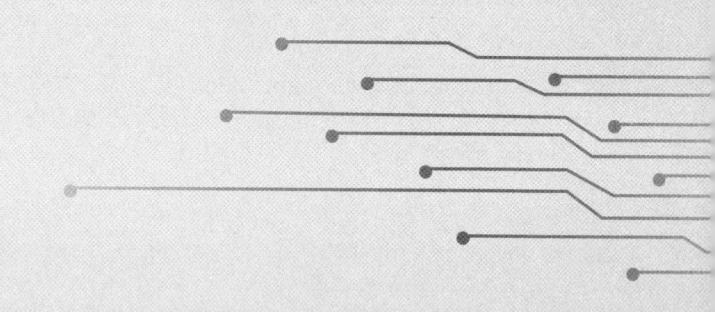

第一节　深化教育理解与课堂教学革新

我们所倡导的问题化导向课堂模式，并非凭空设想，而是根植于古今中外教育家对教育本质的理解，结合多年来各地课堂教学改革的实践经验和作者十多年来对智慧课堂教学的实践和研究的成果，以及新课标中关于核心素养培养的要求。未来的教育，应当是从"教"向"学"的角色转变，让学生主动学习、自主探索、独立发现问题并解决问题，这样才能有效培养他们的创新能力。

一、古今中外的教学理论精粹

1. 启发式教学：先学后教

（1）孔子的教育智慧

"先学后教，以学定教"的理念强调，教师的讲解应建立在学生已有的自学基础之上。在实际教学过程中，有时候需要适时地"憋一憋"学生，等到他们确实遇到无法解决的问题时再给予指导。正如孔子所说，"不愤不启，不悱不发"，即不到学生努力思考却不得其解的时候不去点拨，不到他们内心明白但表达不清的时候不去启发。

（2）学生自主学习的时机

当学生带着问题走进课堂，他们自然会更加专注地投入学习，因为学生天生充满好奇心和求知欲。教师的主要任务在于找准时机引导和点燃这种热情。

2. 兴趣与内在动力

（1）孔子的学习兴趣观

孔子在《论语》中的名言"知之者不如好之者，好之者不如乐之者"，揭示了在学习过程中激发学生的兴趣至关重要。相较于仅仅了解学习方法的学生，对学习抱有热爱之情的学生更易快速吸收知识，那些视学习为乐趣的人，则能更快地掌握技能。

（2）激活学生的学习热情

我们在教学中要注重培养学生的学习兴趣，从而激活他们的内在动力，让他们体会到学习是快乐的，将学习视为一种享受而非负担。

3. 合作性学习过程

（1）佐藤学的教育理念

现代日本教育家佐藤学指出，教育改革的答案蕴藏在学校现场之中。他提倡构建一个相互倾听、通过对话和交流促进真实学习的课堂环境，强调合作学习的重要性。

（2）构建合作学习的环境

佐藤学认为学习是一个从已知世界出发，探索未知领域，超越现有经验和能力边界，形成新经验与能力的过程。未来的学校应成为一个平等互动的学习共同体，师生共同参与课堂，互相倾听，一同进步。

在深入研究教育的历史和理论后，我们认识到智慧课堂教学模式并非仅仅建立在古代教育家智慧的基础上，而是与之相辅相成，进一步发展和创新的。智慧课堂教学不仅与孔子的启发式教学等古代教育理念相符合，而且通过整合现代教育技术，为学生提供了更加丰富和具有互动性的学习体验。这种模式预示了教育的未来趋势，即教育将更加注重学生的主动性、合作性和创新能力的培养，从而让学生更好地适应未来社会。

4. 学习金字塔理论

"学习金字塔"理论，源自美国缅因州国家训练实验室的研究，是一种现代教育学研究成果。该理论通过直观的数字形式展示了不同学习方式下，学习者两周后对知识留存的程度。这一理论构建了一座学习金字塔模型，如图 3.1.1 所示。

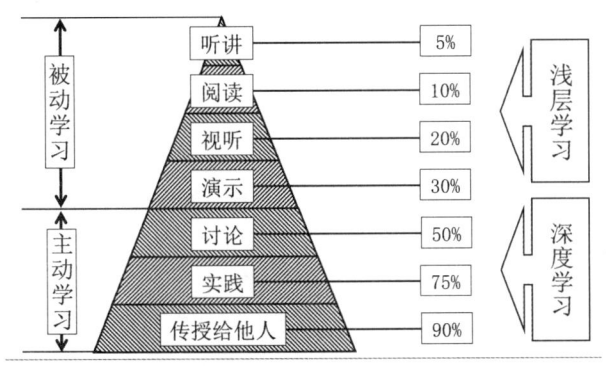

学习金字塔：
- 被动学习／浅层学习：听讲 5%、阅读 10%、视听 20%、演示 30%
- 主动学习／深度学习：讨论 50%、实践 75%、传授给他人 90%

借助教育数字化落实新课标提出的项目化的实践性学习活动，主动学习和深度学习一定会发生。

图 3.1.1

（1）学习方式与知识留存

①传统听讲模式的局限性

"学习金字塔"理论揭示了不同学习方式对知识留存的影响。在金字塔的尖端，传统的"听讲"模式，即教师讲解、学生听课的方式，虽然广泛采用，但两周后的知识留存率仅为 5%。

②多媒体与实物演示的效果

通过阅读、多媒体视听学习，如 PowerPoint 课件、音视频和图片，知识留存率可提升至 10%~20%。实物或实验演示能进一步提高留存率至 30%。这些都属于个人或被动学习模式。

（2）高效学习的合作与实践

①小组讨论与互动的价值

当课堂引入小组讨论环节，学生的知识留存率显著提升至 50%，显示出合作学习的重要性。

②实践操作与教授他人的高效性

鼓励学生亲身实践操作，知识留存率可达到 75%；而学生间互相教授并将知识传授给他人时，留存率更是高达 90%。

这些都属于深度学习的合作与实践方式。

（3）数字技术在教育革新中的应用

①促进理想学习状态的实现

数字技术的融入为实现学习金字塔理论中的高效学习方式提供了新的可能性，推动教育革新。

②项目化学习与新课标

新课标倡导的"做中学""用中学"和实践性项目化学习方法，与学习金字塔理论中的高效学习方式相契合。通过组建学习小组，进行方案设计讨论、问题探究分析，以及共同学习，学生能在解决实际问题的过程中达到深度学习和主动学习的目标。

（4）学习金字塔理论的现实挑战与技术赋能

①理论普及与实践困境

尽管学习金字塔理论自提出以来在网上广为流传，并被教育工作者广泛接受，但实际教学中仍存在从传统填鸭式教学向以学生为中心的互动合作模式转变的难题。教师虽然尝试引导学生进行互动讨论，但课堂教学多数情况下仍以讲授为主，缺乏深入的互动和探究。小组讨论和探究活动往往流于形式，未能充分发挥合作学习的潜力。

②数字技术在教育革新中的关键作用

现代学习理论的落地实施，尤其是在促进自主合作探究的学习方式上，离不开数字技术的有力支持。数字课程资源和数字技术工具为学生提供了丰富多样、引人入胜的学习内容，激发了学生的学习兴趣，并促进了基于问题的深度课堂交流。信息技术手段的应用，使得教师能够便捷地获取学生的自主学习情况，据此调整教学计划，实现精细化教学，有效减轻了教师的工作负担。

③成功案例与教学质量的提升

一些学校已经成功地利用数字技术将学习金字塔理论融入日常教学，实现了高效的先学后教、因学施教的教学模式，显著提升了教学质量。这些案例展示了数字技术在推动教育理念落实和提高教学效果方面的巨大潜力。

5. 教育中的爱与关怀

教育不仅是一项职业，更是一份播撒爱心的事业。古今中外诸多教育家及名人对此均有深刻的认识和阐述。

（1）教育家对爱的理解与强调

①孔子的教育情怀

孔子在《论语·宪问》中提道："爱之，能勿劳乎？忠焉，能勿诲乎？"这反映了他对教育的深沉热爱和对学生的深切关怀。他认为，教育应基于爱与真诚，通过不懈的努力和悉心的教导来促进学生的成长。

②陶行知的教育观点

陶行知曾强调："爱是一种伟大的力量，没有爱就没有教育。"他认为教师的关爱是教育成功的关键，是教育的灵魂所在。

（2）名人对教育之爱的阐释

①苏霍姆林斯基的教育理念

苏联教育家苏霍姆林斯基认为，优秀的教师首先应是热爱孩子的人。他强调教师应与孩子建立深厚的友谊，关注他们的情感世界，并理解他们的内心。他还提醒我们，每位教师都曾是孩子，应以此为基础去理解学生。

②爱因斯坦与马克思的智慧

爱因斯坦曾说："唯有热爱才是最好的老师，它远胜过责任感本身。"而马克思则提出："爱只能用爱来交换，信任也只能用信任来换取。"这些观点都强调了爱在教育中的不可替代性。

（3）爱在教育实践中的应用

①高尔基的教育信念

高尔基深刻地指出："爱孩子的人将获得孩子的爱，唯有这样的人才能成功地教育孩子。"这句话强调了爱在教育过程中的重要性，以及它对于建立师生之间的信任和理解的关键作用。

②马文·柯林斯的教育理念

美国教育家马文·柯林斯进一步阐述了爱在教育中的作用，认为每个孩子都需要感受到爱与归属感。她认为，教师的爱是一种无私的奉献，是激励孩子成长的重要力量。教育不仅仅是传授知识，更是一个充满爱心的过程。教师的热情和关爱对于促进学生的全面发展至关重要。

显然，爱在教育中的重要性得到了古今教育家和名人的一致重视，并继续在现代教育实践中发挥核心作用。教师的角色不仅是知识的传递者，更是学生情感支持和个性发展的引导者。只有在充满爱和关怀的环境中，教育才能真正实现其培养人才的使命。

二、充分了解并尊重学生的需求

在教育领域，技术是推动教育理念更新和课堂教学模式变革的工具。本杰明·布鲁姆等教育家的研究指出，学生的学习差异主要体现在学习速度上，而非智力。他们认为，在理想的教学条件下，大多数学生都能够取得优异的成绩。因此，教育改革的核心在于理解并满足学生的需求，从而激发他们的潜能。

1. 参与和体验的需求

亲身参与的重要性。学生渴望成为课堂的参与者，通过亲身体验和实践来增强学习的兴趣和成就感。教师应设计互动性强的活动，让学生在参与中发现知识的价值。

2. 探索和创新的愿望

激发创造潜能。学生追求通过探索未知和创新活动来实现深层次的思考。教育应鼓励学生的好奇心和实验精神，提供丰富的资源和自由的空间，以培养他们的创新能力。

3. 交流和互动的渴望

沟通与合作的力量。作为社会性生物，学生需要与教师和同伴进行有效的沟通和互动。课堂应成为交流思想和合作解决问题的平台，以促进学生社交技能和团队精神的发展。

4. 展示和分享的愿望

自我表达与知识共享。学生希望有机会展示自己的才能和成果，分享所学知识。教师应创造一个支持性的环境，让学生在展示中建立自信，并在分享中实现知识的传播。

5. 表扬与认可的期望

正面反馈的激励作用。学生需要通过表扬和认可来获得正面的反馈，这有助于他们建立自信和自尊。教师应认识到及时的鼓励和具体的赞赏对于学生持续学习和进步的重要性。

6. 实现自我价值的欲望

个人成就的追求。学生渴望在学习和生活中实现自我价值，感受到自己的成长和成功。教育应关注学生的个人目标和成就，提供多样化的评价方式，以肯定他们的努力和进步。

7. 挑战与成长的欲望

面对困难的勇气。学生期望在面对挑战时获得成长和进步的机会。教育应设计适度的挑战性任务，鼓励学生克服困难，从而培养他们解决问题的能力和适应能力。

8. 自信与自尊的建立

内在价值的认同。学生需要在教育过程中建立自信和自尊。教师应通过积极的反馈、公正的评价和个性化的支持，帮助学生认识到自己的价值和潜力。

在深入理解学生的需求和欲望后，教师可以更有针对性地设计教学活动，利用技术手段来创造一个更加丰富、更具支持性和激励性的学习环境。教师通过尊重和满足学生的需求，不仅能够激发学生的学习热情，还能促进他们的全面发展。教育的本质在于引导学生发现自我价值，鼓励他们勇敢面对挑战，并在成长的过程中获得认可。当教育实践与学生的内在需求相协调时，我们不仅能提高教学质量，还能培养出更具创造力、适应力和自信心的未来公民。

三、教育模式的创新与核心素养的培养

在不断演变的现代社会中，教育正面临着深刻的变革。传统的课堂教学模式正在向个性化、互动性强、以学生为中心的方向发展。下面将探讨这一变革的关键要素，包括学习动力的转变、新课标的教学理念、教学模式的演进，以及数字化时代教师角色的转变和评价与合作在促进学生全面发展中的作用。我们的目标是通过这些变革，构建一个能够培养出适应未来挑战的创新人才的教育环境。

1. 学习动力的重塑

（1）从应试教育到兴趣驱动的学习

教育改革的核心在于将学生的学习动力从应对考试的需求转变为对知

识的自然兴趣和探索欲望。创造一个充满探索和发现乐趣的环境，有助于培养学生对学习的热爱和持续的求知欲。

（2）培养内在的学习动力

教师应关注如何使学习内容和过程更具吸引力和意义。通过提供多样化的学习资源、鼓励学生参与决策，以及创造与现实生活紧密相关的学习情境，可以有效激发学生的内在学习动力。

2. 新课标与教学理念的更新

（1）"做中学""用中学"的实践导向

新课标鼓励学生通过实际操作和应用来学习，这种方法让学生在解决实际问题的过程中自然地掌握必要的学科知识和技能，提高实践能力和创新思维。

（2）项目化学习与实践性活动

项目化学习让学生参与到实际的项目中，通过合作解决复杂问题，深入理解并应用学科知识，提升核心素养，培养团队合作和问题解决能力。

3. 教学模式的演进

（1）传统讲授模式

传统教学模式以教师为中心，学生通常处于被动接受的地位，通过听讲和完成作业来学习。这种模式强调知识的传授和记忆，但往往忽视了学生的主动参与和个性化需求。

（2）问题导向探究式课堂

现代教学模式强调以学生为中心，通过问题导向的探究式学习，激发学生的兴趣、好奇心和批判性思维。学生在教师的引导下，通过研究、讨论和实践来探索知识，这种方式更有利于培养学生的独立思考和终身学习能力。

4. 数字化时代教师角色的转变

（1）教师角色的多元化与技术应用

随着数字化工具的发展，教师的角色转变为学习过程的设计者、指导者和促进者。智能工具辅助教师提供个性化的学习资源和反馈，使教学更加高效和精准。

（2）教师作为组织者和引导者

教师通过设计富有挑战性的学习任务，创造合作学习的机会，引导学生进行深入的思考和探究，促进学生的全面发展。

5. 评价与合作的新模式

（1）过程性评价与学生全面发展

过程性评价关注学生在学习过程中的表现和进步，提供及时的赞赏、鼓励和改进建议，帮助学生建立自信，激发学习动力，促进个人成长。

（2）教师与学生的合作伙伴关系

教育改革强调教师与学生之间的合作关系。教师应成为学生的合作伙伴，共同探讨问题，寻找解决方案，提升学生的学习体验和团队协作能力。

通过这些综合性的改革，我们期待构建一个能够培养出适应未来挑战的创新人才的教育环境。教育革新的核心目标是激发学生的内在学习动力，并通过实施以学生为中心的教学理念，采用问题导向的探究式学习方法，以及利用数字化工具来优化教学过程。教师的角色转变为学习的引导者和组织者，而过程性评价和教师与学生的合作则成为推动学生全面发展的重要策略。通过持续的教育改革和实践，我们期待构建一个能够培养出具有全球视野和创新精神的新一代人才的教育体系。

第二节 智慧课堂的内涵与实施

一、智慧课堂的定义与特征

1. 教学模式名称的演变

在数字化教育背景下，出现了多种教学模式，比如翻转课堂、智慧课堂、混合式教学，以及信息化课堂、数字化课堂等。尽管名称各异，但它们的核心都是将先进的教育理念与现代信息技术紧密结合。随着教育数字化进程的发展，我们从以信息技术为主的"信息化课堂"逐步转向以数字技术为核心的"数字化课堂"。这种课堂形态是线上资源与线下深度学习相互融合的学习过程，即线上线下融合教学。通常所说的"智慧课堂"，是大家习惯的称呼。

2. 智慧课堂的核心理念

数字化教学环境的构建。智慧课堂依托于新一代数字技术，如大数据、云计算、人工智能等，旨在通过数据驱动的教学决策、即时评价反馈、立体化互动交流、精准化学情分析，以及个性化教育资源的智能推送，打造一个促进每个学生个性化发展和智慧成长的智能化教学环境。智慧课堂不仅包括教师创建并发布的数字课程供学生课前预习，还包括课堂上的面对面交流、学生展示分享活动，以及教师的适时引导和评价。通过大数据分析，智慧课堂能够为学生提供精准的学习画像，实施精细化、个性化的教学指导。

3. 智慧课堂的实施要素

（1）教师角色的转变与数字化资源的创新利用

教师在智慧课堂中的角色转变为数字课程内容的开发者和学生学习的

引导者。他们需精心制作并提前给学生分发数字课程资源，确保这些资源既能涵盖基础知识又能激发学生的探索兴趣。此外，教师还需熟练掌握各类数字技术工具，以实现实时监控学生学习进度、及时反馈学习效果、有效进行师生在线互动，并通过大数据分析精确掌握学情动态，从而针对性地实施因材施教策略。

（2）学生深度自主学习的培养

在智慧课堂环境下，学生的自主学习不仅限于预习课本内容。学生首先获取教师提供的数字课程资源，在课前围绕一系列驱动性问题进行深入探究。这些问题是知识点的具体化和情境化体现，能够激发学生对新知识的好奇心和求知欲。学生在研读教材的同时，记录自己遇到的疑难点和独立发现的新知识点，并尝试初步解决这些问题。智慧教育平台通过提供丰富的辅助学习工具和学习资源，如在线答疑系统、微视频教程等资源，有效支持并促进学生逐渐发展和提升自主解决问题的能力。

（3）课堂互动与协作探究的深化

课堂上，教师作为教学活动的设计者和主持人，引导学生们将自学中的问题带到小组中讨论。小组成员间展开充分交流、答疑解惑，共同探讨解决方案。在此基础上，各小组展示其研讨成果，鼓励其他同学提问、补充观点或进行批判性思考。为了增强学生的参与感和主人翁意识，部分课堂环节还可让学生担任小主持人角色，主持讨论和分享活动。

4. 智慧课堂的关键实施环节

（1）自主学习与问题驱动的策略

教师巧妙地将知识点设计成富有启发性的驱动性问题，并整合数字教育资源，如微视频、互动课程等多元化的学习素材，引导学生在课前或课程初始阶段进行自主探究并初步解决问题。针对不同年龄段学生的特点，灵活调整自学时间和任务要求，确保小学生和初中生逐步养成自主学习习惯,而高中生则能在课前完成深度自主学习,充分准备参与课堂讨论。

(2)个性化探索与资源利用的结合

学生在教师精心设计的驱动性问题的引领下,进行个性化的探索和学习。这一阶段不仅强调学生通过发现问题来激发自己的内在求知欲,而且还强调通过数字资源的支持来促进学生的独立思考和自我学习。学生在这一过程中将主动搜集信息、解决问题,形成初步的理解和认知,同时记录下个人的疑惑和学到的新知识。这样的做法有助于培养学生的自主学习能力和批判性思维能力,为后续的小组合作研讨打下坚实的基础。

(3)协作交流与深度讨论合作的促进

学生将携带着自主学习阶段产生的问题和成果进入小组探讨阶段。在这一阶段,学生通过小组合作方式进行深度研讨,共同解决遗留问题和挑战。小组成员之间通过对话、协作和争鸣,共同攻克难关,拓展思路,增进对知识体系的理解和把握。这一过程不仅促进了对知识的深化理解,还培养了学生的团队合作能力和沟通技巧。通过集体的智慧,学生能够更好地理解和掌握知识,同时也为后续的成果分享和反思升华打下了坚实的基础。

(4)成果分享与反思升华的实现

各个小组公开呈现其集体研究所得和解决方案,教师依据学生的表现给出有针对性的点评和指导,尤其关注重难点及易错点内容的讲解,及时解答学生的困惑。此过程中,鼓励学生担任成果分享的主持人角色,在展示本组的研究成果过程中,促进组间思维的交融和对知识的深入理解。同时,通过集体反思与评价活动,推动学生将所学知识内化吸收,并学会迁移应用,形成螺旋上升式的学习循环。

(5)教师指导与反馈机制的优化

在智慧课堂教学环境中,教师扮演关键角色,他们利用智能系统追踪学生的前置学习情况，并在教学过程的关键节点适时介入，对学生个体的自主学习成效、小组研讨进程以及展示交流的内容给予及时且精准的评价与反馈。教师的全程引导与评价构成了教学闭环的有效管理，不断优化教学质量，有力支撑全体学生学科素养及创新能力的全面提升。

总而言之，智慧课堂的构建是教育数字化转型的重要一环，它不仅改变了教师的教学方式，也促进了学生学习方式的革新。对于中小学老师和教育工作者而言，理解和实践智慧课堂的内涵，将有助于培养学生的核心素养，为他们的未来学习和生活打下坚实的基础。

二、智慧课堂教学及其政策背景与要求

1. 政策背景与国家导向

教育数字化的战略推进。中国共产党第二十次全国代表大会强调了教育数字化的战略意义，旨在构建全民终身学习的学习型社会。在此背景下，智慧课堂教学改革成为教育现代化的核心，目标是通过数字技术与课堂实践的深度融合，构建高效互动、个性化突出的教学新生态。

2. 政策文件中的智慧课堂要求

（1）教育信息化的政策倡导

自2017年至2019年，政策文件如《教育信息化2.0行动计划》以及国务院发布《关于新时代推进普通高中育人方式改革的指导意见》等系列文件，一致强调信息技术与教学的深度整合，推广互动式、启发式等新型教学法，并鼓励教师指导学生进行自主和探索性学习。

（2）智慧课堂教学的推广与实施

2019至2021年间，中央及地方各级政府密集出台一系列政策文件，如《关于推荐遴选"基于教学改革、融合信息技术的新型教与学模式"实验区的通知》，上海市、浙江省和北京市的教育领域数字化转型实施方

案等，共同聚焦于智慧课堂教学改革，推广线上线下融合的"课堂教学1+1"应用模式，鼓励利用个人学习终端实现个性化教学，同时注重通过现代信息技术手段优化教学内容、拓展教学时空、激发学生学习兴趣和创新能力。

（3）精准教学评价的探索与实施

自 2022 年至今，《义务教育课程方案（2022 年版）》与《基础教育课程教学改革深化行动方案》进一步明确了课堂教学中新技术的优势发挥，提出要探索线上线下深度融合，服务个性化学习，并借助大数据、人工智能等现代信息技术手段开展精准教学评价和全过程纵向评价体系。

3. 智慧课堂教学实践的主要目标与路径

（1）课堂教学改革的深化

智慧课堂教学的核心在于推动信息技术与教学活动的深度融合，采用互动式、启发式等教学方法，有效提高课堂教学质量和效率。

（2）新型教与学模式的构建

智慧课堂致力于突破传统课堂边界，提供丰富多样的学习资源，支持研究型、项目化学习，培养学生自主学习和创新能力。

（3）个性化学习与精准评价的实现

智慧课堂普及个人学习终端，运用大数据、人工智能等现代信息技术工具，进行个性化指导与教学，实施全过程评价，满足学生个性化需求。

4. 课堂教学改革的核心挑战与转变

（1）传统教学模式的深层困境

长期以来，满堂灌式教学模式以教师讲授为中心，在教育界根深蒂固。尽管教学改革不断推进，但这种模式在许多课堂中仍难以根本改变。其持久存在是因为易于执行、侧重知识与技能传授，以及明确的操作流程，支持教师进行标准化教学。教学理论的传统深度、实践根基的坚固性、传统接受度的强度，都为教学改革带来了严峻挑战。因此，改革不仅需要更新教学理论和引入新模式，更要转变教师根深蒂固的教学观念和习惯。

（2）改革核心：重心转移

课堂教学改革的核心是重塑教学关系，从"以教为主"转向"以学为主"，构建学生自主学习的教学过程。

（3）教师角色的转变

课堂教学改革的核心在于重新定义教学关系，从传统的"教师主导"模式转变为"学生中心"的学习环境。这要求教师在肯定学生主体性的同时，发挥其引导和激励的作用，构建一个以学生自主探索为核心的教学体系。然而，现实中，不少教师仍受制于传统的教育经验与思维模式，对改革持谨慎态度，加之应试教育的压力，使得他们担心过度强调学生自主学习可能会对教学质量造成不利影响。

5. 教学改革与教学质量的相互促进

（1）教改对提升教学质量的正面影响

①引导学生自主学习

通过课前自主学习和课堂互动讨论，培养学生的自主学习能力，鼓励学生在互动讨论与合作展示中提升沟通技巧和团队合作精神。

②激发学生的学习兴趣

利用学生天生的好奇心和求知欲，激发他们的学习动力；创造有趣的学习环境，使学生享受学习的乐趣，减轻学习的压力。

③教学成果的自然体现

当学生享受学习的乐趣并积极参与时，优秀的教学成果自然显现；教学改革与学习成绩提升相辅相成，共同促进学生素质的全面提升。

（2）技术赋能下智慧课堂提升教学质量的策略

智慧课堂教学之所以能够有效提升教学质量，源于其在激发学生积极性和主动性方面的独特优势，以及其精细化教学和个性化辅导的能力。具体策略包括：

①精准定位学情：课前互动与数据利用

课前阶段，教师通过智慧教育平台与学生进行互动，实时掌握他们的预习情况，并通过课前测验和练习数据深入了解学生学情。在课堂上，教师针对普遍存在的难点进行精确讲解，解答学生自学过程中的疑惑，引导他们带着问题参与课堂，使教学更加有的放矢。

②激活课堂参与：学生主体性的强化

在智慧课堂环境中，学生在自主学习后积极参与课堂讨论、交流和成果展示。通过小组合作和智能评价系统，课堂氛围更加活跃，学生的主体地位更加突出，学习积极性得到显著提升。

③丰富学习资源：数字课程的整合

智慧课堂整合了丰富的数字课程资源和技术工具，提供了多样化的学习内容，极大地提高了学生的学习兴趣和效率。学生可以在课前利用技术平台进行互助学习，小组内互相检验学习成果，进一步巩固知识。

④实时教学调整：智慧教育平台的管理功能

智慧教育平台的强大管理功能使其能够实时监控和分析学生的自学数据，包括学习进度和效果。教师根据在线测试的实时反馈，可以迅速调整教学策略，确保教学内容和方法符合学生的实际需求。

⑤个性化学习支持：人工智能与大数据的应用

利用人工智能和大数据技术，智慧教育平台可以进行学生作业的深度个性化分析，为每个学生构建"学习画像"。系统自动推送个性化错题集和定制化作业，帮助学生查漏补缺。教师根据数据分析结果，推送适宜的微课程视频，实施因材施教和精准教学，既提高了教学质量，又减轻了教师的工作负担。

综上所述，在当前政策的引导和支持下，智慧课堂教学改革正成为推动教育现代化的重要力量。通过深度融合信息技术与教育教学，智慧课堂不仅提升了教学质量，还促进了学生的个性化发展和全面成长。面对传统教学模式的挑战，智慧课堂展现了其在激发学生积极性、实现教学个性化，以及优化教学评价方面的显著优势。未来，我们需要继续探索如何更有效地结合线上教育资源与线下教学实践，以确保新课标理念的全面落实，实现教育的根本目标——立德树人。智慧课堂教学的发展，将不断推动教育创新，培养适应未来社会的创新型人才。

三、智慧教育时代的教学转型与能力培养

1. 人工智能对教育的深远影响

随着科技的快速发展，人工智能（AI）已经成为推动教育变革的关键力量。在智慧教育时代，教学模式和能力培养正经历着前所未有的转型。

（1）教育目标的重新定义

在 AI 技术的支持下，教育目标从单纯的知识传授转变为培养学生的批判性思维、创新能力和终身学习能力。强调学生的个性化发展和综合素质的提升，以适应未来社会的需求。

（2）教学方法的创新变革

利用 AI 技术提供个性化学习路径，根据学生的学习进度和理解能力调整教学内容和难度。通过智能辅导系统和虚拟现实等技术，创造沉浸式学习环境，提高学生的学习兴趣和参与度。

（3）教育评价体系的全面升级

从单一的考试成绩评价转变为全面评价学生的能力发展和核心素养。利用大数据和分析工具，对学生的学习过程进行跟踪和评估，为教学提供反馈和改进建议。

2. 超级学习阶段的内涵与教育转型

超级学习阶段的到来意味着教育模式的根本转变。在这一阶段，我们不仅追求知识的传授，更注重对学生能力的培养和综合素质的提升。具体而言，超级学习阶段的教育转型应关注以下几个方面：

（1）学习方式变革

利用人工智能等技术，实现学习内容的个性化和情境化，使学习更加贴合学生的实际需求和兴趣，从而促进他们对知识的深度理解，提升他们对知识的应用能力。

（2）知识与能力并重

教育不再仅仅是知识的灌输，而是要培养学生的批判性思维、创新能力和解决问题的能力。这意味着学生不仅要掌握必要的学科知识，更要能够灵活运用这些知识去解决现实世界中的问题。

（3）终身学习理念

在知识更新迅速的今天，终身学习成为必要。教育应培养学生的自主学习能力，使他们能够适应不断变化的知识环境，持续更新自己的知识体系，形成终身学习的习惯。

面对这一转型，教师需要设计新的教学策略和课程体系，以适应超级学习阶段的要求，培养能够适应未来社会挑战的创新型人才。

3. 面向未来的关键能力培养策略

在智慧教育时代，人工智能技术的融入显著提升了学习效率，教育的核心转向了批判性思维、创新意识、问题解决能力及持续学习能力的培养。教育领域需进行深刻调整，有针对性地培养学生的关键能力：

（1）强化批判性思维与问题解决能力

①培育独立思考与批判性思维

教育应鼓励学生发展批判性思维，审慎评估信息资源，掌握分析问题和提出解决方案的技能，培养学生对信息的辨识能力和批判精神。

②锻炼问题解决实战技巧

通过实践活动，锻炼学生运用批判性思维解决实际问题的能力，这是未来职场和个人生活中的关键能力。

（2）促进跨学科学习与综合运用能力

①推动跨学科学习体系构建

教育应打破学科界限，推动跨学科学习，引导学生建立不同知识领域的联系，培养综合性思维。

②实践综合应用能力提升

学生应学会将各领域知识融会贯通，解决复杂的综合性问题，提升应对现实挑战的能力。

（3）激发创新精神与创造性思维

①激发与培养创新精神

教育应激发学生的创新潜力，鼓励他们探索解决问题的新方法和思路，培养创新意识。

②创新价值转化与实践

学生应理解创新的社会价值，将其转化为有价值的产品或服务，实践创新思维。

（4）提升信息素养与数据分析能力

①提高信息检索与评估能力

教育必须教授学生高效检索、评估和利用信息资源的方法，培养信息素养。

②培养大数据环境下的决策能力

学生需具备数据分析能力，提升数据驱动的决策能力，能在大数据环境中做出明智决策。

（5）塑造自主学习与终身学习意识

①自主学习能力养成

教育要培养学生的自主学习能力，使其能自我驱动并有效管理学习进程，形成自主学习的习惯。

②终身学习习惯塑造

终身学习是适应快速变化时代的必要素质，学生应学会持续更新知识和技能，适应社会发展。

（6）锻炼沟通协作与团队合作能力

①提升沟通协作技巧

教育应帮助学生掌握有效的沟通协作技巧，为其未来团队工作奠定基础。

②培养多元化环境下合作意识

在多元化的环境中，让学生学会与他人和谐共事，共同完成任务目标，增强团队协作意识。

（7）审美修养与创新表现力

①审美感知与鉴赏能力

在人工智能时代，审美修养是对美和艺术的深刻理解和感知能力，是连接人与外部世界的情感纽带。通过多种艺术形式的学习和实践，提升学生的审美和鉴赏水平。

②创新表达与转化能力

创新表现力是审美修养的具体实践。鼓励学生在理解美学基础上进行创新实践，将审美体验转化为原创性的艺术表达。

（8）道德伦理素养与社会责任感

①道德伦理认知与判断力

教育应培养学生的道德判断力，特别是在人工智能技术广泛应用的背景下，要关注新兴伦理议题。引导学生深入理解并掌握与人工智能相关的伦理准则，形成独立的道德判断力。

②社会责任意识与行动力

社会责任感是指个体对自己的行为在社会上产生的影响有所认识，并愿意为此负责的态度。要教育培养学生积极履行社会责任，运用科技知识解决社会问题，倡导公正、公平的社会价值观。

综上所述，在智慧教育时代，教育改革的目标在于全面构建学生的综合素质和关键能力，使他们能够迎接人工智能带来的挑战和机遇，成为未来社会的创新者和领导者。

第三节　智慧课堂教学体系和教学模式

一、理论与实践融合的智慧课堂教学模式

1. 教学模式的重要性与挑战

（1）系统化教学模式的必要性

教学改革需要依托明确和系统的指导原则。成功的教学改革案例均基于强调学生主体性和个性化教育的教学模式。

（2）现代教育理念的实施难点

教师需克服传统教学模式的影响，适应现代教育思想。教师在应用数字技术和现代教育思想方面面临方法和技能的挑战。

2. 数字化工具的应用与挑战

（1）数字化教学环境的机遇

数字化工具如平板电脑为课堂教学提供了新的改革机会。技术手段的应用能够促进教学方法的创新和教学效率的提升。

（2）技术与教育理念的整合问题

教师在信息化教学环境中面临如何有效整合技术的挑战。实践中需要重构课堂教学，以适应数字化教学的需求。

3. 智慧课堂教学体系的建构

（1）智慧课堂教学体系的创新框架

"三个五"教学体系框架为智慧课堂教学提供了独特的实践指导。该框架成为教学改革和教育创新的关键性指导原则。

（2）教学实践的基本方法与策略

智慧课堂教学体系详细描述了教学实践的实施步骤。该体系为教师提供了一套完备的教学改革方法和策略。

4. "三个五"智慧课堂教学体系

（1）教学体系的直观展示

图 3.3.1 直观展示了"三个五"智慧课堂教学体系的基本构成要素。教学体系的展示有助于教师在教学过程中理解教学体系中各构成要素之间的关系。

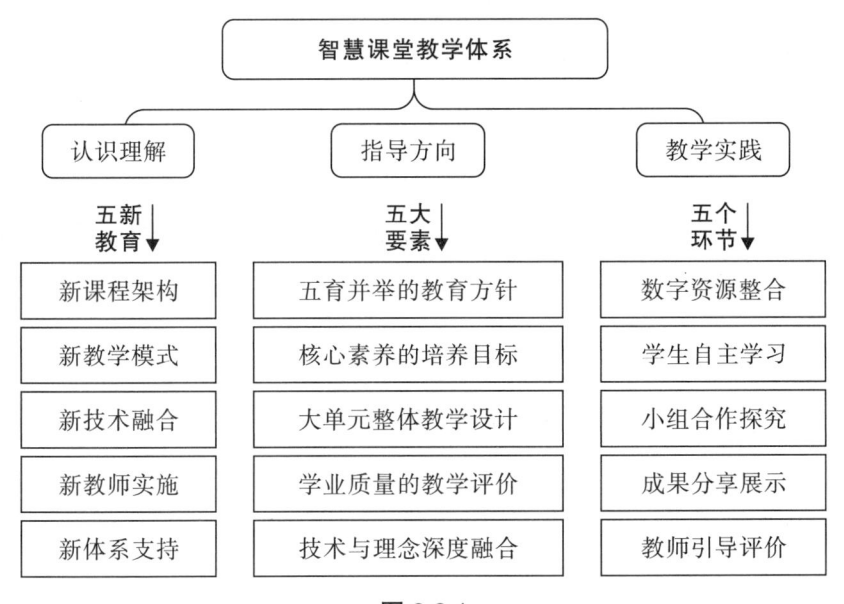

```
                    智慧课堂教学体系
         ┌──────────────┼──────────────┐
      认识理解        指导方向        教学实践
       五新↓          五大↓          五个↓
       教育           要素           环节
   ┌──────────┐  ┌──────────────┐  ┌──────────┐
   │ 新课程架构 │  │五育并举的教育方针│  │ 数字资源整合│
   ├──────────┤  ├──────────────┤  ├──────────┤
   │ 新教学模式 │  │核心素养的培养目标│  │ 学生自主学习│
   ├──────────┤  ├──────────────┤  ├──────────┤
   │ 新技术融合 │  │大单元整体教学设计│  │ 小组合作探究│
   ├──────────┤  ├──────────────┤  ├──────────┤
   │ 新教师实施 │  │学业质量的教学评价│  │ 成果分享展示│
   ├──────────┤  ├──────────────┤  ├──────────┤
   │ 新体系支持 │  │技术与理念深度融合│  │ 教师引导评价│
   └──────────┘  └──────────────┘  └──────────┘
```

图 3.3.1

(2)优化教学过程的具体步骤

教学体系为教师在各个教学阶段提供了运用技术优化教学的具体步骤，确保了教学改革的成功实施，提升了教学质量和效果。

其构建关键在于理论与课堂教学实践的紧密结合。系统化的教学模式和明确的指导原则对于教学改革的成功至关重要。建立的来源于教学实践的"三个五"智慧课堂教学体系，为教学改革提供了指导和策略，能够帮助教师有效地将数字技术工具与教学理念深度地融合，确保教学改革的成功实施。

下面分别从不同的层面阐述"三个五"智慧课堂教学体系的含义。

二、"五新教育"理念

在当前教育环境中，对智慧课堂的理解常常局限于表面，许多教育工作者误以为仅凭现代数字设备的引入，如平板电脑及其系统，就能实现智慧课堂教学的转型。在一些学校的实践中，智慧课堂的构建有时仅被视为计算机教师的职责范围。然而，智慧课堂教学的真正内涵远超过硬件设施的更新，它代表着一场涉及整个学校教育生态系统的深层次变革与创新运动。

针对这一现状，我们提出了"五新教育"理念，旨在纠正教育工作者对数字技术在教学改革中作用和定位的片面认识，特别是要纠正将智慧课堂教学改革视为局部而非全局性工程的错误观念。通过推广"五新教育"理念，我们希望提升教育工作者对智慧课堂整体构建的认识水平，并指导教师深入理解如何有效地将数字技术与新的教学模式相结合，从而激发教学创新的活力。

"五新教育"理念如图3.3.2所示，具体涵盖了以下五个方面：

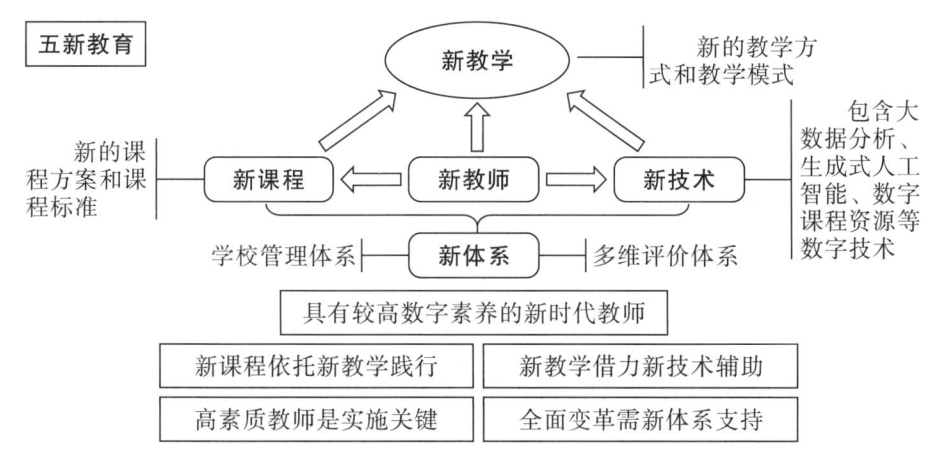

```
┌──────────┐                    新教学  ┬── 新的教学方
│ 五新教育 │                      ○     │   式和教学模式
└──────────┘                   ↗  ↑  ↖  
                                            ┬ 包含大
         新的课程 ┤                          │ 数据分析、
         程方案和课   新课程 ← 新教师 → 新技术 ┤ 生成式人工
         程标准                              │ 智能、数字
                                             │ 课程资源等
                                             │ 数字技术
              学校管理体系 ┤ 新体系 ├ 多维评价体系

              具有较高数字素养的新时代教师
         ┌──────────────────┐ ┌──────────────────┐
         │ 新课程依托新教学践行 │ │ 新教学借力新技术辅助 │
         └──────────────────┘ └──────────────────┘
         ┌──────────────────┐ ┌──────────────────┐
         │ 高素质教师是实施关键 │ │ 全面变革需新体系支持 │
         └──────────────────┘ └──────────────────┘
```

教育数字化转型不仅仅是技术本身，而是教育理念、教育内容和教育方法的全面变革，对课堂而言是课堂教学的结构性变化。

图 3.3.2

1. 新课程架构的深化

新课程架构基于 2022 年发布的义务教育课程方案和标准，强调课程内容的整体性和结构性转变。这一架构倡导启发式教学、探究式学习和实践性活动，通过大单元教学和跨学科主题学习，全面培养学生的核心素养，实现教育内容的深度整合和学生的全面发展。

2. 新教学方法的创新

新教学方法强调将学生置于学习过程的中心，采用问题导向的教学模式，激发学生的主动探究和合作学习。数字技术的辅助使教师能够设计多元化的学习任务，如情境化、问题化、项目化学习，实现个性化教学，满足学生的个性化需求，促进他们的全面发展。

3. 新技术整合的应用

新技术整合涉及人工智能、大数据分析、5G 通信等前沿数字技术的应用，为学生提供丰富的学习资源，支持个性化学习。通过对学情数据的实时分析和智能辅助，教师能够精准施教，驱动教育模式创新，提升教学质量与效率。

4. 新教师角色的塑造

新教师角色强调教师在数字时代的适应性和数字素养。他们不仅具备扎实的教育教学理论知识，还能熟练运用现代数字技术进行创新教学。新教师具备良好的学习能力和创新精神，引导学生适应新的学习方式，提升学生的综合素质。

5. 新体系支持的构建

智慧课堂改革依赖于健全的系统支持，包括战略规划、组织协同、资源整合以及多维度、全过程的评价体系重构等。这些支持确保智慧课堂在各个方面形成合力，发挥其潜能，创造互动共生的教学生态，为师生提供一个充满活力和智慧的学习环境。

"五新教育"理念指引我们认识到，智慧课堂教学改革并非单纯的技术革新，而是一项涉及教育全域的深层次变革。这一理念促使我们深刻领悟智慧课堂的本质，强调必须对教育生态系统的各个关键环节——课程设置、教学方式、技术融合、教师角色及支持系统进行同步的更新与提升。通过这一理念，我们得到了一个明确的框架，用以指导智慧课堂教学的转型，确保教育数字化进程中教学模式的根本转变得以顺利实现。

三、智慧课堂五大要素

在教育数字化转型的关键时刻，智慧课堂以其创新的理念和显著的优势，致力于重塑传统教学模式，构建一个更加符合现代教育需求的高效学习环境。智慧课堂的目标是激发学生的积极性，使他们能够在个人成长过程中和面对未来挑战时，更加主动地投入到学习中。为了实现这一目标，智慧课堂教学必须体现新课标核心素养的培养目标，并从宏观层面构建全新的教学方向与策略。以下五大核心要素共同勾勒出智慧教学的指导蓝图，为教学实践提供了明确的方向性和战略性框架。

1. 五育并举的教育方针

智慧课堂强调学生的全面发展，坚持德育、智育、体育、美育和劳动教育的协调发展。在教学过程中，注重知识传授与品德修养、身心健康、审美能力及劳动技能的同步培养，作为教育改革的基石和核心指导。

2. 核心素养的培养目标

智慧课堂着眼于学生的长远发展，强调知识与能力并重，培养批判性思维、创新精神等多元素质及价值观。核心素养教学目标强调教育的长期价值，首要任务是培养学生适应未来社会所需的关键能力和基本品质。

3. 大单元整体教学设计

智慧课堂倡导围绕主题整合知识点，构建关联性强的大单元，以利于系统性理解与深度学习。这种教学模式强调从宏观层面把握学科内在联系，将多个知识点有机融合成一个逻辑严密、脉络清晰的大单元结构。

4. 学业质量的教学评价

智慧课堂的评价体系从单一成绩转向综合考查，关注过程表现与个体成长，实施多元化、个性化评价。通过多种评价手段，了解并反映学生个体差异及进步状况，调整教学策略，保证教学效果的针对性和有效性。

5. 技术与理念的深度融合

智慧课堂运用 AI、大数据等现代技术，革新教学方法、评价机制，实现个性化教学与高效学习。技术驱动的教学创新为每个学生提供个性化的学习资源和路径，同时支持学生开展自主学习，鼓励探索性、研究性的学习方式。

如图 3.3.3 所示的智慧课堂五大要素作为智慧课堂教学实践的方向标，深刻影响着教学方式的改革与优化。这五大要素涵盖了五育并举的全面发展的教育方针，以核心素养为导向的教学目标设定，关注整体性与深度学习的单元教学设计，注重过程性评价与个体差异的学业质量评价体系，以及技术与教育理念深度融合所带来的教学模式革新。这些要素旨在为智慧课堂教学提供教学指导和实践参照，明确了如何在新课标核心素养的引领下，推动教育向着更符合学生个性化需求和未来社会要求的方向发展。接下来我们将探讨的五个教学环节，正是在智慧课堂五大要素的指引下，具体落实智慧教学实践的操作路径与方法。

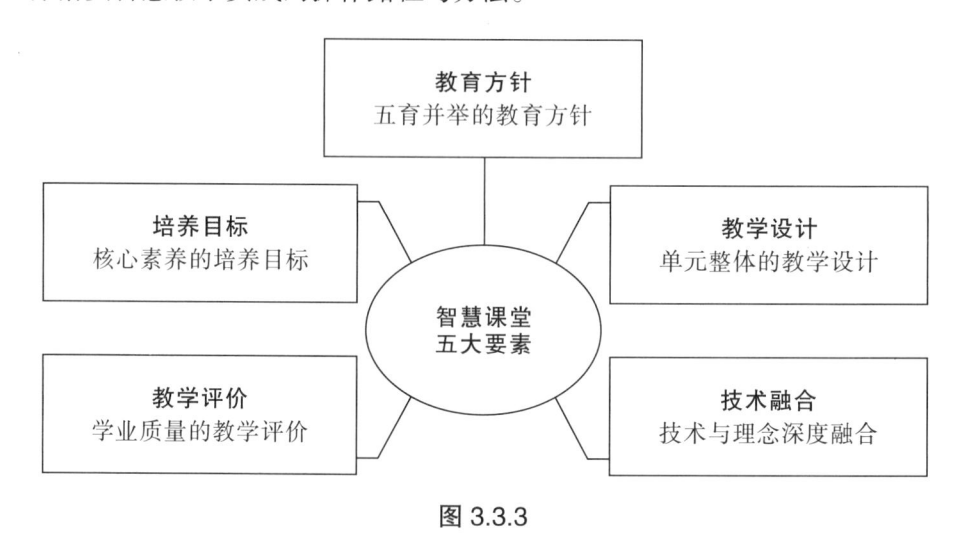

图 3.3.3

四、智慧课堂五个环节

智慧课堂教学模式的精髓在于明确并实践五个教学环节，我们称之为"131智慧课堂五环节"，如图3.3.4所示。这一体系中，"1"代表数字资源的整合与应用，包括数字技术和多元化的课程资源；"3"对应教学过程中的三个关键环节——自主学习、合作探究和分享展示；最后的"1"强调了教师在智慧课堂中的引导评价作用。智慧课堂的教学实践可以概括为以数字资源为基础，推动学生自主学习，通过合作探究深化理解，借助分享展示加强知识内化，教学过程中教师进行适时引导与精确评价。这五大环节相互交融，共同构筑了问题化导向的智慧课堂教学路径，确保新课标理念和核心素养目标在教学过程中得以落地实施。

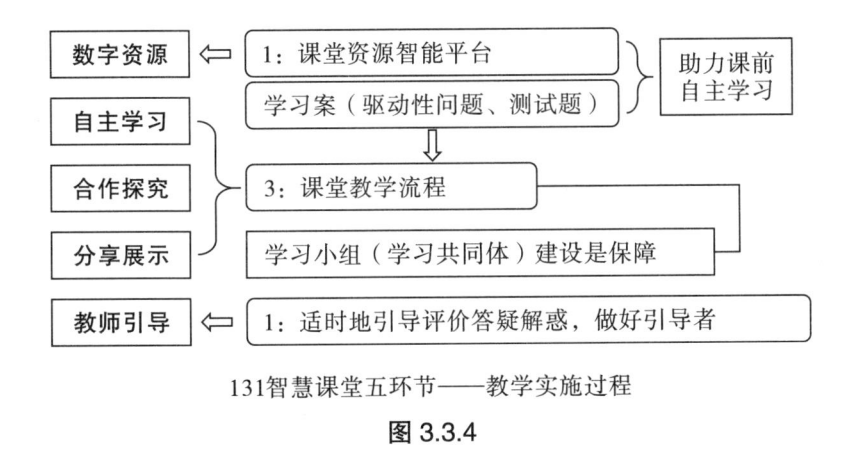

```
数字资源  ⇐  1：课堂资源智能平台      ⎫ 助力课前
自主学习         学习案（驱动性问题、测试题）⎭ 自主学习
合作探究  →  3：课堂教学流程
分享展示         学习小组（学习共同体）建设是保障
教师引导  ⇐  1：适时地引导评价答疑解惑，做好引导者
```

131智慧课堂五环节——教学实施过程

图 3.3.4

下面分别解读智慧课堂教学的五个环节：

1. 数字资源整合

智慧课堂利用先进的数字技术和多样化的课程资源，为学生打造互动性和情境化的学习环境，支持学生的个性化预习和自我探索，并帮助教师准确跟踪学生的学习进度，实现个性化教学。

2. 课前自主学习

在数字资源的支持下，学生在课前根据教师设定的驱动性问题进行独立思考，主动搜集信息，解决问题，从而形成初步的理解和认识，并记录个人的疑惑和新知识，以此培养自主学习和批判性思维能力。

3. 小组合作探究

针对自主学习阶段遗留的问题或挑战，学生通过小组合作方式进行深度研讨，通过彼此间的对话、协作与争鸣，共同攻克难关，拓展思路，增进对知识体系的理解和把握。

4. 成果分享展示

小组完成合作探究后，将研究成果以多种形式进行展示分享，鼓励全体成员参与，发表见解，提出问题，以进一步巩固学习成果，激发学生创新思维，从而提升整体教学质量。

5. 教师引导评价

在智慧课堂教学过程中，教师起到至关重要的作用。他们适时地介入学生自主学习、合作探究等各个环节，解答困惑、指导难题解决，保障学生学习路径的有效性和高效性。借助智慧教育平台进行全程评价，针对学生在前置自主学习中的问题反馈、合作研讨的表现以及分享展示的观点，给予精准点评与建议。教师的引导、评价、答疑和反馈工作紧密围绕教学流程，形成动态的教学闭环，持续提升智慧课堂教学质量。

智慧课堂教学的五个教学环节共同构成了智慧课堂的实施框架，确保了教学活动的有效性和学生的全面发展。通过这五个环节的深化实施，智慧课堂不仅提升了教学效率，还促进了学生能力的全面发展，为未来的教育改革提供了坚实的基础。

五、问题化导向的智慧课堂教学策略

问题化导向是智慧课堂教学的核心理念，如图 3.3.5 所示，它通过设计具有启发性的问题，结合数字资源与教学流程，将知识的学习自然融入问题解决的过程中。这种教学方法不仅可提升学生的参与度，还可培养他们的批判性思维和解决问题的能力。

问题化导向的智慧课堂教学五环节

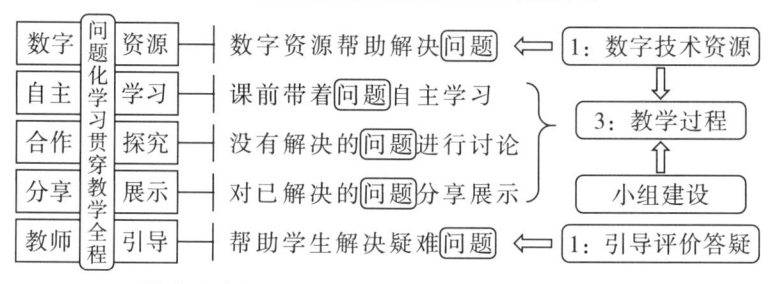

问题化学习贯穿教学全程		
数字 资源	数字资源帮助解决问题	⇐ 1：数字技术资源
自主 学习	课前带着问题自主学习	3：教学过程
合作 探究	没有解决的问题进行讨论	⇕
分享 展示	对已解决的问题分享展示	小组建设
教师 引导	帮助学生解决疑难问题	⇐ 1：引导评价答疑

以教学设计中的驱动性问题为导向，利用数字课程资源和教学过程，将知识的学习融入到问题的解决过程中。

图 3.3.5

1. 数字资源引导问题探究

数字资源在智慧课堂中起着至关重要的作用，为学生提供了丰富的在线课程和多媒体资料，为学生的问题探究提供了支持。教师设计的驱动性问题引导学生在课前自主学习中利用这些资源，培养他们的独立思考能力和问题解决能力。

2. 自主学习中的问题求解

在自主学习阶段，学生根据教师提出的问题进行深入探索，自我调控学习进度，对新知识进行理解和掌握，并记录下个人在自学过程中遇到的困难和新发现的问题。这一环节旨在培养学生自主解决问题的能力，激发他们的学习动机。

3. 合作探究中的问题研讨

对于自主学习中未能解决的问题，学生进入合作探究阶段，通过小组讨论、同伴互助等方式，共同探讨、分享各自的观点和解决方案。这个环节鼓励团队协作和交流互动，旨在深化对问题的理解，提高解决问题的效率。

4. 分享展示反思问题解析

合作探究后，小组将合作探究的结果进行分享展示，其他同学可以质疑和补充，促使大家进一步审视问题、优化答案。这一环节不仅有助于巩固学习成果，还通过反思问题解析过程，推动学生对知识体系的深度理解和综合应用。

5. 教师引导的问题解决与评价反馈

教师在智慧课堂教学的全过程中，引导学生发现问题、解决问题，并提供策略指导，确保学生理解并解决疑难问题。教师利用智慧教育平台全程追踪并进行个性化评价反馈，对学生提出有针对性的改进建议，提升学生解决复杂问题的能力。

总而言之，问题化导向的智慧课堂教学通过五个环节的紧密协作，保障了教学活动的有效性和学生的全面发展。这一教学模式不仅提升了教学效率，还促进了学生能力的全面培养，为未来的教育改革提供了坚实的基础。通过问题化导向的教学实践，能够实现教育质量的有效提升，培养出适应未来挑战的创新人才。

六、核心素养培养融入教学实践中

在教育实践中，我们不断强调培养学生的综合素质和综合能力。新课改明确提出了学科核心素养的发展目标，并要求将其切实融入日常教学活动之中。为了实现这一目标，我们将核心素养中的关键能力提炼为十八个具体维度，分别嵌入自主学习、合作探究以及分享展示三个关键的教学环节中，如图 3.3.6 所示。

核心素养的培养落实在教学实践的各环节中
将关键能力划分为十八个能力点

自主学习	合作探究	分享展示
自我管理能力	问题解决能力	逻辑思维能力
自我激励能力	组织管理能力	语言表达能力
自我监控能力	团队协作能力	质疑辨析能力
自我规划能力	沟通交流能力	展示演讲能力
分析思考能力	信息处理能力	创新思维能力
发现问题能力	科学探究能力	批判性思维能力

图 3.3.6

经过深入探讨研究，我们对这十八个能力点有了清晰的认识：

1. 自主学习

自主学习是指学生能够独立选择学习材料、收集信息、制订学习计划，养成独立思考与解决问题的习惯，有策略地获取、理解和运用知识的过程。这个过程能够提升以下几方面的能力：

（1）自我管理能力

教会学生有效调控自身行为、情绪及时间，合理规划、组织、协调自己的学习活动。

（2）自我激励能力

鼓励学生发掘内在的学习动力，树立长远目标，持续保持积极进取的学习态度。

（3）自我监控能力

指导学生定期审视自我学习进展、方法和效果，根据反馈进行调整和改进。

（4）自我规划能力

让学生学会设定明确目标，制订实际学习计划，并能灵活调整优化学习策略。

（5）分析思考能力

训练学生对问题进行深入剖析，通过逻辑推理提出解决方案或得出结论，形成独立见解。

（6）发现问题能力

培养学生从日常生活和学习中敏锐捕捉现象，通过观察与思考辨识并明确问题。

2. 合作探究

合作探究是指通过团队讨论、互动交流的方式，共同发现、分析和解决各类问题，从而激发多元思维碰撞和团队协作精神。这一阶段着重培养以下能力：

（1）问题解决能力

通过实验、调查等实践活动，系统性地探索问题，进行深度分析以找到有效解决方案。

(2) 组织管理能力

学会策划、协调小组活动，分配任务和资源，确保团队高效运作，达成预定目标。

(3) 团队协作能力

促进学生与他人良好配合，承担团队角色，协调工作进程，尊重他人，共享成果。

(4) 沟通交流能力

锻炼学生清晰、准确表达自己观点，同时倾听、理解他人的意见，形成良好的人际互动。

(5) 信息处理能力

教会学生有效搜集、筛选、整理信息，并运用所获信息进行分析判断，以解决问题或做出决策。

(6) 科学探究能力

引导学生遵循科学的方法，通过观察、提问、假设验证来揭示自然现象背后的规律。

3. 分享展示

分享展示是将个人所学知识、研究成果或独特见解，借助口头或书面形式，条理清晰、富有感染力地传达给他人。在这个过程中，可以培养学生以下能力：

(1) 逻辑思维能力

帮助学生将学习成果梳理成体系，运用分析、推理和判断构建严谨有序的思想框架。

(2) 语言表达能力

提高学生使用口头或书面语言精准、得体、明晰地传达思想、情感和信息的能力。

（3）质疑辨析能力

培养学生对信息、观点或问题进行细致分析、比较、判断，形成独立见解和明智决策的能力。

（4）展示演讲能力

帮助学生掌握如何利用言语和视觉手段，有力呈现信息、观点或成果，吸引听众注意力，从容应对问答互动。

（5）创新思维能力

鼓励学生发挥创造力，采用新颖独特的视角和方法，产生新的观念、策略和解决方案。

（6）批判性思维能力

训练学生批判性地评估、分析各种信息、观点和假设，以此为基础做出理性判断和决定。

综上所述，在智慧课堂教学的不同情境下，教师应积极将核心素养中的关键能力培养渗透到自主学习、合作探究和分享展示等各个环节。如此一来，不仅遵循了新课标的理念，也真正推动了学生高阶思维能力的培养与发展，全方位提升了他们的核心素养水平。

第四节 驱动性问题设计教学案例

一、驱动性问题在自主学习中的作用

自主学习是一个目标导向的过程，需要在精心设计的驱动性问题引领下进行。这些驱动性问题基于教师对教学内容的深入分析，将学科知识点转化为挑战性的问题，融入学习方案中，以促进学生的主动探索。以下是对驱动性问题六个关键特征的详细解读：

1. 紧扣重点：与核心教学内容紧密相关

驱动性问题应紧扣课程的核心知识点，包括重点、难点、疑点和易混淆点，确保问题与教学目标的一致性，促进核心素养的培养。

2. 激发兴趣：激发学生的好奇心和探究欲

问题设计应能够触发学生的好奇心，激发他们对学习主题的兴趣，使学习成为一种自我驱动的过程，同时具有一定的挑战性和启发性。

3. 问题导向：以问题解决为导向的学习路径

驱动性问题应将学习知识点与解决实际问题相结合，引导学生通过探索和实践来掌握知识，提高问题解决能力。

4. 实践结合：结合实际生活的应用

问题设置应与学生的日常生活和社会实践紧密相关，强调学习的实践性和应用性，增强学习的趣味性和实用性。

5. 难易适中：适应不同学生的学习难度

问题应设计成递进的难度层次，既满足基础学习需求，又能够挑战高水平学生，确保每个学生都能在自己的水平上得到提升。

6. 开放多元：促进开放性思维和创新

鼓励学生从多个角度思考问题，提出创新的解决方案，支持个性化的学习路径，培养学生的创新思维和批判性思维。

教师在指导自主学习时，应教会学生如何识别问题、提出问题，并设计解决方案。数字技术资源在此过程中发挥着至关重要的作用，为学生提供了丰富的学习材料和工具。教师的引导和支持对于学生在自主学习过程中能否取得成功至关重要。

二、如何巧妙设置驱动性问题

为了更好地说明如何将知识转化为问题，激发学生带着问题进行思考和讨论，下面以几个教学中的常见案例进行详细说明。

1. 九年级数学中的影子问题

案例：假设九年级数学兴趣小组的小颖想要测量教学楼前一棵树的高度。在下午的课外活动中，她发现一根 1 m 长竹竿的影子长度为 0.8 m。但当她尝试测量树高时，发现树的部分影子落在了教学楼的墙壁上（见图 3.4.1）。已知墙上的影高为 1.2 m，地面的影长为 2.6 m，请帮助小颖计算这棵树的实际高度，可能的答案是（　　）

图 3.4.1

A. 3.25 m　　B. 4.25 m　　C. 4.45 m　　D. 4.75 m

对于这样一个复杂的影子问题，如果按照传统的讲解方式，许多学生可能会感到困惑不解。因此，我们可以将其转化为一个项目研究性问题，让学生提前在小组内展开讨论学习。以下是一些可以引导学生课前讨论的问题：

（1）分析不同情境下墙上的影子长度以及若无墙面遮挡情况下地面上影子长度的变化情况：

①光源上下移动

②墙壁左右移动

③大树左右移动

④大树高度变化

⑤地面高度改变

（2）在何种条件下，墙上的影子长度会与被墙面遮挡的地面上的影子长度相等？

（3）此题中涉及几个三角形？哪两个或多个三角形之间存在相似关系？（实际上所有相关三角形都是相似的，这个问题是为了引发学生深度

思考）

最后，在课堂上组织讨论交流环节，鼓励学生分享展示自己的理解和解决方案，从而锻炼他们的高阶思维能力。

2. 八年级物理《声音的产生和传播》教学方法

本节课主要探索声音是如何产生的，以及它是如何在不同介质中传播的。我们将采用以问题为引导的方式，结合学生动手实验和教师课堂演示实验，逐步递进、深入地帮助同学们理解相关知识。

（1）实验环节：让学生亲手拨动一根拉紧的橡皮筋，观察橡皮筋振动的现象，同时让他们在说话时触摸颈部喉头位置。还可以让学生自己做多个实验，体验并总结出物体发声时的一个共同特征——声音是由物体振动产生的。

（2）教师演示：如图3.4.2所示，将正在响铃的闹钟放入玻璃罩内，然后逐渐抽出里面的空气，让学生注意声音的变化。再让空气慢慢回到玻璃罩里，再次观察声音的变化情况。

问题探讨：

问题1：当抽离和重新注入空气时，听到的声音有什么不同？为什么会出现这种变化？

图3.4.2

引导结论：通过这个实验，学生们会发现声音是通过空气进行传播的。

问题2：声音只能依靠空气传播吗？

学生动手实践：接下来，请两位同学合作完成一个实验。一位同学轻敲桌子（确保周围同学听不到），另一位同学则将耳朵贴在桌面上聆听。

问题探究：

问题3：这个实验揭示了什么原理？

引导总结：此实验表明声音不仅能在空气中传播，还能通过固体如桌子传播，并且在不同介质中声音强度会有差异。

生活实例讨论：为什么我们先看到闪电后才听到雷声呢？

解释说明：这是因为声音在空气中传播需要一定的时间。

（3）视频观看：播放一段铁道游击队员伏在铁轨上倾听火车驶来声音的视频片段。

问题思考：

问题1：游击队员为何选择趴在铁轨上监听火车声？

问题2：声音传播的速度受到哪些因素的影响？

（4）课前活动：让学生提前录制自己的声音并回放听取。

问题提出：

问题1：为什么听到录音里的声音跟自己平时说话的声音有所不同？

解析原因：这说明声音的传播效果受介质影响，在不同的介质中声音传播的速度各异。

引出下表说明在不同介质中声音传播的速度不同。

一些介质中的声速

介质	声速/（m·s^{-1}）	介质	声速/（m·s^{-1}）
空气（0 ℃）	331	海水（25 ℃）	1 531
空气（15 ℃）	340	冰	3 230
空气（25 ℃）	346	钢（棒）	3 750
软木	500	大理石	3 810
煤油（25 ℃）	1 324	铝（棒）	5 000
水（常温）	1 500	铁（棒）	5 200

教学过程梳理：

1.声音如何形成 → 物体振动产生声音。

2.声音靠什么传递 → 空气等介质传播声音。

3.声音只能通过空气传播吗 → 不仅能通过空气传播，也能通过其他介质传播。

4.先见闪电后闻雷声意味着什么 → 表明声音传播需要时间。

5.趴在铁轨上听火车声 → 在不同介质中声音传播速度有快慢之分。

拓展提问：为什么我们在室内讲话比在旷野里听起来更响亮？

答案解析：因为在封闭或半封闭的空间里，声音遇到障碍物能够反射回来，增强声音的效果。

练习题：如果一个同学向一口枯井喊话，约 1.5 s 后听到回声，那么这口枯井大概有多深？（条件允许的话，可以实际测量验证）

整个教学过程中，始终坚持问题导向，鼓励学生发现问题、提出问题、分析问题并解决问题，使他们在解决实际问题的过程中自然而然地掌握知识，从而培养他们的问题意识和探索精神。

学习思考讨论题参考答案

问题一：在深化教育理解和推动课堂教学革新的过程中，教师应如何结合古今教育理念、学生需求和数字化技术，培养学生适应未来挑战的核心素养？

参考答案

在教育不断变革的今天，教师需要结合古今教育理念、学生需求和数字化技术，培养适应未来发展的学生。以下是几个关键点，教师可以在这些方面进行深入探讨和实践。

1.古今教育理念的融合与创新

（1）启发式教学与学生自主学习。借鉴孔子的"先学后教"理念，教师应在学生自学的基础上进行适时的引导和点拨。

（2）兴趣与内在动力的培养。根据孔子和苏霍姆林斯基的教育观点，教师应注重激发学生的学习兴趣，使学习成为一种享受。

（3）合作性学习过程的构建。借鉴佐藤学的教育理念，教师应创建一个相互倾听、通过对话和交流促进真实学习的课堂环境。

2. 学生需求的理解和满足

（1）参与与体验的需求。设计互动性强的活动，让学生通过亲身体验增强学习兴趣。

（2）探索与创新的愿望。提供丰富的资源和自由的空间，培养学生的创新能力。

（3）交流与互动的渴望。创造交流思想和合作解决问题的平台，促进学生社交技能的发展。

3. 教育模式的创新与核心素养的培养

（1）学习动力的重塑。将学生的学习动力从应试教育转变为兴趣驱动的学习。

（2）新课标与教学理念的更新。实施"做中学""用中学"的实践导向，通过项目化学习提升核心素养。

（3）教学模式的演进。从传统讲授模式转向问题导向探究式课堂，促进学生的独立思考和终身学习能力。

4. 数字化技术在教育中的应用

（1）教师角色的转变。教师作为学习过程的设计者、指导者和促进者，利用智能工具提供个性化学习资源。

（2）评价与合作的新模式。实施过程性评价，建立教师与学生之间的合作伙伴关系，共同探讨问题。

通过上述措施，教师可以有效地结合古今教育理念、学生需求和数字化技术，培养出适应未来发展的学生。

问题二：在智慧教育时代背景下，教师应如何转变教学模式，有效实施智慧课堂教学，培养学生的关键能力和核心素养？

参考答案

随着智慧教育时代的到来，教师面临着教学模式的重大转型。为了有效实施智慧课堂教学并培养学生的关键能力和核心素养，教师可以从以下几个方面进行深入探讨和实践。

1. 智慧课堂的定义与特征理解

（1）明确智慧课堂的核心理念。依托数字技术，构建促进学生个性化发展的教学环境。

（2）把握智慧课堂的实施要素。教师角色转变、学生自主学习培养、课堂互动深化等。

2. 政策背景与智慧课堂教学要求

（1）理解政策导向。熟悉教育数字化的战略推进和政策文件中对智慧课堂的具体要求。

（2）实践智慧课堂教学目标与路径。深化课堂教学改革，构建新型教与学模式，实现个性化学习与精准评价。

3. 教学转型与能力培养策略

（1）应对人工智能对教育的影响。重新思考教育目标和方法，培养学生的超级学习能力。

（2）关注未来关键能力的培养。批判性思维、跨学科学习、创新精神、信息素养等。

4. 智慧教育时代的教学实施

（1）精准定位学情。利用课前互动和数据分析，为学生提供个性化教学。

（2）激活课堂参与。强化学生主体性，丰富学习资源，实施实时教学调整。

（3）个性化学习支持。应用人工智能与大数据，提供适宜的学习内容和反馈。

5. 教师角色的转变与挑战

（1）从传统教学到智慧课堂。教师作为引导者和激励者，构建学生自主探索的教学体系。

（2）面对教学模式的挑战。更新教学理论和方法，转变教师观念和习惯。

6. 教学质量与教学改革的相互促进

（1）教改对提升教学质量的正面影响。通过多样化活动提升学生自主学习能力和综合素质。

（2）技术赋能下智慧课堂提升教学质量的策略。精准定位学情、激活课堂参与、丰富学习资源、实时教学调整、个性化学习支持。

通过上述措施，教师可以有效地实施智慧课堂教学，培养学生的关键能力和核心素养。

问题三：在智慧教育时代，教师应如何结合"三个五"智慧课堂教学体系，有效实施问题化导向的教学策略，培养学生的核心素养？

参考答案

在智慧教育时代，教师需要深入理解并有效实施"三个五"智慧课堂教学体系，培养学生的核心素养。以下是几个关键点，教师可以在这些方面进行深入探讨和实践。

1. 理论与实践融合的教学模式

（1）明确教学模式的重要性。成功的教学改革依赖于系统且明确的教学模式，为教师提供指导原则和实践步骤。

（2）面对数字化工具的挑战。教师需要有效整合技术手段与教育理念，重构课堂教学。

2."三个五"智慧课堂教学体系的构建

（1）"五新教育"理念。新课程架构、新教学方法、新技术整合、新教师角色、新体系支持，推动教育生态系统的深层次变革与创新。

（2）智慧课堂五大要素。五育并举、核心素养培养、单元整体教学设计、学业质量评价、技术与理念深度融合。

（3）智慧课堂五个环节。数字资源整合、课前自主学习、小组合作探究、成果分享展示、教师引导评价。

3.问题化导向的教学策略实施

（1）数字资源引导问题探究。利用丰富的在线课程和多媒体资料，支持学生的问题探究。

（2）自主学习中的问题求解。培养学生独立思考和问题解决能力，激发学习动机。

（3）合作探究中的问题研讨。通过小组讨论和互助，深化对问题的理解，提高解决问题的效率。

（4）分享展示反思问题解析。通过成果分享展示，巩固学习成果，推动学生对知识体系的深度理解和综合应用。

（5）教师引导的问题解决与评价反馈。教师引导学生从问题发现到解决的全过程，提供策略指导，进行个性化评价反馈。

4.核心素养的培养融入教学实践

（1）自主学习能力的培养。自我管理、自我激励、自我监控、自我规划、分析思考、发现问题。

（2）合作探究能力的提升。问题解决、组织管理、团队协作、沟通交流、信息处理、科学探究。

（3）分享展示能力的发展。逻辑思维、语言表达、质疑辨析、展示演讲、创新思维、批判性思维。

通过上述措施，教师可以有效地实施问题化导向的智慧课堂教学策略，培养学生的核心素养。这不仅能够提升教学效率，还能够促进学生能力的全面培养，为未来的教育改革提供坚实的基础。通过问题化导向的教学实践，实现教育质量的有效提升，培养出能够适应未来发展的创新型人才。

问题四：如何设计驱动性问题以促进学生的自主学习，并在物理教学中有效融合实验探究和生活实例，培养学生的核心素养？

参考答案

在新课标理念的指导下，教师需要设计有效的驱动性问题，促进学生自主学习，并在物理教学中融合实验探究和生活实例，培养学生的核心素养。以下是几个关键点，教师可以在这些方面进行深入探讨和实践。

1.驱动性问题的设计原则

（1）紧扣教学内容。问题应与课程的核心知识点紧密相关，确保与教学目标的一致性。

（2）激发学生兴趣。设计问题应能够触发学生的好奇心，激发他们对学习主题的兴趣。

（3）问题导向学习。问题应引导学生通过探索和实践来掌握知识，提高问题解决能力。

（4）结合实际应用。问题设置应与学生的日常生活和社会实践紧密相关，强调学习的实践性和应用性。

（5）难易适度。问题应设计成递进的难度层次，适应不同学生的学习需求。

（6）开放多元。鼓励学生从多个角度思考问题，促进开放性思维和创新思维。

2. 物理教学中的实验探究与生活实例融合

（1）实验探究。通过实验操作让学生亲身体验物理现象，如橡皮筋振动产生声音的实验。

（2）生活实例。将物理知识与学生熟悉的生活场景结合，如讨论闪电与雷声的关系。

（3）问题导向的教学过程。

始终坚持问题导向，鼓励学生发现问题、提出问题、分析问题并解决问题。

（4）拓展提问。通过拓展问题，如声音在不同介质中的传播速度，引导学生深入思考和探究。

3. 培养学生的核心素养

（1）科学探究能力。通过实验探究和问题解决，培养学生的科学探究能力和批判性思维。

（2）实践应用能力。结合生活实例，让学生理解物理知识的实际应用，提高实践应用能力。

（3）创新思维能力。鼓励学生提出创新的解决方案，培养创新思维和问题解决能力。

通过上述措施，教师可以有效地设计驱动性问题，促进学生的自主学习，并在物理教学中融合实验探究和生活实例，培养学生的核心素养。

第四章
智慧课堂五个教学环节

学习本章内容思考讨论回答下面问题：

问题一：在智慧课堂环境下，教师应如何有效利用智慧教育平台和数字课程资源，以实现教学效率的提升和学生个性化评价？

问题二：在智慧课堂环境下，教师应如何指导学生进行有效的课前自主学习，以促进学生的主动探究能力和高阶思维能力的发展？

问题三：如何在智慧课堂中有效地实施课堂合作探究，以促进学生团队协作能力和问题解决能力的提升？

问题四：在数字化转型的课堂中，分享展示的意义与价值体现在哪些方面？如何通过这一环节促进学生的全面发展？

问题五：在智慧课堂环境下，教师应如何有效地进行引导和评价，以促进学生的个性化学习和发展？

问题六：在智慧课堂环境下，教师应如何整合数字技术与教育理念，以实现高效、个性化的教学实践流程？

智慧课堂教学的核心是"131"五个关键教学环节。下面我们将对五个教学环节进行详细解读。

第一节 数字资源整合

一、智慧教育平台助力高效教学

1. 提升教学效率

智慧教育平台汇集了多样化、便捷的教学工具，例如互动课件和实时课堂监控，从而极大地丰富了教师的教学手段。通过这些工具，教师能够更精确地掌握学生的学习进度和理解情况，进而灵活调整教学策略，显著提升教学效率。

2. 实现学生个性化评价

该平台通过全面收集学生的学习数据，如作业完成质量、课堂互动频次、在线学习时长等，为教师提供全面的学生学习评价。结合这些数据，平台能够根据每位学生的学习特点和需求，生成个性化的学习报告与反馈，帮助学生认清自己的学习状况并找到提升的路径。

二、数字课程资源的核心价值

1. 结构化、系统性资源的定义

数字课程资源经过精心策划与制作，形成了完整的知识框架和逻辑体系。这些资源内容充实、形式多样，并可根据学生的学习需求进行定制，充分满足了个性化学习的要求。

2. 线上线下融合的关键要素

数字课程资源以其结构化和系统性的特点，为学生的课前自主学习提供了有力支持，也为课堂教学打下了坚实基础。在线上线下融合的教学模式中，这类资源起到了桥梁作用，实现了不同教学场景间的无缝衔接与高效协同，成为提升整体学习效果的关键因素。

在智慧课堂中，数字技术资源——特别是智慧教育平台和数字课程资源，发挥着至关重要的作用。它们不仅优化了教学手段，提升了教学效率，还通过个性化评价和资源融合，推动了教育的革新与进步，为学生的全面发展提供了强有力的支持。尽管网络上的学习视频资源丰富，但结构化、系统性的数字课程资源仍是构建完整课程体系、确保学生深度学习不可或缺的重要元素。

三、智学包内容解析

数字课程资源以"智学包"的形式呈现，可类比于医生手术时使用的手术包或工程师施工所需的工具包，整合了一系列高效学习所需的数字化材料。

何为"智学包"？它是一个由学习案、微课视频、教学附件及检测试题共同组成的微型课程体系，其中学习案与微课视频构成了其核心要素。

1. 学习案

学习案是在新课程改革理念引导下，由教师团队精心研究并规划的设计方案，旨在通过问题化导向的学习促进学生的自主探究、合作学习和互动交流，帮助他们在主动建构知识的过程中发展高阶思维能力，培养核心素养。一个大单元通常拆分为多个课时，每个课时对应一份详细的学习案。优秀的学习案应注重以下几点：明确指导学生的学习策略；构建完整有序的学习路径；将学科知识转化为具有驱动性的探究问题；精选针对性强的练习题目。让学生清晰掌握学习目标和步骤，鼓励他们课前围绕问题自我探索，在课堂上借助解决实际问题来深化认知，运用问题导向的方式推进高阶思维能力的发展和核心素养的塑造。

2. 微课视频

微课视频具有明确的教学目的，内容紧凑精练，时长一般控制在7~8分钟甚至更短，专门针对教学单元内的重点、难点、疑点以及易混淆点进行精准讲解。这类小规模视频课程强调突出主题，简练明了，易于学生理解和吸收。

3. 教学附件

教学附件包含各类音频文件、图片文件、图文资料等丰富素材，用于辅助学生加深对知识的理解和掌握。

4. 检测试题

检测试题主要用以检测学生自主学习的效果，反映学生的学习进展。设置适量的客观题可便于系统自动批改和数据分析，减轻教师批改的负担。而随着技术升级，系统也能逐渐处理主观性测试题目。

智学包将学习案中的各个探究问题，通过教育平台分配到一系列小型自主学习模块中，使学生能够结合相关学习材料独立解决问题。

四、数字技术资源在教育教学中的应用

数字技术资源在教育教学中的应用广泛且深入。除了上面谈到的智慧教育平台和数字课程资源，人工智能也是数字技术资源的重要一环。以下是与教育教学紧密相关的数字技术资源的几个方面：

1. 智慧教育平台

智慧教育平台为课程资源的整合、管理、分发和使用提供了必要的技术支持和环境，使课程资源能更高效地被组织、传递和利用。平台不仅支持教学活动的设计、实施，还促进了教与学的过程性评价以及学情的分析，成为实现资源管理、共享与交互的重要技术工具。

2. 数字课程资源

包括图片、动画、视频、音频以及虚拟实验等多媒体形式。这些资源能够丰富课程内容的呈现方式，将抽象的概念以形象、直观的方式展现，增加学习的趣味性和吸引力，帮助学生更好地理解和掌握知识。

3. 人工智能（AI）技术

生成式人工智能是数字技术资源中极为重要的一环，它能够辅助生成教学内容，如通过文字直接生成用于教学的图片、视频等，服务于课堂教学。AI 技术还能通过精准分析学情来设计个性化的教学方案，提供个性化学习路径，实现对学生的精准辅导和智能答疑，从而有效提升课程资源的智能化水平，满足学生的个性化学习需求。

此外，还有电子教材、在线测试题库、虚拟实验室、教学软件、网络课程等多种形式的数字教育资源。这些资源共同构成了教育教学数字化转型的支持体系，为提高教育质量和效率提供了有力保障。

第二节　课前自主学习

一、自主学习的内涵

自主学习是现代教育改革倡导的学习方式，它与传统的讲授式学习形成对比，强调学生的主体性，通过独立阅读、分析、思考、实践、质疑和探究等方式实现学习目标。教育改革鼓励学生主动参与和乐于探究，以培养学生的信息搜集、新知获取、问题解决和交流协作能力。《基础教育课程改革纲要（试行）》提出改变依赖死记硬背的教学现状，鼓励互动式、启发式、探究式和体验式的多元学习方式，其中包括自主学习。在智慧课堂中，我们利用教材、学习案和数字课程资源，引导学生围绕驱动性问题进行自主学习，让学生在亲身体验知识探索的过程中提升能力。

1. 时间安排策略

自主学习的时间可以灵活设置，既可在正式上课之前，也可在课堂之初。具体时间安排应根据学生年龄特点、学科特性及教学内容来确定，也可专门安排课前自学时段。

2. 引导帮助自主学习

自主学习不是放任自由地学，也不是以前我们理解的课前预习，而是有目标、有策略地去解决问题。教师需提前将学科知识转化为驱动性问题，并提供相应的数字课程资源和其他学习资料，帮助学生在自主学习过程中解决问题。同时，还要教授学生如何发现问题、提出解决方案的方法和策略，最好能引导学生自己发现并解决问题。

二、自主学习是一项系统工程

教师在课前应通过智慧教育平台发布包含详尽的学习案和相关数字课程资源的"智学包"，引导学生围绕问题进行有针对性的自主学习。自主学习的效果评估不仅依赖于课前的学习行为，更需要通过平台上的测试题及互评功能来全面检测与评价。因此，自主学习是一个涵盖了提出驱动性问题、利用数字化工具辅助学习，并通过检测机制检验学习效果的完整过程。

自主学习全称应为前置性自主合作学习，强调了课前自主学习不仅是独立学习环节，还融合了合作互动成分。

1. 自主学习三大关键点

有效实施课前深度自主学习需关注以下三个方面：

（1）明确学习内容与方法

构建以问题为导向的学习案，包括学习方法指导、驱动思考的问题以及配套的练习题目。同时，为了帮助学生解答驱动性问题，提供丰富的数字课程资源作为支持。

（2）保障机制建设

首要保障措施是发挥学习共同体的作用，强化小组内部的合作学习。鼓励学生小组充分利用互评机制，提高学习效率。此外，智慧教育平台需具备提供丰富数字资源、布置自测题目以及支持小组间互相评价的功能。

（3）学习成效监测

确保课前深度自主学习的质量，一定要重视学习效果的实时检查。主要手段之一就是通过平台实现小组成员间的互评。教师则可通过平台随机抽查学生的自学情况。为激励自主学习，小组可以推选优秀学习成果上传至平台，全班进行评分并给予积极反馈，以此形成良好的学习氛围。

2. 前置性自主合作学习的实施策略

（1）问题驱动式引导

在教学活动开始之前，教师精心设计一系列具有深度和挑战性的驱动性问题，这些问题紧密围绕教学核心内容展开，旨在激发学生的好奇心和探索欲望。

（2）资源支持与互动探究

为了解决这些驱动性问题，教师提前整合并提供丰富的数字课程资源，包括但不限于图片、音视频资料、动画等多媒体素材，以辅助学生进行深入研究。借助这些多元化的学习工具，学生能够在小组内部开展互助合作，共同探讨问题，并通过共享信息与观点来丰富彼此的认知。

（3）组内互评与共识形成

在小组内部建立一个积极的学习共同体环境，鼓励各成员之间进行互动评价和深度讨论。每个小组成员不仅能够发表自己的见解，还应学会倾听他人的观点，通过多轮对话和反思，逐步达成对问题解决方法的共识，并提炼出正确的解答方案。

（4）问题反馈与迭代提升

完成自学及组内互评后，每个小组需提炼总结学习过程中的疑问或难点，至少提出一个待解的问题，并通过智慧教育平台及时向教师和其他小组反馈，以便于进一步研讨和完善。

（5）系统化测试与评估

基于教学内容的关键知识点，教师编制一套包含大约5个客观性问题的在线测试题，确保能对学生掌握情况进行快速而准确的检测。系统自动批改结果将帮助教师了解学生对所学知识的实际掌握程度。

（6）动态调整与二次备课

教师根据抽样检查的结果、系统测评数据以及学生反馈的问题，灵活调整教学策略，针对学生的认知短板有针对性地进行二次备课，以期在正式授课时能更精准地满足学生的学习需求。

3. 课前自主学习的基本要求

（1）对于新授课内容，确保学生能在课前通过自主合作学习至少完成四分之一的教学内容。

（2）对于复习课内容，要求学生通过前置性自主合作学习掌握三分之一左右的教学内容。

（3）在确保学生通过自主学习和小组内部交流已充分理解和掌握了基础知识的前提下，课堂时间要避免对这些内容的重复讲解，以释放更多空间用于开展深入研讨、成果分享与展示活动。这样既能促进学生对知识的深化理解，也能更有效地解决实际问题，并着力提升各方面的能力。

总的来说，课前开展深度自主学习不仅有助于培养学生独立自主的学习习惯和批判思考能力，还有利于提高课堂教学效率，确保学生能在课堂上有更多的时间进行深度探讨和协作交流。

三、学生课前准备的具体建议

很多学生可能还不太会有效地进行自主学习,教师应对学生的课前自主学习进行必要的培训和引导。

1. 准备多种颜色的笔

为了方便自主学习时做不同类型的标注和笔记,建议学生准备红、蓝、黑等不同颜色的笔。

2. 多本子分类记录

尽管智慧课堂教学运用了技术工具,但书写仍然是非常重要且必不可少的。

(1)课堂笔记本:用于记录每节课的知识要点和疑问点,主学科应各备一本,非主学科可合用一本。

(2)问题本:记录课前自学时遇到的问题和平时错题,每个主学科单独使用一本,非主学科可共享一本。

(3)练习本:主要用于完成课堂练习题目,不可与草稿本混用。

(4)草稿本:在学习过程中供打草稿或临时计算使用。

四、课前自主学习的实施与指导

新学期伊始,教师应细致地向学生讲解智慧课堂的教学流程,尤其应对学生的课前自主学习进行具体指导。具体实施步骤如下:

1. 自学材料准备与有效利用

教师需确保在课程开始前至少两天,通过智慧教育平台以智学包的形式发布数字课程资源。这些资源应包括学习案、微课视频、教学附件及检测试题等。鼓励学生利用课余时间或自习课进行自主学习。在自学过程中,学生应认真阅读教材,并结合智学包中的资源进行深入思考,尝试解答学习案中的引导性问题,为完成自学检测试题做好充分准备。同时,建议学生记录下自学过程中遇到的疑点和问题。

2. 自学教材标注方法

在自主学习教材时，鼓励学生运用不同的符号对教材进行标注，以便找出生字词、难点句子及关键语句。推荐的标注符号包括：

（1）波浪线（强调重点）～～～～～～～～～

（2）直线（划分段落或连接相关概念）————

（3）问号（标记疑问点）？

（4）括号（补充信息或解释）（　）、{　}

（5）三角（标注重难点）△

（6）着重号（突出关键词）．

（7）分段（区分文章段落）//

（8）分层（表示层次结构）/

（9）圈（标识生字词）○

（10）勾（确认理解正确）√

3. 标注符号的灵活运用

（1）教师应提供以上标注符号供学生参考，但不强制使用特定符号。尊重每个学生的个人习惯，对于尚未形成良好标注习惯的学生，要引导他们学会正确使用这些符号，并逐渐培养成习惯。

（2）教师需要定期检查学生教材上的标注情况，通过持续引导和监督，帮助学生熟练掌握标注符号的使用并养成边读边标注的良好习惯。

4. 学生自主学习的具体步骤

（1）学生在自主学习过程中，应一边阅读教材，一边用标注符号标注重要内容，并将标注转化为具体的问题，在自学笔记本上逐一记录、解释或注释。每节课的学习内容都应至少提出一个有价值的问题，这样有助于培养学生发现问题、提出问题的能力，这些问题将在课堂讨论中作为小组合作探讨的基础。

（2）举例说明：某中学数学教师针对初一学生不会有效自学的情况，一对一地辅导学生如何运用自学符号找到知识点，识别重点、难点。经过一周的训练，某学生掌握了自学方法，并逐渐热爱上了学习。这是她在学习《数轴》时的两段：

画一条 直线 （通常画成水平位置），在这条直线上 任取 一点作为 原点 ，用这点表示数0。规定直线上从 原点向右 为正方向，画上 箭头 ，则 相反方向 为负方向。再选取 适当的长度 作为单位长度，从 原点向右 ，每隔一个单位长度取一点，依次标上 1，2，3，…；从 原点向左 ，每隔一个单位长度取一点，依次标上-1，-2，-3，…。（数轴的画法、难点）

像这样规定了 原点 、 正方向 和 单位长度 的直线叫作数轴。（重点）。

标注：数轴的三要素是原点、正方向、单位长度。

5. 课堂内的自主学习环节

如果课前自主学习未达到预期效果，教师可以在正式上课前安排几分钟的课堂自主学习时间，称为"独学"环节。学生应提前到教室做好准备，教师在简短引入后即可进入自学环节。对于小学和初中生来说，由于他们的自主学习能力尚在培养阶段，因此可以在课堂开始时预留一些时间继续自学。而高中学生则可以将自主学习时间安排在课前的空闲时段。为了适应课改需求，一些学校可以重新规划课程表，为学生统一安排自主学习的时间段。

在课堂内的独学时段中，如果有音视频学习材料，教师应要求学生佩戴耳机安静地学习，以确保整个班级保持静音状态。只有在扎实完成自主学习阶段的任务后,学生才能更好地参与到后续的小组交流、讨论探究等学习环节中。

第三节　小组合作探究

一、合作探究的意义与实施方法

合作探究是一种以学生为中心的教学方法,通过小组合作来促进学生的自主学习和深入理解。以下是合作探究的意义和具体的实施步骤。

1. 合作探究的意义

合作探究不仅能帮助学生解决自主学习中遇到的问题,而且能通过集体智慧促进对问题的深入理解和对知识的内化。这种方法鼓励学生之间的互助与合作,可以培养他们的社交技能和团队精神。同时,合作探究还可以锻炼学生的批判性思维和创新能力,为他们未来的学术和职业生涯打下坚实的基础。

2. 实施合作探究的步骤

(1) 组建合作小组

教师应根据学生的学习水平和个性特点,将学生分成小组,每组通常由四到六名学生组成。

(2) 分配小组角色

在小组内部明确分工,确保每位成员都能在小组活动中发挥作用。

(3) 实施"对学"和"群学"

先进行两两配对的"对学",让小组成员之间相互讨论和帮助;然后在组长的组织下,进行全体成员的"群学",共同探讨和解决问题。

3. 促进合作探究的策略

为了提高合作探究的效果,教师需要建立一套有效的管理制度和激励机制。这包括为积极参与的学生提供奖励，以及为小组合作成果设置评价标准。同时，教师应鼓励学生相互尊重、倾听和支持，营造一个积极的学习氛围。通过这种方式，每个学生都能在合作探究的过程中找到自己的位置，实现自我价值的提升。

在自主学习的基础上，才能进行讨论、交流、探究。讨论交流的过程可以分为"对学"和"群学"两个小阶段。

二、"对学"与"群学"详解

1."对学"阶段

"对学"是指两个学生面对面进行一对一的讨论学习。对学时，两人需靠近交流，低声讨论各自在自学过程中遇到的问题。这一阶段有助于解决一些较为简单的问题，并为后续的"群学"阶段打下基础。

2."群学"阶段

（1）"群学"的意义

"群学"主要是指小组内的全体成员展开集体讨论。在这个过程中，不同层次的学生可以相互帮助、共同提升。"群学"不仅是发现新问题、探索解决方案的阶段，也是为后续展示讨论成果做准备的过程。通过"群学"，可以培养学生的团队协作精神、沟通能力和问题解决能力。

（2）"群学"的要求

在组长的带领下，全组围坐一起，针对学习方案中的所有问题进行深入讨论，音量适中不喧哗。群学过程中，小组成员应有明确角色分工，比如：领导者（可能不是组长）负责组织讨论；记录员负责记录讨论要点和结果，以及每位成员的参与情况；检查员负责检验小组成员的学习掌握程度；质疑员负责补充或质疑其他小组的观点；发言者发言并展示本小组的学习成果；评价员对发言者的表现进行评价。各角色可以轮流担当，以增强生生互动效果。每位成员的发言都代表整个小组的意见，因此应充分尊重并听取每位成员的观点。

（3）学生行为规范

学生在完成作业或进行群学讨论时，应面对面坐好，保持课堂布局的合理性和舒适性。如图 4.3.1 所示。

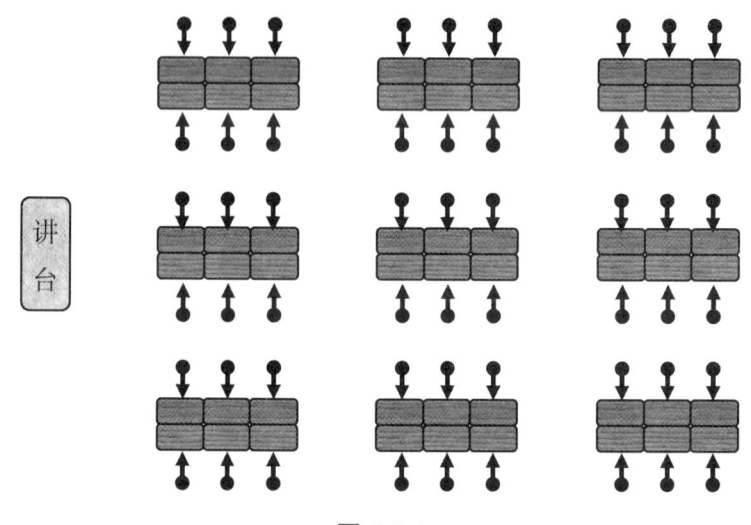

图 4.3.1

学生在群学时的状态应专注且积极参与。

在学生讨论过程中，教师要时刻关注并指导学生遵守合作讨论的各项要求。尤其在初期，若发现部分学生缺乏有效的合作讨论技巧导致小组讨论受阻，教师应及时介入，提出建设性建议，提供更有效的合作学习方法，以提高合作学习效率。

此外，课堂时间规划上，独学结束后，学生可自动站起进入对学、群学阶段。群学结束指定发言人后，学生应回归座位。在整个过程中，学生除讨论发言外，应保持安静，起立坐下动作迅速且轻巧移动凳子，确保课堂秩序井然，课堂流程自然顺畅。

第四节　成果分享展示

一、分享展示的意义及作用

在数字化转型的课堂教学变革中，学生分享展示环节显得尤为重要。这不仅是学生个人能力和团队协作的体现，更是课堂互动、知识内化与创新思维培养的关键环节。

1. "展"与"示"的内涵

（1）"展"与"示"各自的含义

"展"蕴含着发展、展现、伸展的意味，它代表着个体在自我成长过程中的不断进步和展现。"示"则更侧重于呈现和表达，它是指个体或群体将自身想法、成果或知识以可见的方式呈现出来，以供他人理解和评价。

（2）"展"与"示"在教育中的意义

当"展"与"示"结合在一起时，它们便共同构成了一个完整的教育交流过程。在这个过程中，个体或群体不仅通过交流互动来寻求共享、反馈和评价，还实现了自我价值的认同和提升。学习不仅仅是单纯地吸收知识，更重要的是学会如何将所学知识以恰当的方式表现出来。因此，一个完整的教育过程不仅需要学生对知识的深入理解和吸收，更需要他们具备将知识有效展示出来的能力，这两个环节是相互融合、相互促进的。

2. 分享展示的价值所在

（1）满足心理需求，建立自信尊严

展示满足了人的基本心理需求。学生既具有好奇心，渴望探究新知、充实自己，同时也希望有机会表达自我、展现能力，并得到他人的认可。

成功的展示有助于建立学生的自信心和尊严感，而自信和尊严是在实际展示个人特质和才能的过程中逐步形成的。

（2）促进同伴互动与合作学习

分享展示为学生提供了同伴互动与合作学习的机会。在展示过程中，学生可以相互借鉴、欣赏，共同学习成长。数字化转型的课堂环境使得这种互动与合作更加便捷、高效，如通过在线协作工具进行实时讨论与反馈。

（3）激发内在动力，提升学习热情

分享展示能够激发学生的学习动力，使他们更加积极地投入到学习中。通过展示，学生可以获得成就感、荣誉感等正向反馈，从而增强对学习的热情和兴趣。

（4）增强团队协作与责任意识

展示能增强学生的团队和责任意识。当以小组形式进行展示时，每个学生代表的是整个小组，他们在准备和展示过程中不仅能深化学习，还能锻炼沟通协作能力，增强责任感。同时，其他同学也能在评价和欣赏中收获新知，共同成长。

（5）锻炼表达与思维能力，克服展示障碍

在课堂分享展示过程中，学生除了传播讨论过的知识点外，还在无形中培养了自己的口头表达、语言组织和逻辑思维能力。在传统教学模式下，由于缺乏展示机会，部分学生可能会出现怯场、声音小、语言不流畅等问题。通过展示练习，他们可以逐渐克服这些问题，提高自信心和演讲技巧。

（6）赋予成就感与团队荣誉感

作业与展示有所不同，完成作业更多是为了完成任务，而展示则代表着发表小组的整体成果，能让学生体验到成就感和团队荣誉感。学生会更加积极地为了在课堂上展示才华与智慧而努力学习，在展示过程中会具备更强的责任感和团队精神。

二、分享展示的具体要求

智慧课堂教学中，分享展示环节占据重要地位。因此，在学生进行分享展示时，需要设定明确且严格的标准和规范。基本要求包括：语言标准流畅、声音清晰响亮、仪态自然大方、表述精准无误。小组成员需以团队为单位，分享在讨论过程中发现的问题与解决方案。分享展示既可以坐在座位上起立进行，也可以上台演讲；既可以由一位同学代表全组分享，也可以全组多人共同参与，如台上互动、情境剧表演等。在展示结束后，其他同学可以补充观点、提出疑问或进行辨析，使分享内容更加丰富多元。这一过程中，学生的逻辑思维能力、语言组织表达能力和思考质疑辨析能力均能得到锻炼，同时有效避免了课堂上出现注意力不集中、打瞌睡等情况。

为了确保展示的有效性，要对展示提出明确具体的要求。

1. 分享展示的具体要求

（1）语言与声音

学生要使用普通话发言，面向前方，声音大小适中（参照教师讲课音量），语速适中，吐字清晰，表达连贯顺畅。例如："我对某位同学（或某小组）的展示有不同看法，我想提出的疑问是……"。注意，如果是小组讨论后的代表发言，发言的时候"我"一定要变成"我们小组""我代表我们小组……"或"我们小组对这个问题……"。

（2）内容与主题

分享展示的内容一定要紧扣主题，避免偏离主题或过度深入导致焦点模糊。同时，展示内容应具有条理性和逻辑性，便于听众理解和记忆。在数字化转型的课堂中，可以利用思维导图、概念图等工具来帮助学生更好地组织和呈现展示内容。

（3）结构与条理性

讲话要层次分明，突出重点。提问时直接切入要点，言简意赅。例如："我对某某同学的观点有所质疑，我想问的是……"。回答问题或发表个人见解时，应开门见山，善于归纳总结，思路清晰，紧密围绕问题论述。例如："关于这个问题，我想从三个方面谈谈自己的理解。第一点是……；第二点是……；第三点是……"。学会提炼自己的思想，并能自信流畅地表达出来，这对于提升学生的学习能力、演讲能力、沟通交流能力和领导能力至关重要。

（4）表情及肢体语言

学生在进行分享展示时，应注意自己的表情和肢体语言。应保持落落大方、表情自然、充满激情。同时，应根据展示内容适当调整自己的语调和语速，以及运用恰当的肢体语言来辅助表达。在数字化转型的课堂中，可以利用摄像头、动作捕捉等技术手段来捕捉和呈现学生的表情和肢体语言，增强展示的生动性和互动性。

（5）技术运用与创新

在数字化转型的课堂中，分享展示应充分利用各种技术手段来增强展示效果和创新性。例如：可以利用多媒体资源进行动态展示、利用在线互动平台进行实时问答和反馈等。同时，也应鼓励学生尝试新的技术手段和方式来进行分享展示，如虚拟现实（VR）、增强现实（AR）等技术的应用。

（6）综合书写规范

在数字化转型的课堂中，书写规范同样重要。无论是传统黑板书写还是电子白板书写，都应遵循一定的规范和标准。例如：笔画顺序正确、字迹工整清晰等。对于电子白板书写，还应注意使用合适的手写笔和颜色来进行书写和标注，以便更好地呈现展示内容。

2. 学生担当展示活动主持人

在智慧课堂教学中，分享展示环节对于激发学生的学习兴趣、培养其综合能力至关重要。为了进一步提升课堂互动性和学生的主体地位，可以尝试让展示的学生同时担任展示活动的主持人。这种做法不仅能有效活跃课堂氛围，还能锻炼学生的组织协调能力、沟通表达能力。当学生担任主持人时，他们不仅是信息的传递者，更是活动的引导者和课堂氛围的营造者。通过主持人的引导，分享、补充、质疑等环节得以顺畅进行。而教师在这一过程中，则扮演着指导者和支持者的角色，他们在幕后给予主持人必要的帮助和提示，确保活动的顺利进行。

（1）学生担任主持人的角色与职责

当学生担任起分享展示活动的主持人角色时，他们不仅负责活动的流程安排，更是课堂互动的促进者。在小组完成分享后，主持人会邀请其他同学进行补充或提问，例如："我们小组分享完毕，现在请大家思考，有谁想补充或提出疑问？"可以鼓励同学们积极参与互动，确保每个人都有机会发表自己的观点。同时，主持人还会对补充或点评的同学表示感谢。

（2）教师在学生主持过程中的指导作用

虽然学生在分享展示活动中担任了主持人的角色，但教师的指导作用依然不可忽视。他们像导演一样在幕后把控着整个活动的节奏和方向。教师需要密切关注学生的表现和反应，当出现冷场或争议时，及时给予主持人支持或引导，确保活动能够顺利进行。同时，教师还应关注每个学生的表现，对那些富有创意和独特见解的答案，应及时给予肯定和鼓励。通过这种方式，教师与主持人共同协作，让整个课堂充满活力且高效运转。

3. 创新教学方式，激活课堂互动氛围

在学生分享展示时，鼓励学生采用更为灵活多样的参与方式。例如：当辨析讨论问题时，学生不必拘泥于坐在座位上，可以围绕讲台进行面对面的互动交流、辨析争论，以此营造更为活跃开放的课堂氛围。这样做的好处在于：首先，营造更为活跃且开放的课堂氛围，不再局限于固定的座位设置，让学生在互动交流中自由发表观点；其次，确保全体学生能够积极参与到课堂教学活动中，无论是在台上还是台下，都能充分调动思考与表达的积极性；最后，通过这种方式，有效培养学生的辨析、演讲和发现问题的思维能力，从而提升课堂活力，促进整体学习效果的优化。

4. 课堂听课规范与行为准则

（1）积极参与课堂分享互动

听同学分享时，其他同学应专注地看着发言的同学，认真聆听其分享内容，并在此过程中留心发现问题和不足之处，待分享结束时，举手准备提问或补充。如果有手持的移动终端工具，还可线上线下同步互动，例如点赞、评论，以增强课堂参与感。

（2）认真地听教师讲课

保持端正坐姿，面向讲台，如图 4.4.1 所示，双手置于桌上或膝盖上，挺胸抬头，目光紧随教师。带着自学和讨论中的问题，全神贯注地投入课堂。有条件的还应该鼓励学生运用电子设备做笔记、参与互动问答。

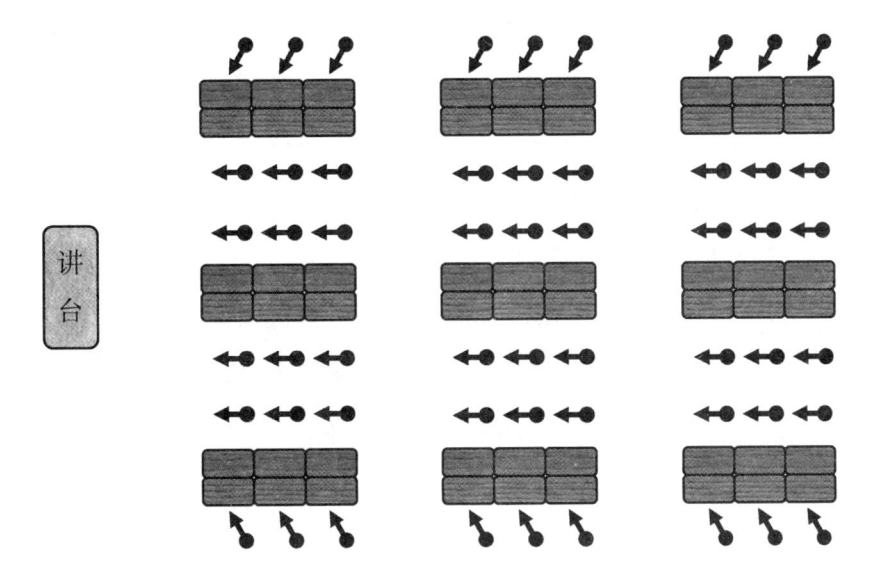

图 4.4.1

（3）遵守课堂行为准则

学生应自觉遵守课堂行为准则，专心致志听讲，集中精力关注教学内容。教师应着力培养学生主动听课、超前思考的学习习惯，并引导他们适应数字化环境下的自主学习和深度思考模式，如利用数字课程资源课前深度学习、开展小组协作等，从而达到理想的听课效果。

三、多样化的展示场景与实践学习

在数字化转型的课堂教学变革中，展示场景和实践学习也呈现出多样化的趋势。

1. 项目化实践活动及其多元展示

项目化实践性学习突破了传统课堂界限，使得学生的学习更加贴近实际和生活。在完成项目任务的过程中，学生可以借助各种技术手段进行资料收集、实地调研和深度研讨等。最终形成的研究报告可以通过多元化的方式进行展示，如 PPT 演示、手绘海报、数字化互动媒介等。这些展示方式不仅可以让学生更加直观地呈现自己的研究成果和能力，还能够增强展示的互动性和趣味性。在教室外的不同场所，如图书馆、实验室、博物馆等举办展示活动，可以让学生更加深入地体验和感受项目实践。

2. 个人成就与体验的分享展示

除了集体项目的精彩展示，学生的个人成长历程与所取得的成绩同样具有宝贵的展示价值。例如，在校外竞赛中获得荣誉的经历、独特而有效的学习方法心得、参与特定实践活动的心得体会等，都可以作为内容进行分享。此举不仅能让学生共同分享成功的喜悦，更能有效增强他们的自信心和满足感，在得到他人赞赏的同时，体验被认可带来的快乐。通过个性化的分享展示，不仅可丰富个体的学习体验，还可促进同学之间的互动交流与借鉴学习，可有力推动智慧课堂环境下的个性化发展与整体素质提升。

此外，在数字化转型的课堂中，可以利用各种技术手段来记录和呈现学生的个人成长历程和成就，如通过电子档、视频、图片等方式进行展示和分享。

综上所述，分享展示在数字化转型的课堂教学变革中具有重要的地位和作用。通过遵循一定的标准和规范进行分享展示，可以有效地激发学生的学习兴趣和动力、提升他们的表达能力和思维能力、培养他们的团队协作精神和集体荣誉感。同时，通过多样化的展示场景和实践学习方式的应用，可以让学生更加深入地体验和感受学习的乐趣和价值所在。

第五节　教师引导评价

随着教育数字化的深入推进，智慧课堂已经成为现代教育的新常态。在这一背景下，教师的角色发生了根本性的变化，从单纯的知识传授者转变为学生学习全程的引导者、精准评价者以及有力支持者。他们的作用贯穿于智慧课堂的各个环节，为学生的个性化、深度学习提供了坚实的支撑。在智慧课堂教学中，教师的作用具体体现在以下几个方面：

一、学习过程的引领者与指导者

1. 在自主学习阶段提供引导

教师利用智慧教育平台设计多样且富有趣味性的学习任务和资源，激发学生自主探究的兴趣，并在关键时刻给予方向性的指导，协助学生构建个性化、高效的学习路径。

2. 在合作探究中发挥组织与引导作用

教师精心设计互动性强、具有挑战性的学习任务，鼓励学生积极参与讨论，实现深度思维的碰撞。同时，教师还确保小组讨论既有深度又有广度，最大限度地调动每个学生的主动性和创造性，实现集体智慧的共享。

二、学习成效的评估者与反馈者

1. 精准评估与个性化反馈

教师借助智慧教育平台的数据分析功能，实时监控并全面、公正地评价学生在自主学习和合作探究中的表现。他们根据每个学生的不同特点提供针对性的反馈和改进建议，有效推动学生的个性化发展。

2. 及时答疑与教学优化

教师迅速响应学生的学习疑问，将问题转化为宝贵的教学资源，不断更新和完善教学内容。同时，教师还根据学生的学习反馈灵活调整教学策略，构建"教、学、评、改"的良性循环，从而持续提升教学质量。

三、课堂活动的组织者与管理者

1. 科学组织与高效管理

在智慧课堂环境中，教师不仅是学生学习旅程的伙伴，更是课堂活动的总设计师和高效管理者。他们合理配置和调度教育资源，营造良好的课堂秩序和学习氛围，激发学生的学习热情，并帮助学生养成良好的自主学习习惯。这充分体现了教师在课堂教学设计与组织管理方面的卓越才能。

2. 智能化管理与教学效率提升

教师充分利用智慧教育平台的强大管理功能，实现对课堂活动的精细化、智能化管理。这大大提高了教学效率，确保智慧课堂教学流程的顺畅运行，为教学质量的稳步提升提供了有力保障。

综上所述，在教育数字化转型背景下的智慧课堂教学中，教师在引领自主学习、促进合作探究、精准评价学习成果、高效答疑解惑以及科学组织管理等多个方面发挥着重要作用。他们所扮演的多重角色共同构建了智慧教学高效、生动的生态环境，有力地推动着学生综合素质的全面提升和教学质量的持续改进。

第六节　智慧课堂的实践流程

一、技术与理念的深度融合

落实"131"智慧课堂教学五个环节，其核心是在课前、课中及课后的全过程中，将数字技术与新课标的理念紧密结合。具体操作步骤如下：

1. 课前阶段

（1）围绕核心素养目标，教师设计大单元整体教学方案，将知识转化为驱动性问题。鼓励学生主动发现问题，并引导他们提出解决方案，同时布置针对性的前置学习任务。

（2）运用数字课程及工具辅助教学

①教师制作包含音频解说、微课视频、虚拟实验等元素的数字课程，激发学生自主学习的兴趣。

②教师利用智慧教育系统实时追踪学生自学进度，通过推送测试题目来快速诊断学生的学习难点，为个性化备课和精准化教学提供准备。

③建立多元评价体系，结合教师评估和同伴互评方式检验学生的课前自主学习成效。

2. 课中阶段

（1）在学生课前自主学习的基础上，开展课堂讨论、交流互动和成果分享展示活动，强化小组合作学习。教师作为指导者适时答疑解惑、点拨引导，实现"教—学—评"一体化的教学过程。

（2）高效利用智慧教育平台技术资源

①开课之初，借助平台数据分析功能，反馈学生自主学习中存在的共性问题。

②在授课过程中，教师发布即时检测题，平台快速统计作答情况并大屏显示，帮助教师实时掌握学生对知识的掌握程度。

③综合应用智慧教育平台的音视频播放、模拟实验、AI智能工具、小组协作管理、倒计时、随机点名、抢答器、拍照上传等功能，优化课堂教学节奏和效果。

3. 课后阶段

（1）安排多元化课后学习任务

①分层布置作业，针对不同能力层次的学生因材施教。

②鼓励学习小组在课后继续发挥团队作用，组织策划项目化的合作学习任务。

③提供丰富多样的学习资源，包括校本作业和网络资源等，满足优秀学生探究式学习需求。

（2）充分利用课后智慧教育平台功能

①平台采用人工智能技术自动批改作业，全面收集学生学情数据并提

供详细分析报告给教师和学生。

②针对学生高频错误试题,教师制作有针对性的小视频讲解,通过平台定向推送给对应学生,减轻教师批阅作业和辅导的负担,并通过大数据构建学生学习画像,推动个性化教学策略实施。

③学生可在平台建立个人错题集,整理平时遇到的问题,以实现课后复习的精确聚焦,达到精细化教学目标。

④学生以小组形式在平台上开展课后项目的在线互动学习,并在各自的个人空间展示作品成果,增强互动性和成就感。

二、整体规划与分步实施教学设计

1. 一体化与分阶段的教学策划

一节课内,需要通过自主学习、合作探究和分享展示等环节完成整个问题导向式学习任务。根据具体的教学内容及学科特性,可灵活设计教学流程:既可以将全部任务浓缩在一节课中,一次性进行自主学习、合作探究和分享展示;也可以将这些环节拆分成多个阶段,按层次逐步推进,确保教学任务有序完成。如图 4.6.1 所示。

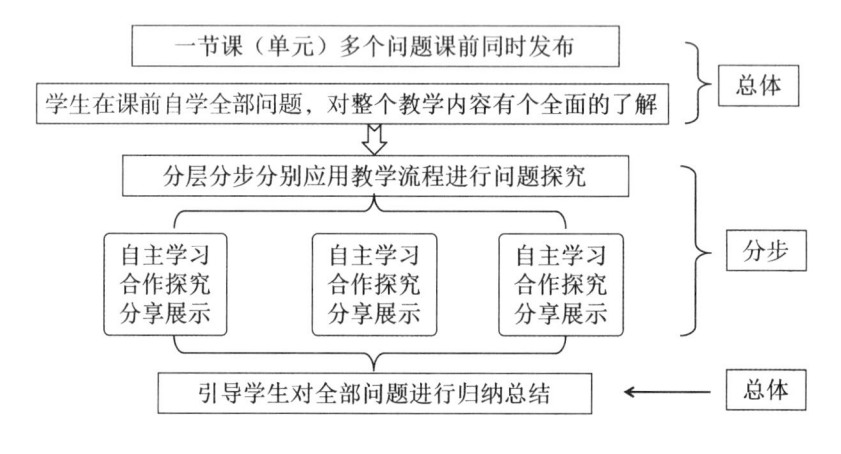

图 4.6.1

2. 结合实际创新应用模式

针对每个具体问题（或一组问题），均需经历自主学习、合作探究和分享展示这三个核心教学步骤。而在课堂实践中如何划分这些步骤，则应结合学科特点、学生的年龄特征以及教学内容的实际情况。这意味着可以灵活地采取两步走或三步走的方式，甚至在必要时，针对较大规模的自主学习与合作探究课题，可以用连续的两节课来完整执行一个教学周期——第一节课着重于自主学习和小组讨论探究，第二节课则充分展开分享展示和课堂练习。无论是一节课内分阶段还是整体性地实施教学流程，关键在于务必保证包含自主学习、合作探究和分享展示这三个不可或缺的组成部分，因为它们共同构成了一个完整的教学循环，有效促进学生的知识建构和能力提升。

三、数字化赋能课堂教学的力量

1. 数字化重塑课堂教学模式

传统课堂教学往往面临学生学习积极性不高、易分心等问题。数字化技术的引入，提供线上学习工具，更深度地改变了教学方式，重塑了课堂教学模式。通过数字化手段，可实现课前自主学习、课中互动讨论和课后个性化辅导，极大提升教学效果。

（1）课前自主学习的重要性

课前自主学习是课堂有效互动和深入讨论的基础。数字化技术为学生提供了多元化的学习资源，如微课、在线测试等，满足学生个性化学习需求，可提升课前自主学习效果。

（2）课中互动讨论的实现

数字化技术支持下的课堂可实现实时互动讨论，教师可根据学生课前学习情况调整教学内容，进行针对性教学。同时，通过数字化工具进行课堂互动，可激发学生的学习兴趣和积极性。

（3）课后个性化辅导的可能

数字化技术使得课后个性化辅导成为可能。教师可根据学生的学习情况录制讲解微课，直接推送给有需要的学生，实现精准高效的辅导。

2. 数字化技术的优势与价值

数字化技术在教育中的应用展现出巨大优势和价值。其快速便捷的信息传输和精准高效的统计分析能力为教育带来了革新。通过数字化技术，可实现教学资源的共享、教学过程的监控和教学效果的评估，有力支撑了教师的精准教学过程。

（1）教学资源共享

数字化技术使得教学资源得以共享，丰富了教学内容和形式。教师可通过网络平台上传和分享教学资源，满足学生的多样化学习需求。

（2）教学过程监控

数字化技术可实现教学过程的实时监控和反馈。教师可通过数字化工具了解学生的学习进度和问题所在，及时调整教学策略和方法。

（3）教学效果评估

数字化技术为教学效果的评估提供了有力支持。通过数字化测试、作业批改等方式，教师可全面了解学生的学习情况，为后续教学提供参考和依据。

3. 数字化与教育理念的深度融合

当先进的教育理念与数字化技术深度融合时，教育教学质量将得到显著提升。数字化技术为先进教育理念的实施提供了有力支撑和保障，使得教育教学更加符合时代发展和学生需求。通过数字化技术的赋能，课堂教学将焕发新的生机和活力。

学习思考讨论题参考答案

问题一：在智慧课堂环境下，教师应如何有效利用智慧教育平台和数字课程资源，以实现教学效率的提升和学生个性化评价？

参考答案

在智慧课堂环境下，教师需要充分利用智慧教育平台和数字课程资源，以提升教学效率和实现对学生的个性化评价。以下是几个关键点，教师可以在这些方面进行深入探讨和实践。

1. 智慧教育平台的应用

（1）教学效率的提升。教师应利用智慧教育平台中的互动课件和实时课堂监控工具，精确掌握学生的学习进度和理解情况，灵活调整教学策略。

（2）个性化评价的实现。通过平台收集学生的学习数据，如作业完成质量、课堂互动频次等，生成个性化的学习报告与反馈。

2. 数字课程资源的利用

（1）结构化、系统性资源的构建。教师应选择或制作结构化、系统性的数字课程资源，以支持学生的课前自主学习，为课堂教学打下坚实基础。

（2）线上线下融合的实现。利用数字课程资源实现不同教学场景间的无缝衔接，提升整体学习效果。

3. 智学包内容的整合与应用

（1）学习案的设计。教师应设计明确指导学生的学习策略、构建完整有序学习路径的学习案，将学科知识转化为具有驱动性的探究问题。

（2）微课视频的制作。制作内容紧凑精练、专门针对教学单元内重点、难点的微课视频，便于学生理解和吸收。

（3）教学附件与检测试题的配套。提供丰富的教学附件和适量的检测试题，辅助学生加深对知识的理解和掌握，反映学生的学习进展。

通过上述措施，教师可以有效地利用智慧教育平台和数字课程资源，提升教学效率，实现学生个性化评价，促进学生的全面发展。

问题二：在智慧课堂环境下，教师应如何指导学生进行有效的课前自主学习，以促进学生的主动探究能力和高阶思维能力的发展？

参考答案

在智慧课堂环境下，教师的指导对学生进行有效的课前自主学习至关重要。以下是几个关键点，教师可以在这些方面进行深入探讨和实践。

1. 自主学习的内涵与重要性

自主学习强调学生的主体性，鼓励通过独立阅读、分析、思考等方式实现学习目标，培养学生的信息搜集、新知获取、问题解决和交流协作的能力。

2. 时间安排与引导策略

教师应灵活安排自主学习的时间，并提供目标明确、策略得当的指导，将学科知识转化为驱动性问题，配备相应的数字课程资源和其他学习资料。

3. 将自主学习作为系统工程

教师应通过智慧教育平台发布智学包，引导学生围绕问题进行有针对性的自主学习，并通过平台上的测试题及同学间的互评功能全面检测学习效果。

4. 实施前置性自主合作学习

教师应设计具有深度和挑战性的驱动性问题，整合丰富的数字课程资源支持学生探究，并在小组内部建立积极的学习共同体环境。

5. 课前准备与自主学习的具体建议

新学期伊始，教师应指导学生准备多种颜色的笔和多个本子分类记录，细致讲解智慧课堂的教学流程，尤其是课前自主学习的具体步骤。

6.课堂内的自主学习环节

如果课前自主学习未达到预期效果，教师可以在课堂开始时安排"独学"环节，让学生在课堂上继续自学，为后续的小组交流和讨论做好准备。

通过上述措施，教师可以有效地指导学生进行课前自主学习，促进学生的主动探究和高阶思维能力的发展。

问题三：如何在智慧课堂中有效地实施课堂合作探究，以促进学生团队协作能力和问题解决能力的提升？

参考答案

在智慧课堂中，合作探究是提升学生团队协作能力和问题解决能力的重要教学策略。以下是几个关键点，教师可以在这些方面进行深入探讨和实践。

1.合作探究的意义

合作探究结合了合作、讨论、交流和探究，鼓励学生在小组活动中共同解决问题，培养团队协作和深入思考的能力。

2.合作探究的实施方法

（1）组建小组。合理搭配不同学习水平的学生，形成六人（或四人）学习小组，确保每位成员都有明确的角色和任务。

（2）构建激励机制。构建合作管理制度和竞争奖励机制，激励学生积极参与小组讨论和活动。

3."对学"阶段的实施

（1）面对面讨论。学生进行两两配对的"对学"，面对面地进行讨论交流。

（2）相互讨论自学中的问题。低声讨论自学过程中遇到的问题，为

"群学"阶段做准备。

4."群学"阶段的实施

（1）集体讨论。小组成员在组长带领下进行集体讨论，解决自学中的遗留问题，并准备展示讨论成果。

（2）角色分工。明确小组成员的角色分工，如领导者、记录员、检查员等，确保讨论的高效和有序。

5.学生行为规范的建立

学生应面对面坐好，保持课堂布局的合理性和舒适性，确保学生讨论的专注度和参与的积极性。

6.教师的指导与监督

（1）关注指导。教师应时刻关注学生的合作讨论，适时提供建设性建议，提高合作学习效率。

（2）课堂流程。教师应确保课堂流程自然顺畅，学生在讨论发言外保持安静，动作迅速且轻巧。

通过上述措施，教师可以有效地实施课堂合作探究，促进学生的团队协作能力和问题解决能力的提升。

问题四：在数字化转型的课堂中，分享展示的意义与价值体现在哪些方面？如何通过这一环节促进学生的全面发展？

参考答案

分享展示环节在数字化转型的课堂中具有多重意义与价值，对学生的全面发展起着至关重要的作用。以下是几个关键方面，教师可以在这些方面进行深入探讨和实践。

1.促进知识的内化与应用

（1）通过分享展示，学生能够将所学知识进行整合和表达，从而加深理解和记忆，实现知识的内化。

（2）实践应用。学生在分享展示中应用所学知识解决实际问题，可提升解决实际问题的能力。

2. 增强学生的自信心与自我表达能力

（1）自我展示。学生在分享展示中表达自己的观点和成果，有助于建立自信和提升自我价值感。

（2）口头表达。通过练习和反馈，学生能够提高口头表达和沟通能力，更加自信地在公众面前发言。

3. 培养团队合作与交流能力

（1）团队合作。在准备和进行分享展示的过程中，学生需要与团队成员合作，共同完成任务，培养团队精神。

（2）交流互动。分享展示环节鼓励学生之间的交流和互动，以提升他们的沟通技巧和协作能力。

4. 激发创新思维与批判性思考

（1）创新思维。分享展示鼓励学生探索新的表达方式和创意，激发他们的创新思维。

（2）批判性思考。在分享展示中，学生需要对他人的观点进行分析和评价，培养批判性思考能力。

通过上述措施，教师可以有效地利用分享展示环节，促进学生的全面发展。

问题五：在智慧课堂环境下，教师应如何有效地进行引导和评价，以促进学生的个性化学习和发展？

参考答案

在智慧课堂环境下，教师的角色和作用发生了显著变化，他们不仅是知识的传递者，更是学生学习过程的引导者、评价者和支持者。以下是几个关键方面，教师可以在这些方面进行深入探讨和实践。

1. 学习过程的引领者与指导者

（1）自主学习的引导。教师应设计富有趣味性的学习任务和资源，激发学生的自主探究兴趣，并在关键时刻提供方向性指导。

（2）合作探究的组织。教师应设计互动性强的学习任务，鼓励学生积极参与讨论，实现深度思维的碰撞，并确保小组讨论的深度和广度。

2. 学习成效的评估者与反馈者

（1）精准评估与反馈。教师利用智慧教育平台的数据分析功能，实时监控学生的学习表现，并提供个性化的反馈和改进建议。

（2）答疑与教学优化。教师应及时响应学生的疑问，将问题转化为教学资源，并根据学习反馈调整教学策略，构建良性的教学循环。

3. 课堂活动的组织者与管理者

（1）科学组织与管理。教师应合理配置教育资源，营造良好的课堂秩序和学习氛围，激发学生的学习热情，并帮助他们养成良好的自主学习习惯。

（2）智能化管理与效率提升。教师应充分利用智慧教育平台的管理功能，实现课堂活动的精细化和智能化管理，提高教学效率和教学质量。

通过上述措施，教师可以有效地在智慧课堂环境下进行引导和评价，促进学生的个性化学习和发展。

问题六：在智慧课堂环境下，教师应如何整合数字技术与先进教育理念，以实现高效、个性化的教学实践流程？

参考答案

智慧课堂环境下的教学实践要求教师将数字技术与先进教育理念深度融合，以促进学生的全面发展。以下是几个关键方面，教师可以在这些方面进行深入探讨和实践：

1. 技术与理念的深度融合

（1）课前准备。教师设计大单元教学方案，将知识点转化为驱动性问题，并利用数字化工具激发学生的自主学习兴趣。

（2）课中实施。教师在课堂上引导学生进行合作探究和成果分享，利用智慧教育平台的技术资源优化教学节奏和效果。

（3）课后巩固。教师安排多元化的课后学习任务，并利用智慧教育平台进行个性化辅导和学习成效评估。

2. 整体规划与分步实施教学设计

（1）一体化教学策划。教师根据教学内容和学科特性，灵活设计教学流程，确保包含自主学习、合作探究和分享展示的完整教学过程。

（2）创新应用模式。结合学科特点和学生特征，教师可以采取灵活的步骤划分，以适应不同规模的教学任务和课题。

3. 数字化赋能课堂教学的力量

（1）重塑课堂教学模式。数字技术通过提供课前自主学习资源、课中互动讨论和课后个性化辅导，改变了传统课堂教学模式。

（2）教学资源与过程监控。数字技术实现教学资源的共享和教学过程的实时监控，可提高教学效率和学生学习成效。

（3）教育理念与技术的融合。数字技术为先进教育理念的实施提供支撑，使得教育教学更加个性化、精准化，满足时代发展和学生需求。

通过上述措施，教师可以有效地整合数字技术与先进教育理念，实现高效、个性化的教学实践流程。

第五章
大单元教学设计及学习案

学习本章内容思考讨论回答下面问题：

问题一：在新课标指导下，如何进行有效的大单元教学设计，以促进学生的全面发展和核心素养的培养？

问题二：如何设计有效的课时学习案，以促进学生在智慧课堂中的问题化导向学习和核心素养的全面发展？

问题三：在智慧课堂环境下，教师应如何编写高质量的学习案，以确保教学活动符合新课标要求并促进学生核心素养的全面发展？

问题四：在新课标指导下，教师应如何设计不同类型的智慧课堂教学活动，以促进学生的主动学习和核心素养的全面发展？

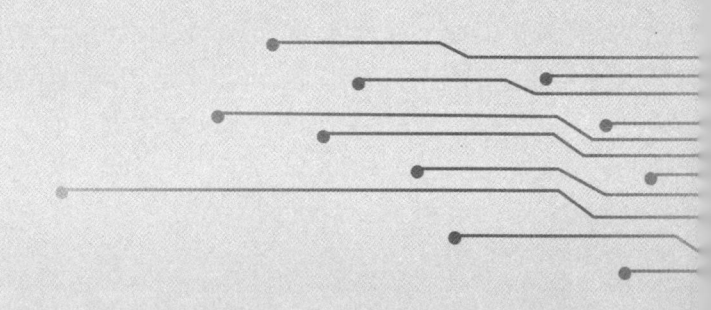

第一节　大单元教学设计概念

一、大单元整体教学设计

1. 整体化的大单元教学设计

（1）核心素养导向的单元设计理念

大单元教学设计以核心素养为教育目标导向，通过整体化的课程构建方法，强调问题解决的教学策略。要求教师在新课改理念指导下，对单元教学内容进行深度剖析，并设计出包含驱动性问题的教学方案，旨在引导学生发展高阶思维能力，全面提升核心素养。

（2）大单元教学设计的实施策略

大单元教学设计的实施需要教师通过团队合作或个人研究，运用问题化导向的学习方式，如研究性学习、直接学习、间接学习及深入讲解等，设计富有情感、项目性和实践性的教学活动。这样的教学活动旨在培养学生的高阶思维能力，并强化其核心素养的形成。

（3）实践能力与高阶思维能力的培养

大单元教学设计中的问题化导向学习将学科内、跨学科的相关知识有机地结合在一起，并尝试将这些知识应用于现实生活场景，建立知识间的内在逻辑结构。这种学习方式对帮助学生理解知识的价值、地位，以及掌握解决实际问题的方法具有特殊意义。通过情境模拟、项目实践、任务执行和探究式学习等丰富的实践活动，可以有效激发学生的好奇心，让他们热情洋溢地参与到学习探索之中。

2. 单元设计中的关键点——驱动性问题

（1）驱动性问题在教学中的作用

驱动性问题是指那些能够将复杂的本质问题转化成符合特定年龄段学生兴趣点的问题。将其融入吸引学生的情境中，可调动学生主动参与学习和探索的积极性。驱动性问题在教学中起到关键作用，它们不仅紧密围绕教学内容并紧扣教学目标，还能够引导学生自己发现问题，并鼓励他们自行设计解决问题的方案。

（2）设计驱动性问题的原则与策略

设计驱动性问题时，教师应确保问题紧密围绕教学内容并紧扣教学目标。教师可以直接提出问题，也可以引导学生自己发现问题，并进一步鼓励他们自行设计解决问题的方案。在解决问题的过程中，学生不仅需要依赖教材和其他数字资源，还要充分思考，不能只是浅尝辄止。教师要引导学生学会自主构建解决方案。

（3）学生的自主探索与知识应用

驱动性问题可使学生在解决问题的过程中，将抽象深奥的知识转化为一系列问题链，并在实际应用中建立知识间的内在逻辑结构。

有关驱动性问题应满足的条件参见第三章第四节的"驱动性问题"。

二、大单元教学设计要素

在进行大单元教学设计时，教师需要系统考虑多个要素，确保教学的连贯性和有效性。以下是对大单元教学设计要素的详细阐述：

1. 单元课程价值定位

明确单元课程在学科育人、单元育人及单元学习价值方面的定位，是教学设计的基石。

（1）学科育人价值

深入探讨学科在培养学生情感态度与价值观方面的独特作用，强调课程的思政功能。

（2）单元育人价值

分析本单元对学生全面发展的贡献，关注学生的知识、技能、情感等多方面的成长。

（3）单元学习价值

明确本单元学习在学生知识技能获取、思维能力提升等方面的具体意义，凸显学习的重要性。

2. 单元课程情境创设

合理的情境创设能够激发学生的学习兴趣，提升教学效果。

（1）学生学情分析

深入研究学生的个体差异、认知基础等，为精准教学提供依据。尤其要关注学生的最近发展区，以便精准定位教学起点。

（2）教材内容解读

深度剖析教材，提炼单元主题内涵，并与现实背景相结合，增强教学情境的真实性和吸引力。

（3）单元课时规划

科学规划课时分配，确保教学内容的连贯性和递进性。同时关注每个课时的教学密度与深度。

3. 单元课程目标设定

认真研读新课标和教材内容，根据新课标及教材内容设定单元学习目标。明确具体的目标是教学设计的指引。

（1）课程标准要求

参照新课标，明确学科核心素养要求，为单元学习目标设定提供方向。

（2）单元学习目标

紧密结合新课标，将单元内容具体化为易于操作和评价的学习目标。学习目标的设定要专注于培养学生的高阶思维，发展核心素养，培养学生应用学科知识解决实际问题的能力。

4. 单元课程内容梳理

清晰的内容结构和单元内容要点分析梳理，有助于学生形成系统的知识网络。

（1）课程内容结构

系统梳理教材的知识结构，形成逻辑清晰且富有层次的单元内容框架，有助于学生构建完整的学科知识网络。

（2）单元要点聚焦

突出单元教学的重点和难点，围绕这些关键点精心设计教学活动，能确保学生有效掌握并运用所学知识。

5. 单元课程实施策略

有效的实施策略是确保教学目标达成的关键。这一部分是实施智慧课堂教学过程的重要内容。

（1）核心素养导向实践

坚持以学生全面发展为核心，倡导实践性学习和跨学科整合。教师引导学生参与真实情境下的探究活动，经历从发现问题、分析问题到解决问题的完整过程，切实体验学科思想方法的实际应用，并强化知识与生活经验、社会实践的关联。

（2）情境任务驱动教学

在各个课时教学中，教师要设计多样化的、具有驱动性的情境任务（或系列问题），如项目化学习、深度讨论等，将这些情境任务（或系列问题）贯穿于整个教学过程中，从而激发学生主动学习的兴趣和潜能。

整个单元的实施过程要由各个精心设计的课时学习案串联而成。特别需要强调的是，课前深度自主学习的相关内容要充分体现在课时学习案的教学设计中。

6. 单元课程评价体系

科学的评价体系能够全面、客观地反映学生的学习成果。

（1）综合评价理念落实

秉持新课标倡导的学业质量综合评价原则，重视学生在日常学习过程中学科核心素养的动态发展，而非仅依赖期末考试成绩来评价学生表现。

（2）过程性评价融入教学

实现"教—学—评"一体化，通过预习检测、自主探究、课堂互动、反思总结、作业反馈等多个教学环节，采用教师评价、生生互评等多种形式开展多元化、立体化的评价，并借助技术手段辅助收集数据、量化评估结果。

7. 单元课程反思与总结

及时反思和总结有助于提升教学质量和促进教师专业成长。

（1）教师自我反思

教师需进行课前与课后的双重反思。课前反思整个单元设计理念、教育资源配置、预期教学效果及其与促进学生核心素养发展的契合度；课后则反思实际教学是否达成既定目标，针对不足之处及时调整优化。

（2）学生自主反思

课后鼓励学生对自己的学习历程进行深度思考与总结。例如，通过制作复习表格、绘制思维导图等形式记录学习心得，并上传至学习平台分享交流，以此推动同学间相互借鉴、共同进步，促进课堂教学效果的持续提升。

综上所述，大单元教学设计要素包括单元课程价值定位、情境创设、目标设定、内容梳理、实施策略、评价体系及反思与总结等方面。这些要素相互关联、相互支撑，共同构成了一个完整的大单元教学设计框架。教师在进行教学设计时需全面考虑这些要素，确保教学的系统性和有效性。

第二节　问题化导向的学习案

进行大单元教学设计，要根据新课标的要求，结合教学内容，对整个教学任务进行统一划分安排，最后落实到每个课时教学方案的实施中去。每个课时的教学方案称为学习案。

一、学习案概述

在新课标的指引下，大单元教学设计成为教学改革的重要方向。而作为这一设计的具体落实，每个课时的学习案显得尤为重要。学习案以学生为主体，以问题为引领，旨在更有效地促进学生的全面发展。

1. 学习案的本质与特点

学习案是现代教学专业性的体现，它强调学生的主体地位和问题解决能力的培养。在新课标的背景下，学习案将知识点转化为问题情境，通过学生的自主探究和教师的引导，实现知识的内化和能力的提升。

（1）教与学关系重塑

①学主教从：确保学生的自主学习权利，教师的教学活动应围绕并服务于学生的学习。

②先学后教：强调学生先自行探究，教师在此基础上进行引导和深化。

③以学定教：教师的教学决策应建立在深入了解学情的基础上，一切为了促进学生有效学习。

（2）学习案的定义

①学习案的基本概念

学习案，作为新课程改革理念下的产物，是针对大单元教学框架内各个具体课时而设计的一种教学方案。它建立在教师对教学内容深入分析和理解的基础之上，紧密围绕明确的教学目标进行构建。通过集体研讨或教师个人的精心策划，学习案融入了驱动性问题、情境化及项目化任务、探究性学习活动等丰富元素，旨在引导学生以问题为导向，开展实践性强的学习活动。

②学习案的核心目的与价值

学习案的核心目的在于提升学生的高阶思维能力，并有效地培养他们的核心素养。通过引导学生探究真实、复杂的问题，学习案不仅帮助他们掌握学科知识，更重要的是培养他们运用所学知识解决实际问题的能力。简而言之，学习案是大单元教学目标细化到每个课时的具体实施方案，它确保每节课都能高效地促进学生的全面发展与深度学习，是教学设计与实施中不可或缺的重要环节。

2. 当前教案存在的局限性

现行教案在设计与实施中常显露出以下不足：

（1）视角偏离学生中心

教案往往过于从教师角度出发，忽略了学生的主体地位。理想的教案应以学生为中心，像医生的处方以患者为中心一样，旨在确保学生真正学会，而非仅为应对检查。

（2）课时划分难以应对复杂问题

传统教案多按课时划分，这种划分方式在处理复杂、综合性问题时显得力不从心。教案设计需要转向大单元、整体化思维，而学习案正是在此基础上，对整个单元教学任务进行统筹安排后的课时教学方案。

（3）忽视学生的知识应用

传统教案更多地关注"教什么"和"如何教"，却较少考虑学生是否真正吸收知识，并能将其应用于实际。有效的教案应更注重学生的知识掌握情况与应用能力的培养。

3. 学习案的定位与功能拓展

（1）个性化学习路径设计

学习案应根据学生的兴趣、能力和学习需求，设计个性化的学习路径。这有助于学生在掌握必要学科知识的同时，发展自主学习和批判性思维能力，符合核心素养中强调的个性化发展和终身学习能力。

（2）促进深度学习和理解

学习案应引导学生通过探究性学习和项目式学习活动，深入理解学科概念和原理。这种深度学习方式有助于学生形成系统化的知识结构，培养其分析问题和解决问题的能力，这与核心素养中的高阶思维能力培养相一致。

（3）激发创新思维和实践能力

学习案应包含创新性任务和实践性项目，鼓励学生运用所学知识解决实际问题。通过这种实践活动，学生能够在真实或模拟情境中锻炼创新思维和实践操作能力。

（4）强化合作与交流技能

学习案应设计合作学习任务，促使学生在小组合作中交流思想、分享知识、解决问题。这种合作学习不仅有助于学生建立良好的人际交往关系，还能够培养他们的团队协作精神和社会责任感。

（5）利用智能技术进行学习监测与反馈

学习案应结合智慧课堂的智能技术，如人工智能和大数据分析，对学生的学习行为和成果进行实时监测和评估。这种智能反馈能够帮助学生及时了解自己的学习状态，调整学习策略，同时也为教师提供了精准的教学支持，确保教学活动更加贴合学生的实际需求。

学习案是智慧课堂教学中促进学生核心素养全面发展的重要工具，有助于实现新课标理念下的教育目标，推动教育数字化转型的深入发展。

二、课时学习案设计要素

在设计课时学习案时，教师需要确保每一课时都紧密地融入大单元的教学框架中，同时又要体现出其独特的教学价值和目标。以下是课时学习案设计的基本要素：

1. 教学理念明确

根据新课标和本课时的具体内容，教师应提炼出与大单元教学设计相一致的教学理念，确保教学活动能够紧密围绕培养学生的核心素养展开。教师还需要结合十八个基本要点，识别出本课时的关键培养点，并在教学过程中予以贯彻落实。

2. 教材分析深入

教师需要全面深入地分析教材内容，从宏观层面上梳理出知识体系的内在联系，从微观层面上把握每个知识点的实质及其与其他知识点的衔接。此外，教师还应明确本课时在单元中的位置和作用，以及如何与前后知识点进行顺畅的过渡。

3. 教学目标设定

教师应设定具有针对性和可操作性的课时教学目标，这些目标既要符合单元整体规划的要求，又要贴近本课时的内容特点和学生的实际情况。通过实现这些目标，促进学科价值、育人目标和核心素养发展的有机结合。

4. 精准学情分析

了解学生是有效教学的前提。教师需要通过学情分析，全面掌握学生的实际水平、兴趣所向和个体差异。这些信息将直接影响教学起点的确定和教学策略的选择。通过精准的学情分析，教师可以为不同需求的学生量身定制合适的学习路径和个性化的辅导方案。

5. 教学过程细化

教学过程作为学习案的核心环节，其设计应结构完整、层次递进，从启发引导逐步过渡到问题探究，最终实现知识的应用与实践。以下是教学过程设计要点：

（1）学习方法指导的融入

在教学过程中，教师应有意识地引导学生掌握有效的学习方法。特别是针对自主学习，教师可以提供具体的学习策略，如如何制订学习计划、如何进行时间管理、如何记笔记等。通过具体的方法指导，帮助学生逐步学会独立获取、理解和运用知识，培养自主学习能力。

（2）问题驱动式学习的实施

为了激发学生的学习兴趣和探究欲望，教师应设计贴近学生生活经验和认知水平的问题。这些问题应具有引导性和启发性，能够引发学生的好奇心和思考。通过问题的设置，引导学生进行深入探究，培养他们的问题解决能力和批判性思维能力。

（3）全周期学习流程的规划

为了确保学习的连贯性和完整性，教师应将学习活动拓展到课前、课中、课后三个阶段。课前阶段，教师可以布置自主学习任务，引导学生提前了解学习内容；课中阶段，通过交流讨论、分享展示等学习活动帮助学生掌握知识和技能；课后阶段，教师布置巩固练习和拓展任务，促使学生进一步巩固所学并拓展应用。每个阶段都应设置明确的学习目标和任务，并提供及时的反馈和指导，确保学生在整个学习过程中都能得到有效的支持和帮助。

（4）注重课前深度自主学习

课前深度自主学习是确保课堂教学效果的关键环节。在设计这一部分时，教师需要细致考虑以下三个方面：

①学习内容的明确

首先，教师应清晰指出学生需要自主学习的内容，确保学生对学习范围有明确的认知。为了引导学生深入思考，教师可以提出一系列具有引导性和启发性的驱动性问题。这些问题应围绕课程的核心知识点和所需掌握的技能提出，激发学生的好奇心和探索欲望，为他们指明自主学习的方向。

②学习资源的提供与利用

在明确学习内容后，教师应为学生提供丰富多样的数字课程资源，如教学视频、在线讲座、互动练习和模拟实验等。这些资源应既能满足学生的学习需求，又能激发他们的学习兴趣。同时，教师还应详细指导学生如何高效利用这些资源，如制订个性化的学习计划、记录关键知识点和学习心得等。此外，鼓励学生组建学习小组，发挥集体智慧，通过组内讨论和协作共同解决学习难题，提升学习效果。

③学习效果的检测与评估

为了确保课前自主学习的效果，教师需要采用多种方式对学生的学习成果进行检测和评估。例如：设置在线测试题来检验学生对基础知识的掌握情况；通过同伴互评活动来培养学生的批判性思维和合作能力；定期抽查，及时了解学生的学习进度和遇到的困难，为他们提供及时的反馈和个性化的辅导。通过这些评估方式，教师可以更全面地了解学生的学习状况，为后续课堂教学提供有力的支撑。

（5）教学反思的及时性

教学反思是教师和学生共同参与的过程。在完成教学设计后，教师需要审视其设计是否符合新课标的理念和核心素养培养目标的要求。在实际授课结束后，更要及时记录个人的感想和体会以及学生的反馈意见，反思教学方案中的不足之处并尽快做出调整与完善。同时鼓励学生对整个学习过程进行总结与反思，思考自己有哪些收获、还存在哪些疑问或挑战等，以便今后能够更好地进行针对性学习和提升。特别是在一个单元学习告一段落后，要求学生能够对所学知识进行归纳总结和拓展延伸，如通过撰写学习报告或绘制思维导图等形式来巩固所学知识和提升思维能力。

综上所述，每一节课的学习案设计都是实现大单元教学目标的重要一环。教师在设计学习案时，要将大单元教学设计的指导思想和策略细化到每节课的实施中，既要保持教学的连贯性和系统性，又要充分考虑每节课的特殊性和实际效果，确保每个学生都能在学习过程中获得最大程度的发展。

三、学习案设计中的关键问题解析

1. 知识的有效问题化

在学习案设计中，问题的设计是至关重要的环节。其核心理念在于将知识内容转化为具有引导性和启发性的问题，从而激发学生的自主探索欲望。要避免将教材内容简单转化为习题，或机械地复制教辅材料，因为这样做可能会导致学生仅限于对照答案抄写，使课堂变得单调乏味，失去了应有的思考和探究过程。以下是知识问题化的五大要点：

（1）趣味性与相关性相结合

设计问题时，应充分考虑学生的兴趣点和生活经验，确保问题既有趣又与学生的实际生活紧密相关。通过将抽象的知识点与学生熟悉的情境相联系，可以提高学生的参与度和学习动力。

（2）结构化与层次性并重

问题设计应体现知识结构的层次性，从基础概念到复杂应用，逐步引导学生深入理解。同时，问题应具有逻辑性和连贯性，帮助学生构建完整的知识体系。

（3）适度挑战与可达成性平衡

问题难度应适中，既能够激发学生的挑战欲望，又不至于让学生感到沮丧。设计问题时，应考虑到学生的认知水平和已有知识，确保学生在教师的引导下，通过努力能够解决问题。

（4）明确导向与开放探索相结合

问题应具有明确的导向性，帮助学生聚焦核心知识点和关键技能。同时，应鼓励开放性探索，允许学生从不同角度思考问题，提出多元化解决方案。

（5）多样性与个性化相融合

问题设计应考虑到学生的多样性，提供不同类型和风格的问题，以适应不同学生的学习风格和偏好。同时，应鼓励个性化思考，允许学生根据自己的理解和创意提出独特的答案。

在知识问题化设计过程中，教师应避免过度依赖标准化习题，而是应创造性地将知识点转化为能够引发深入讨论和思考的问题。通过这种方式，学习案能够更好地促进学生主动学习、发展批判性思维和创新能力，从而有效地支持核心素养的培养。

2. 小组合作探究的有效策略

在设计问题后，为了确保知识的系统化和深入理解，教师应采取有效策略促进小组合作探究。

（1）全面参与与平等讨论

确保每个学生在小组讨论中都有平等的发言机会，鼓励他们积极提出自己的观点和疑问。教师可以通过设计多元化的问题，激发学生思考，使每个学生都能在小组内找到适合自己的参与方式。

（2）分工合作与角色轮换

在小组合作中，明确分工并定期轮换角色，让每个学生都有机会承担不同的职责，如记录员、发言者、质疑员等，这有助于培养学生的责任感和团队精神。

（3）问题分配与个性化挑战

根据学生的个体差异和认知水平，合理分配问题，确保每个学生都能在小组合作中找到合适的挑战。对于基础较好的学生，可以提供更深入或拓展性更强的问题，以促进他们高阶思维能力的发展。

（4）互动反馈与持续改进

在小组展示和讨论环节，教师应提供及时的反馈，引导学生进行自我评价和同伴评价。同时，鼓励学生根据反馈进行持续改进，优化小组合作策略和学习成果。

（5）创新实践与成果分享

鼓励学生在小组合作中进行创新实践，如设计实验、进行调查研究等，并将成果以多种形式在课堂上进行展示和分享。这样的实践活动不仅能够加深学生对知识的理解，还能够提升他们的实践能力，增强创新意识。

通过实施上述优化策略，小组合作探究将更加高效和有成效，有助于培养学生的批判性思维、团队协作和解决问题的能力，从而更好地支持核心素养的培养和新课标理念的实施。

3. 小组问题探究的有效实施

在智慧课堂教学中，小组问题探究是激活学生学习动力、培养核心素养的重要环节。为了提高小组探究的有效性，以下是一些经过优化的实施策略：

（1）选择探究内容的艺术

精心筛选适合探究的知识点，优先选择那些能够引发深入讨论、具有多种可能答案的问题。这些问题应当能够引导学生探索知识的深层含义、原理的应用以及跨学科的联系，从而促进学生的批判性思维和创新能力的发展。

（2）设计多样化的问题形式

在问题设计时，我们应尽量避免过于单一封闭的题型，如填空题、选择题、判断题等。而应采用更多开放性的问题，如案例分析、问题解决、设计挑战等。这样的问题能够鼓励学生从多个角度思考问题，提出创新的解决方案，并在小组内部进行充分的交流和讨论。

（3）创设智慧教学情境

利用数字化工具和资源，创设贴近学生生活、富有时代感的教学情境。例如，通过虚拟现实（VR）技术模拟实验环境，或者利用在线平台进行角色扮演和协作任务。这样的情境能够增强学生的学习动机，提高他们的参与度和实践能力。

（4）个性化与分层探究

根据学生的能力水平和兴趣，设计不同难度的问题和任务，确保每个学生都能在自己的水平上得到挑战。同时，鼓励高水平学生进行更深层次的探究，为他们提供拓展和深化学习的机会。

（5）促进小组内外的互动

在小组合作探究中，鼓励学生之间的互助与合作，同时开展小组间的交流和评价。教师可以通过随机分配问题、组织辩论和展示等方式，促进学生之间的互动和知识的共享。

（6）反馈与持续改进

在小组探究活动结束后，教师应提供及时的反馈，帮助学生总结经验、反思过程，并指导他们如何改进。同时，还应鼓励学生根据反馈进行自我调整，不断提升探究的质量和效果。

教师在设计和实施小组探究活动时，应不断探索和创新，以确保教学活动与新课改的目标相契合，为学生在数字化转型的智慧课堂中的成长提供有力支持。

第三节　学习案编写规范与要求

高质量的学习案是智慧课堂教学改革的核心。在数字化转型的背景下，学习案更应专注于培养学生的高阶思维能力和核心素养。以下是学习案编写的具体规范与要求：

一、编写前的准备工作

为确保学习案的实效性和教学质量，教师需在编写前做好充分准备：

1. 精准的学情分析

利用数字化工具和平台进行深入的学情调研，全面掌握学生的学习基础、知识掌握情况、能力水平以及兴趣点。通过数据分析，为学习案的设计提供针对性的指导，确保其能够切实提升学生的核心素养。

2. 透彻的课程标准与教材研究

深入理解课程标准的要求和教材内容，结合数字化教学的特点，明确学习案的教学目标。合理安排学习内容，确保学习案与新课标的核心素养培养要求相一致。

二、学习案编写流程

教师应遵循一定的流程来编制学习案，以提高其质量和教学效果：

1. 个人初稿与集体研讨结合

（1）个人初稿

每位教师基于学情调研和课标、教材研讨的结果，独立完成学习案的初步编制。在初稿中应注重融入数字化转型的理念和方法，如利用数字化资源、创设智慧化学习情境等。

（2）集体研讨

备课组成员共同审议初稿，集思广益，形成全体认同的共案。在研讨过程中，应重点关注学习案是否符合数字化转型的课堂教学要求，是否有助于培养学生的高阶思维能力和核心素养等。

（3）个性化调整

每位教师根据自己的教学风格和班级特点，在共案基础上进行个体化的修改和补充。在调整过程中，应注重保持学习案的整体性和一致性，同时体现个人的教学特色和创新点。

（4）反思修订

课堂教学实践后，教师进行课后反思和总结。针对教学效果和学生的学习情况，对个案进行修订和完善，并存档或上传至智慧教育平台，以供今后参考和共享使用。

2. 集中研讨后执笔撰写

备课组经过集体深入讨论后，由一位主备教师根据讨论成果撰写学习案。主备教师需关注数字化教学的最新发展，将创新理念和数字技术融入学习案中，并在完成后与全体教师共享，以便统一管理和应用。

通过遵循上述规范和要求，学习案将成为促进学生主动学习、发展核心素养的有效工具。教师在编写学习案时，应不断探索和创新，确保教学活动与新课改目标相契合，为学生在数字化转型的智慧课堂中的成长提供有力支持。

三、学习案的具体要求

1. 目标明确

学习案应明确具体的学习目标，包括知识掌握、能力提升和核心素养培养等方面。目标应具有可操作性和可评价性，便于教师和学生共同把握和实现。

2. 内容精选

学习案应紧扣课标和教材要求，结合学生的实际情况进行精选和设计。内容应具有典型性、代表性和拓展性，能够满足不同层次学生的需求。

3. 问题导向

学习案应以问题为导向，通过设计具有挑战性和探究性的问题情境，激发学生的学习兴趣和探究欲望。问题应具有层次性和开放性，能够引导学生逐步深入思考和探究。

4. 活动多样

学习案应设计丰富多样的学习活动，包括个人自学、小组合作、交流讨论、分享展示、实践操作等多种形式。活动应具有互动性和趣味性，能够让学生在轻松愉快的氛围中主动学习、乐于探究。

5. 评价科学

学习案应设计科学合理的评价体系，包括过程性评价和终结性评价两个方面。评价应具有针对性和激励性，能够全面客观地反映学生的学习情况和成长进步。同时，评价还应注重反馈和指导作用，帮助学生及时发现问题并改进提高。

第四节　几种课型的课堂教学设计

一、新授课的课堂教学设计

1. 课前引导：自主学习与问题驱动

（1）教师准备：设计驱动性问题，配套数字课程资源

①教师结合课程内容，设计一系列具有引导性的驱动性问题。

②准备与问题相对应的数字课程资源，如微课视频、互动问答等。

③通过教育平台提前发布，引导学生课前自主学习和探索。

（2）学生自学：完成任务，反馈疑难点

①学生利用数字课程资源自学，尝试解答驱动性问题。

②完成在线测试或问卷，反馈对新知识的理解程度和存在的疑问。

2. 课堂互动：合作探究与成果展示

（1）难点梳理：教师解答疑惑，确保基础概念清晰

针对学生反馈的难点和疑问，教师进行简要梳理和解答。

（2）小组合作：深度探讨，教师实时指导

①学生分组围绕驱动性问题进行深入讨论和探究。

②教师巡视各组，提供必要的指导和帮助。

（3）成果展示：多元评价，激发积极性

①随机选取小组进行成果展示，包括解决方案、案例分析等。

②其他小组进行评价和补充，形成多元互动的课堂氛围。

③设计评分机制，对表现优秀的小组给予奖励。

3. 课后巩固：个性化作业与线上交流

（1）个性化作业：针对反馈，布置差异化任务

①根据学生的课堂表现和反馈，教师布置个性化的巩固作业。

②利用学习管理系统自动批改和生成学情报告。

（2）线上交流：分享心得，形成互助氛围

①鼓励学生利用线上平台进行交流和学习分享。

②教师定期参与讨论，为学生提供持续的学习支持。

4. 反思提升：自我评价与教学调整

（1）学生反思：记录收获，规划下一步学习

①引导学生进行自我反思和总结，记录学习收获和困惑。

②规划下一步的学习计划和目标。

（2）教师评估：全面评价教学效果，动态调整策略

①教师对整个课堂教学过程进行全面评估。

②根据评估结果和学生的反馈，动态调整教学策略和课程资源。

二、实验课的课堂教学设计

在实验课的课堂教学设计中，教师需精心准备，确保学生能够在课前通过自主学习和虚拟实验充分准备，以便在课堂上高效地进行实验操作和探究。

1. 课前准备：自主学习与虚拟实验

在课前准备阶段，教师需针对验证性实验和探究性实验的不同特点，设计相应的自学策略和课程资源，以引导学生进行有效的自主学习。

（1）发布资料：详尽的实验前学习资料包

①教师提前准备实验器件介绍、基本原理讲解等资料，确保学生了解实验器件和实验所需的基本知识。

②发布实验操作视频教程和虚拟实验软件，供学生进行预习和模拟操作。

（2）学生自学：多元化方式熟悉实验内容

①学生通过观看视频教程、使用虚拟实验软件等方式进行预习，初步掌握实验操作流程和注意事项。

②完成预习测试，以检验自己对实验内容和基本原理的理解和掌握程度。

（3）针对性自学策略

根据实验类型，教师应指导学生采取不同的自学策略：

①验证性实验自学策略

A.明确实验目的和原理：引导学生深入理解要验证的科学原理或定律，明确实验目标和预期结果。

B.熟悉实验步骤：通过观看视频教程或阅读实验指导，熟悉实验操作流程和关键步骤。

C.思考验证方法：鼓励学生思考如何通过实验数据和现象来验证科学原理或定律。

②探究性实验自学策略

A.提出探究问题：引导学生根据实验主题提出具体、明确的探究问题，激发探究兴趣。

B.设计实验方案：鼓励学生独立设计实验方案，包括实验步骤、数据记录和分析方法等。

C.预测实验结果：要求学生根据已有知识和经验，对实验结果进行初步预测和假设。

（4）多样化的自学资源辅助自主学习

为了帮助学生更好地进行自主学习，教师可以提供以下自学资源：

①实验指导手册：包含实验目的、原理、步骤和注意事项等详细信息，供学生查阅和参考。

②视频教程：展示实验操作过程和关键步骤，帮助学生建立直观印象。

③虚拟实验软件：提供模拟实验环境，供学生进行预习和模拟操作，熟悉实验流程和数据采集方法。

（5）设置课前思考题引导深入探究

教师可以设置一些课前思考题或启发性问题，引导学生深入思考实验内容和探究方法。例如：

①对于验证性实验，可以提问：这个实验要验证的科学原理是什么？如何通过实验数据和现象来验证这个原理？……

②对于探究性实验，可以提问：你希望通过这个实验解决什么问题？你的实验方案是怎样的？你预测的实验结果是什么？……

通过以上自学策略和资源的支持，学生可以更加有效地进行课前自主学习，为实验操作的顺利进行打下坚实基础。

2. 实验操作：现场指导与数据采集

在实验操作阶段，教师需进行现场指导，确保学生安全、高效地完成实验，并实时记录和分析实验数据。

（1）现场指导

在配备智能化设备的实验室中，教师现场指导学生进行实验操作，解答学生在操作过程中遇到的问题和困惑。对于高风险或无法实地开展的实验，教师可以利用虚拟现实（VR）、增强现实（AR）技术模拟实验环境，提供虚拟实验指导。

（2）数据采集

学生利用数据采集工具实时记录实验数据，确保数据的准确性和完整性。同时，教师可以使用数据分析软件进行整理和分析，帮助学生得出科学结论。

3. 总结反思：撰写报告与互动交流

在实验结束后，教师需引导学生进行总结反思，撰写完整的实验报告，并组织互动交流活动。

（1）撰写报告

学生回顾实验步骤和数据采集过程，撰写完整的实验报告，包括实验目的、原理、步骤、数据分析与结论等部分。报告需体现学生对实验内容的深入理解和思考。

（2）互动交流

教师利用在线讨论区或课堂时间组织学生进行实验成果的分享和交流活动。学生可以互相评价实验成果，提出改进建议，促进深度学习和同伴互助。

4. 教学反馈：全面评估与动态调整

在实验课的教学过程中，教师需对学生的学习成果进行全面评估，并根据反馈进行动态调整。

（1）全面评估

教师根据学生在实验操作中的表现、数据分析的质量以及实验报告的撰写情况全面评估学生的学习成果。评估结果可以作为后续教学改进的依据。

（2）动态调整

教师收集学生的反馈意见和学习效果数据，对实验教学进行改进和优化。同时，关注新技术在实验教学中的应用和发展趋势，推动实验教学的创新与发展。通过不断调整教学策略和课程资源，以满足学生的学习需求和提升实验教学的效果。

三、试卷讲评课的课堂教学设计

1. 课前准备：自主诊断与错题交流

（1）发放试卷：确保及时获取答题情况

教师及时发放批改后的试卷，保证学生能及时了解自己的答题情况，为后续的自主诊断和交流讨论做准备。

（2）自主诊断：对照答案分析错题原因

学生对照正确答案自主分析错题原因，标记出不懂或疑惑之处，为课堂互动环节做好准备。

（3）错题交流：小组内讨论共性问题

学生在小组内交流错题，共同讨论共性问题及疑惑之处，尝试相互解答，提炼出需要教师重点讲解的题目。

（4）汇总反馈：上传重点题目至教育平台

每个小组汇总出需要教师重点讲解的题目编号，并上传至智慧教育平台，供教师整合和课堂讲解使用。

2. 课堂互动：疑难解析与深度研讨

（1）疑难解析：教师集中讲解重点题目

教师整合学生提交的重点题目，在课堂上进行集中讲解，确保学生能够理解和掌握相关知识点。

（2）学生讲解：鼓励学生上台展示解法

鼓励学生代表上台讲解题目，展示解题思路和步骤，形成积极互动的学习氛围。

（3）深度研讨：全班辨析拓展问题

组织全班对各小组提出的拓展问题进行深度辨析和讨论，引导学生多角度剖析问题，形成多元解决策略。

（4）实时互动：利用技术手段增强课堂效果

利用智能白板、投票工具等技术手段增强课堂互动，让学生充分参与到问题的解决过程中，锻炼其表达能力和批判性思维能力。

3. 课后巩固：个性辅导与反思总结

（1）个性辅导：针对问题提供精准指导

教师根据学生的学习情况和课堂表现，提供个性化的辅导和答疑，帮助学生解决学习中遇到的困难。

（2）反思总结：巩固知识提升解题能力

鼓励学生在课后继续对错题进行反思和总结，巩固所学知识，提升解题能力。同时，要求学生整理课堂笔记和思维导图，形成完整的知识体系。

（3）追踪进展：提供个性化学情报告

利用智慧教育平台追踪记录学生的学习进展和课堂参与情况，生成个性化学情报告，便于学生了解自己的知识盲点和进步空间。

试卷讲评课的教学设计注重学生的自主学习、互动交流和个性发展。课前准备阶段的自主诊断与错题交流，可激发学生的自主学习意识；课堂互动环节的疑难解析与深度研讨，可加深学生对知识点的理解；课后巩固阶段的个性辅导与反思总结，可促进学生知识的内化和能力的提升。整个教学设计以学生为中心，可有效促进学生积极参与和深度学习，为他们的全面发展奠定坚实的基础。

四、复习课的课堂教学设计

1. 课前预热：知识回顾与思维导图

（1）知识回顾：发布复习提纲与重点

教师在课前需制订详细的复习计划，明确复习的主题和目标，并准备相关的资料和工具。复习提纲应包括本节课的重点、难点以及易错点，以引导学生有针对性地回顾所学内容，构建知识框架。

（2）思维导图：自主制作与小组共享

学生利用思维导图工具自主整理知识点，将各个概念之间的关系清晰地呈现出来。通过自主制作思维导图，学生可以加深对知识的理解和记忆。同时，在小组内共享思维导图，可以促进学生之间的合作与交流，整合形成全组共识的高质量思维导图。

2. 课堂深化：展示分享与全面评价

（1）展示分享：各小组思维导图大比拼

各小组讨论后将最终形成的思维导图进行展示和分享，全班共同评选出优秀作品。通过展示分享，可以激发学生的学习兴趣和竞争意识，促进学生之间的互动与学习。

（2）全面评价：补充完善与共同构建

全班同学针对思维导图的每个分支内容进行补充和完善，通过实时编辑、拓展，共同构建一个全面系统的知识网络。全面评价可以帮助学生发现自己的不足之处，及时进行补充和完善，提高学习效果。

3. 课后拓展：总结内化与能力应用

（1）总结内化：知识点回顾与巩固

学生整理课堂笔记和思维导图，对所学知识进行进一步的消化和吸收。通过总结内化，学生可以将所学知识转化为自己的知识储备，提高学习效果。

（2）能力应用：拓展任务与实践运用

教师布置拓展任务和练习题，引导学生将所学知识应用于实际情境中，提升解题能力和实践应用能力。通过应用，学生可以将所学知识与实际问题相结合，培养解决问题的能力。

整个复习课设计注重知识梳理与学生能力提升。课前知识回顾与思维导图制作帮助学生形成清晰的知识框架，课堂展示分享与全面评价可完善知识体系，课后总结内化与能力应用可巩固知识，培养实践应用能力。整个设计以学生为中心，提升复习效果和学习体验，为学生未来的学习做好准备。

五、一节语文新授课的智慧教学赏析

请扫描右方二维码观看完整的课堂教学实录。

本案例中语文新授课的教学设计紧密结合新课标，以学生为中心，突出问题化学习，并通过数字化技术手段全面赋能教学过程。设计者精心打造了一个高效、互动、启发性的学习环境，实现了知识与能力的有机结合，全面提升了学生的语文学科核心素养。

1. 教学设计与新课标的深度融合

本案例中语文新授课的教学设计充分体现了与新课标的深度契合，其核心理念以学生为主体，以问题化学习为主线，借助数字化技术手段赋能教学全过程，旨在全面提升学生的学科核心素养。设计者深谙新课标倡导的"以人为本，倡导人的全面发展"的教育理念，成功构建了一个高效、互动、启发式的学习环境，实现了知识传授与能力培养的有机统一。

2. 课前引导：问题化学习与数字课程资源的有机结合

在课前预习阶段，教师匠心独运地将课程内容转化为一系列具有挑战性和引导性的驱动性问题，旨在激发学生的好奇心与探索欲望，驱动他们自主探究。配套的数字课程资源，如精心制作的微课视频与互动问答模块，不仅提供了丰富的学习素材，还通过即时反馈机制帮助学生自查知识掌握情况，精准定位认知难点。这种设计有效地提高了学生课前自主学习

的积极性与效率，为课堂深度讨论奠定了坚实基础。

3. 课堂互动：深度研讨与个性化指导的交融

课堂互动环节展现了教学设计的亮点。教师精准回应学生课前反馈的问题，通过针对性的答疑解惑确保关键概念的清晰传递。小组合作学习的设置鼓励学生围绕驱动性问题展开深度研讨，教师适时介入，引导学生运用批判性思维解决问题，强化了探究式学习的实效。多元化的成果展示与互评体系，不仅激发了学生的创新意识，提高了学生的表达能力，还通过互动交流提升了课堂的整体活跃度与学习效果。

4. 课后巩固：个性化作业与智能管理系统的协同助力

课后巩固阶段教学设计突显了因材施教原则。个性化作业的设计兼顾学生的个体差异，既满足了不同层次学生的学习需求，又通过智能化学习管理系统实现了作业的自动化批改与详尽学情报告生成，使得教师能够精确把握每个学生的学习进度与问题所在，进而提供精准辅导。线上交流平台的搭建进一步拓展了学习空间，鼓励学生分享心得、互帮互学，形成积极向上的学习社群，教师的积极参与则确保了课外学习的有效支持与持续激励。

5. 反思提升：教学相长与持续优化的教学闭环

反思提升环节教学设计注重培养学生自主反思与规划的能力，引导学生对学习过程进行深度思考与总结，有助于内化知识、提升元认知水平。同时，教师对教学全过程进行全面复盘，基于学生反馈持续调整、优化教学策略与课程资源分配，彰显了教学相长的精神以及对教学质量精益求精的专业追求。这种闭环式的教学反思机制，确保了教学活动始终与学生实际需求保持同步，有力推动了教学效能的不断提升。

综上所述，本案例中语文课的教学设计堪称新课标理念与教育数字化要求在实践中的典范。它巧妙融合数字化技术与问题化学习策略，全面激活学生的学习潜能，深度践行了"以人为本，倡导人的全面发展"的教育理念，有力推动了学生核心素养的培养，为实现高质量的语文教学树立了新的标杆。

六、一节化学复习课的智慧教学赏析

1. 课程开场：传统复习的革新尝试

（1）传统之困：复习课的瓶颈与期待

长久以来，复习课往往陷入机械重复与单调记忆的困境。学生对知识点的掌握停留在表面，缺乏深入理解与实际应用。教师则苦于无法有效激发学生的学习兴趣与积极性，导致复习效果不佳。因此，对传统复习模式进行革新，探索更加高效有趣的复习方法，成为当前教学的重要任务。

（2）案例亮点：智慧课堂复习课的实践与突破

请扫描右方二维码观看完整的课堂教学实录。

本案例中的初三化学复习课，教师巧妙地运用了智慧课堂教学策略，通过角色扮演与情境模拟游戏，将枯燥的知识点转化为生动的课堂活动。学生在参与中体验学习的乐趣，教师在引导中提升教学的效果。这一实践不仅成功突破了传统复习课的瓶颈，更为今后智慧课堂的复习课教学提供了有益的借鉴。

2. 智慧策略：游戏化的复习体验

（1）知识点梳理：清晰明确的复习目标

课前，教师精心编制了知识点复习指南，帮助学生梳理出酸、碱、盐性质的核心要点。学生则根据指南进行自主复习，为课堂活动的顺利开展做好铺垫。

（2）角色扮演游戏：生动有趣的情境模拟

在课堂上，教师设计了以酸、碱、盐性质为主题的角色扮演游戏。学生分组扮演酸、碱、盐等不同类型的角色，通过实验操作、投屏演示、讲

解分享等方式，展示各自所代表物质的性质及转化关系。游戏化的复习方式让学生在轻松愉快的氛围中加深对知识点的理解与记忆。

（3）全员参与：充分发挥学生主体性

在整个课堂活动中，教师始终坚持以学生为中心的教学理念，通过小组合作、角色扮演等方式，确保每个学生都能积极参与到课堂互动中。同时，教师还鼓励学生进行自我评价与相互评价，培养他们的批判性思维能力与自主学习能力。

3. 角色解读：教师引领学生绽放光芒

（1）教师角色：精准指导与深度参与

在本节复习课中，教师不仅提供了精准的知识点梳理与复习指南，还在课堂活动中扮演了导演与指导者的角色。教师精心策划每一个环节，确保游戏的顺利进行；同时密切关注学生的表现与反馈，及时给予针对性的指导与建议。教师的深度参与为课堂注入了活力，也为学生提供了有力的支持。

（2）学生角色：积极参与与主动探索

学生在本节复习课中充分展现了自己的主体地位。他们积极参与角色扮演游戏，通过实践操作与讲解分享深化对知识点的理解；同时主动探索未知领域，勇于提出自己的见解与疑问。在教师的引导下，学生逐渐成为课堂学习的主人，享受探索知识的乐趣与成就感。

4. 成效评估：显著提升的复习效果

（1）知识掌握情况：深刻理解与熟练运用

通过角色扮演游戏等智慧课堂教学策略的应用，学生对酸、碱、盐性质等知识点的掌握情况得到了显著改善。他们不仅能够深刻理解相关原理与概念，还能熟练运用所学知识分析与解决实际问题。

（2）能力提升情况：全面发展与个性彰显

本节复习课不仅提升了学生的知识水平，还促进了他们在实践、创新思维以及团队协作等方面的全面发展。学生在游戏化的复习过程中充分展现了自己的个性与才华，提升了自信心与自我价值感。

（3）师生互动情况：和谐融洽与共同进步

本节复习课中的师生互动和谐融洽。教师以平等的姿态与学生进行交流与讨论，鼓励学生发表自己的见解与疑问；学生则积极回应教师的引导与点拨，勇于展示自己的学习成果与风采。在良性的师生互动中，教师与学生共同进步，共同成长。

5. 总结展望：智慧课堂复习课的广阔前景

（1）成功经验总结

本节初三化学复习课的成功得益于智慧教学策略的巧妙运用、学生主体性的充分发挥以及师生互动的和谐融洽等因素的共同作用。这些成功经验为今后的智慧教学提供了有益的借鉴与参考。

（2）未来发展趋势

随着教育信息化的不断推进与深入发展，智慧课堂复习将在个性化指导、精准反馈、学习资源优化等方面展现更加广阔的应用前景。未来，我们需继续探索创新实践，将智慧课堂教学策略与复习课深度融合，为提升教育教学质量贡献更多智慧与力量。同时，也要关注学生在智慧课堂复习课中的体验与收获，确保每一个学生都能在快乐中成长，在探索中进步。

总之，在这一节化学复习课中，教师成功运用了智慧课堂教学策略，通过课前精心准备和课堂上的巧妙引导，充分发挥了学生的主体性。学生在轻松愉快的氛围中深化了对知识点的理解，提升了实践能力和创新思维能力。师生互动和谐融洽，共同进步。这样的教学方式不仅显著提高了复习效果，更为今后的智慧课堂教学提供了有益的借鉴。

通过上述分析，我们可以看到，无论是语文新授课还是化学复习课，智慧课堂教学中数字技术工具的应用都极大地丰富了教学手段，提高了教学效果。教师通过精心设计的教学活动，成功激发了学生的学习兴趣，培养了他们的自主学习能力和创新思维能力。这种教学模式不仅有助于学生掌握知识，更为他们的全面发展奠定了坚实的基础。

学习思考讨论题参考答案

问题一：在新课标指导下，如何进行有效的大单元教学设计，以促进学生的全面发展和核心素养的培养？

参考答案

大单元教学设计是新课标理念下促进学生全面发展的重要教学策略。以下是几个关键方面，教师可以在这些方面进行深入探讨和实践。

1. 大单元整体教学设计

（1）整体化的大单元教学设计

①核心素养导向的单元设计理念。大单元教学设计应以核心素养为目标导向，通过整体化的课程构建方法，强调问题解决的教学策略。

②大单元教学设计的实施策略。教师应运用问题化导向的学习方式，设计富有情境感、项目性和实践性的教学活动，培养学生的高阶思维技能。

③实践能力与高阶思维能力的培养。通过情境模拟、项目实践等活动，激发学生的好奇心，引导他们参与到积极的学习探索之中。

（2）单元设计中的关键点——驱动性问题

①驱动性问题在教学中的作用。驱动性问题能够调动学生主动参与学

习和探索的积极性，引导他们自己发现问题并设计解决方案。

②设计驱动性问题的原则与策略。教师应确保问题紧密围绕教学内容并紧扣教学目标，鼓励学生自行设计解决问题的方案。

③学生的自主探索与知识应用。学生在解决问题的过程中，将抽象知识转化为问题链，并在实际应用中建立知识间的内在逻辑结构。

2. 大单元教学设计要素

（1）单元课程价值定位。明确单元课程在学科育人、单元育人及单元学习价值方面的定位。

（2）单元课程情境创设。合理的情境创设能够激发学生的学习兴趣，提升教学效果。

（3）单元课程目标设定。根据新课标和教材内容，确定具体化且易于操作和评价的学习目标。

（4）单元课程内容梳理。系统梳理教材的知识结构，形成逻辑清晰且富有层次的单元内容框架。

（5）单元课程实施策略。坚持以学生全面发展为核心，倡导实践性学习和跨学科整合。

（6）单元课程评价体系。实现"教—学—评"一体化，通过多元化、立体化的评价方式开展评价。

（7）单元课程反思与总结。教师和学生都应进行及时的反思和总结，以提升教学质量和促进专业成长。

通过上述措施，教师可以有效地进行大单元教学设计，促进学生的全面发展和核心素养的培养。

问题二：如何设计有效的课时学习案，以促进学生在智慧课堂中的问题化导向学习和核心素养的全面发展？

参考答案

在智慧课堂环境下，设计有效的课时学习案对于促进学生的问题化导向学习和核心素养发展至关重要。以下是几个关键方面，教师可以在这些方面进行深入探讨和实践。

1.学习案概述

（1）学习案的本质与特点。强调学生的主体地位和问题解决能力的培养，将知识点转化为问题情境。

（2）学习案的定义与目的。作为大单元教学目标细化到每个课时的具体实施方案，旨在激发学生的高阶思维能力。

2.课时学习案设计要素

（1）教学理念明确。根据新课标和课时具体内容，提炼出与大单元教学设计相一致的教学理念，确保教学活动围绕培养学生的核心素养展开。

（2）教材分析深入。全面剖析教材内容，明确本课时在单元中的位置和作用。

（3）教学目标设定。设定具有针对性和可操作性的课时教学目标，促进学科价值、育人目标和核心素养发展的有机结合。

（4）精准学情分析。全面掌握学生的实际水平、兴趣所向和个体差异，为不同需求的学生量身定制合适的学习路径和个性化的辅导方案。

（5）教学过程细化。确保结构完整、层次递进，从启发引导逐步过渡到问题探究，最终实现知识的应用与实践。

3.学习案设计中的关键问题解析

（1）知识的有效问题化。将知识内容转化为具有引导性和启发性的问题，激发学生自主探索的欲望。

（2）小组合作探究的有效策略。确保每个学生在小组讨论中都有平等的发言机会，鼓励他们积极提出自己的观点和疑问。

（3）小组问题探究的有效实施。通过精心筛选探究的知识点，采取多样化问题设计形式，提高小组探究的有效性。

通过上述措施，教师可以有效地设计课时学习案，促进学生在智慧课堂中的问题化导向学习和核心素养发展。

问题三：在智慧课堂环境下，教师应如何编写高质量的学习案，以确保教学活动符合新课标要求并促进学生核心素养的全面发展？

参考答案

在智慧课堂环境下，编写高质量的学习案对于确保教学活动符合新课标要求和促进学生核心素养的发展至关重要。以下是几个关键方面，教师可以在这些方面进行深入探讨和实践。

1. 编写前的准备工作

（1）精准的学情分析。利用数字化工具和平台进行深入的学情调研，全面掌握学生的学习情况。

（2）透彻的课程标准与教材研究。深入理解新课标的要求和教材内容，明确学习案的教学目标。

2. 学习案编写流程

（1）个人初稿与集体研讨结合。每位教师独立完成学习案初稿，备课组集体研讨后形成共案，教师进行个性化调整。

（2）集中研讨后执笔撰写。主备教师根据讨论成果撰写学习案，完成后与全体教师共享。

3. 学习案的具体要求

（1）目标明确。学习案应明确具体的学习目标，包括知识掌握、能力提升和核心素养培养。

（2）内容精选。紧扣新课标和教材要求，结合学生实际情况进行内容精选和设计。

（3）问题导向。设计具有挑战性和探究性的问题情境，引导学生逐步深入思考和探究。

（4）活动多样。设计丰富多样的学习活动，包括个人自学、小组合作、交流讨论等。

（5）评价科学。设计科学合理的评价体系，包括过程性评价和终结性评价，注重反馈和指导作用。

通过上述措施，教师可以有效地编写高质量的学习案，确保教学活动符合新课标要求并促进学生核心素养的发展。

问题四：在新课标指导下，教师应如何设计不同类型的智慧课堂教学活动，以促进学生的主动学习和核心素养的全面发展？

参考答案

在新课标指导下，教师需要根据不同类型的课程设计相应的智慧课堂教学活动。以下是几个关键方面，教师可以在这些方面进行深入探讨和实践。

1. 新授课的课堂教学设计

（1）课前引导。教师设计驱动性问题并准备数字课程资源，学生通过自学完成任务并反馈疑难点。

（2）课堂互动。教师解答疑惑，学生分组合作探究并展示成果，进行多元评价，激发积极性。

（3）课后巩固。教师布置个性化作业，学生参与线上交流和学习分享。

（4）反思提升。学生自我评价并规划下一步学习，教师动态调整教学策略。

2.实验课的课堂教学设计

（1）课前准备。教师发布详尽的实验前学习资料包，学生通过多元化方式熟悉实验内容。

（2）实验操作。教师进行现场指导，学生利用数据采集工具记录实验数据。

（3）总结反思。学生撰写完整的实验报告，教师组织互动交流活动并提供教学反馈。

（4）教学反馈。教师全面评估学生的学习成果并动态调整教学策略。

3.试卷讲评课的课堂教学设计

（1）课前准备。教师确保学生及时获取答题情况。学生自主诊断错题并进行小组交流。

（2）课堂互动。教师集中讲解重点题目，鼓励学生上台讲解，进行深度研讨和实时互动。

（3）课后巩固。教师提供个性化辅导，学生进行反思总结。

4.复习课的课堂教学设计

（1）课前预热。教师发布复习提纲与重点，学生自主制作并在小组内共享思维导图。

（2）课堂深化。各组进行思维导图展示分享，全班进行补充完善和全面评价。

（3）课后拓展。学生进行总结内化，教师布置拓展任务和练习题。

通过上述措施，教师可以有效地设计不同类型的智慧课堂教学活动，促进学生的主动学习和核心素养的全面发展。

第六章
班级学习小组构建

学习本章内容思考讨论回答下面问题：

问题一：在智慧课堂环境下，教师应如何构建学习小组并确定小组长，以促进学生的合作学习与核心素养的全面发展？

问题二：在智慧课堂环境下，如何有效运行学习小组并培养组长及成员的协作机制，以促进学生的全面发展和核心素养的培养？

问题三：在智慧课堂环境下，教师应采取哪些策略调动学生的积极性，以促使学生积极参与，促进学生核心素养的培养？

问题四：在智慧课堂环境下，教师如何通过精神文化建设有效提升学习小组的凝聚力和学生学习的积极性？

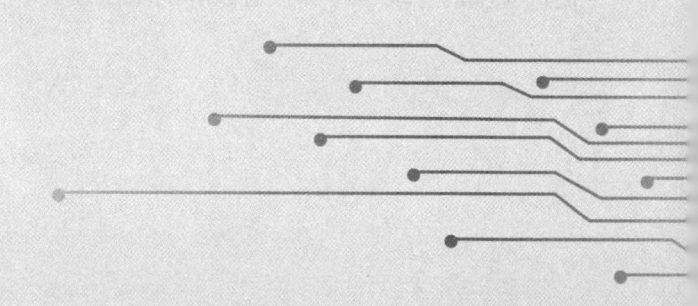

第一节　小组建设及组长人选确定

一、学习小组构建的核心意义

在智慧课堂的教学实践中，学习小组不仅是一个简单的学生集合，而是作为一个有机的、协作的学习共同体存在。学习小组的构建，是实现学生主体地位、促进有效合作与互动、提高学习效果的关键环节。其核心意义体现在以下几个方面：

1. 增强学习动力

通过小组合作学习，学生能够感受到集体的力量和同伴的支持，从而增强学习的积极性和主动性。

2. 提升学习效果

在小组内学生可以相互讨论、交流、分享知识和经验，从而加深对学习内容的理解，提高学习效果。

3. 培养合作与沟通能力

小组合作学习要求学生学会倾听、表达、协商和合作，这些能力对于学生未来的社会生活和职业发展至关重要。

4. 促进全面发展

通过担任小组长等职务，学生能够锻炼自己的组织领导能力、解决问题的能力以及人际交往能力等，实现全面发展。

二、小组长的角色定位与选拔机制

小组长在智慧课堂的学习小组中起着核心作用，不仅是小组活动的领导者，也是团队协作的关键推动者。为了确保学习小组的有效运作和学习目标的实现，对小组长的选拔尤为关键。

1. 小组长的角色定位

（1）领导者

小组长应引领小组成员设定明确的学习目标，并制订合理的学习计划，共同完成学习任务。

（2）组织者

负责组织和协调小组内部的学习活动，确保活动有序开展，促进小组成员的积极参与。

（3）协调者

在小组成员间建立和谐的关系，有效解决团队内出现的分歧和冲突，维护小组成员间的团结和协作。

2. 小组长的选拔标准

（1）学习成绩

学习成绩要优良，在小组中能够起到模范带头作用，助力小组成员共同提升学习成绩。

（2）沟通协调能力

拥有良好的沟通技巧和人际交往能力，能够促进小组成员间的有效沟通和协作。

（3）责任心

具有较强的责任心和使命感，能够认真履行小组长的职责，确保学习目标得以实现。

（4）组织管理能力

具备一定的组织管理能力，能够合理安排小组活动，确保活动高效有序进行。

3. 小组长的产生方式

为了确保小组长的选拔过程公正、民主且科学，可以采取以下几种方式：

（1）自荐与推荐相结合

鼓励学生自我推荐，同时允许同学间的相互推荐，以此发现和选拔合适的小组长人选。

（2）教师综合评估

班主任和任课教师根据学生的综合素质和表现进行综合评估，确定小组长人选。

（3）轮换制度

实行小组长轮换制度，让更多学生有机会担任小组长，培养责任感和领导能力，同时保持小组活力。

通过上述角色定位和选拔机制的优化，可以确保小组长能够有效地履行其职责，推动学习小组的高效运作，为智慧课堂教学改革的成功实施提供坚实基础。

三、学习小组的构建过程与策略

在智慧课堂教学改革中，构建高效的学习小组是实现学生核心素养培养的关键环节。以下是针对学习小组构建的具体策略与实施步骤：

1. 学生分组的策略与平衡

在组织学习小组时，教师应细致权衡学生的学业水平、性别比例、性格特质以及兴趣爱好等多方面因素，以实现组内成员的均衡搭配和优势互补。这样的策略旨在促进学生之间的相互学习与合作，同时确保每组人数适中，推荐每组六名（或四名）学生，以便于管理与互动。对于小学低年级学生，鉴于他们的年龄和注意力特点，小组规模可适度缩减至四人，以更好地适应他们的学习和发展需求，确保小组活动既有效率又充满合作精神。

2. 学习小组的自主形成

可以采取双向选择的方式确定小组长及小组成员。先选拔出具有领导力和责任心的小组长候选人，然后让候选人与潜在组员进行互选。在此过程中，班主任应及时介入指导，以确保小组组合的有效性。

3. 学科小组长的选拔与职责

设立学科小组长，负责组织和协调小组内该学科的学习活动。学科小组长可以通过自荐、同学推荐或老师指定等方式产生，并服从于整个学习小组长的统一协调和管理。

4. 培训与持续指导

对小组长进行必要的培训和指导，以提高他们的组织领导能力和管理水平；同时定期对全体成员进行小组合作学习的培训和指导，以提高他们的合作意识和技能水平。

5. 动态调整与持续优化

在运行过程中根据实际情况对小组进行动态调整和优化，以确保其持续高效运行；同时定期对小组活动进行总结和评价，以激励先进、鞭策后进并促进全体成员的共同进步与发展。

6. 座位布局的优化

为了便于小组内部开展课堂讨论与合作学习活动，应采取合适的座位排布方案（如方形或环形布局），如图 6.1.1 所示。这样的座位安排有助于增强团队凝聚力并促进成员之间的互动和协作。

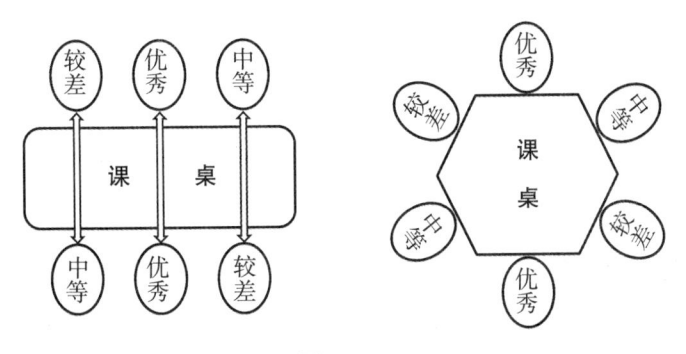

图 6.1.1

第二节　学习小组的运行与协作机制

学习小组的高效协作和学生的全面发展，关键在于小组长的领导能力及小组成员的主体意识与合作精神。以下是学习小组运作机制的详细阐述：

一、学习小组长的培养与发展

学习小组长不仅是小组的组织者，更是激发团队潜力的领导者。学习小组长的培养应注重以下方面：

1. 精神领袖

学习小组长应塑造积极的人格魅力，营造包容、互助的小组文化氛围，以身作则，引领小组成员共同进步。

2. 学习引领

学习小组长需指导组员深入探究学习内容，解决学习中的难题，促进知识的深入理解和应用。

3. 监督与激励

学习小组长应全面监督组员的学习进度，提供适时的激励和支持，确保学习目标的实现。

4. 组织协调

学习小组长负责协调小组的学习活动和任务分配，确保各项任务高效执行。

5. 评价与反馈

学习小组长需对组员的表现进行公正评价，并提供建设性的反馈，促进成员的自我提升。

二、学科小组长的职责

除了学习小组长全面负责全组的工作以外，我们还要让每个学生都承担一份组内的工作，即设置学科小组长。每个小组成员都是学科小组长，学习小组长是小组的总负责人，分管的语文组长、数学组长、英语组长等分别承担某一个学科的具体工作。学科小组长的职责如下：

1. 作业管理

负责收集和分发学科作业，及时向学科班长反馈作业完成情况。

2. 问题记录

记录并上报组员在学科学习中遇到的问题，促进问题的及时解决。

3. 协作支持

学科小组长需配合学习小组长，共同推进小组的学科学习和活动。

三、提升小组成员的主体性和合作精神

小组成员是小组学习的核心力量，培养他们的主体性和合作精神对于实现新课标下的核心素养培养目标至关重要。

1. 主体意识

鼓励成员积极参与小组活动，认识到自己在小组中的价值和作用。

2. 沟通协作

培养成员的倾听和沟通技巧，促进小组内部的有效交流和协作。

3. 团队精神

强调团队合作的重要性，鼓励成员为小组的集体利益和目标共同努力。

通过上述机制的实施，学习小组将成为培养学生核心素养的有效平台，有助于激发学生的学习积极性，促进他们在智慧课堂教学中主动参与和协作，实现知识水平与能力的综合发展。教师在指导学习小组时，应根据学生的具体情况和需求，灵活调整和完善小组运作机制，确保其与新课标理念和智慧课堂教学改革的目标保持一致。

四、运行机制优化与高效运作策略

为了确保学习小组机制的长效性和适应性，必须进行持续的调整与完善，以促进小组的高效运作和学生的全面发展。

1. 定期评估与反馈

定期组织小组成员对小组运行机制进行评估，收集成员意见和建议，及时调整不合理或不适宜的部分。

2. 培训与指导

针对小组长和小组成员在不同阶段的需求，提供相应的培训和指导，帮助他们更好地履行职责和提升能力。

3. 激励机制完善

设立合理的奖励机制，对表现优秀的小组和个人给予表彰和奖励，激发成员的积极性和创造力。

4. 组建原则及人员构成

遵循多元融合的原则，小组成员应具备不同的学习能力、兴趣特长及文化背景，以促进团队的多样性与互补性。每个小组的人数宜控制在四至六人，这样既能保证管理效率，又能确保每位成员都有充分参与讨论与合作的机会。

5. 明确职责与高效协作

小组长负责制订并执行小组活动计划，确保达成预设目标，并在智慧教育平台上进行任务分配和进度监控。记录员承担记录整理工作，详细记录小组讨论的过程与结果。发言人负责在全班面前清晰准确地展示小组的观点和学习研究成果。其他成员根据小组需求和个人优势进行灵活分工，积极参与并贡献自己的力量。

6. 运行规则与管理流程

制订清晰的运行规则和管理流程，确保小组活动的有序进行。在智慧教育平台上共同商定具有挑战性和可行性的发展目标与预期成果，并定期复盘跟进。利用平台的数据分析功能，实时评估目标达成情况，为调整策略提供依据。建立常规化的小组会议制度，研讨学习内容、合理分配任务、评估学习进度。鼓励小组内部在智慧教育平台上保持频繁有效的沟通与反馈。

7. 多元评价体系与激励机制

每位小组成员在智慧教育平台上定期开展自我评价，审视个人在小组中的表现和贡献。小组内在平台上进行互评，关注每位成员的合作态度、工作效率以及对小组整体进步的贡献程度。教师结合小组在智慧教育平台上的整体表现和具体成果给予客观公正的评价和建设性的反馈。对表现出色的小组和个人，通过在智慧教育平台上表扬、奖励等方式予以肯定与鼓励。

通过上述策略的实施，学习小组将成为智慧课堂教学中培养学生核心素养的有效途径，有助于实现新课标理念，推动教育教学改革的深入发展。教师在构建学习小组时，应不断探索和创新，确保小组活动与学生核心素养的培养紧密结合。

第三节　学生积极性的调动策略

在小组合作学习中，学生的积极参与不仅是提升学习成效与课堂活力的核心驱动力，更是落实新课标倡导的"学生主体地位"与"核心素养培育"的关键。面对学生随着年龄增长而出现的积极性下降现象，教师应深入剖析其成因，并依据新课标精神，采取多元化的策略激活学生的学习潜能，构建以学生为中心，充满合作与探究精神的课堂生态。

一、学生积极性缺失成因剖析

1. 心理压力与自我表达困境

随着学生年龄的增长以及个体心理发展与自我意识增强，学生在公开场合表达个人观点时易产生心理压力，尤其是性格内向的学生，可能因害怕批评、担忧不被接纳而选择沉默。对此，教师需关注学生的心理需求，创设包容、尊重差异的课堂环境，鼓励学生勇敢表达，逐步克服社交焦虑。

2. 学业顾虑与合作动力不足

成绩优异的学生在小组合作中可能担忧帮助他人会耗费自身学习时间，影响成绩。教师需引导学生认识到合作学习不仅是知识共享的过程，更是提升解决问题能力、人际交往能力与团队协作能力的重要途径。通过合理设置任务，强调合作贡献的多元价值，消除学生对学业成绩的过度顾虑。

二、激发学生积极性的策略探讨

为了有效提高学生的积极性，教师需要采取一系列有针对性的策略。

1. 营造互助合作的班级文化氛围

（1）提倡共建共享学习观

倡导共建共享的学习观，将互助学习纳入班级常规，强调在互相帮助中实现知识的深度理解与技能的综合运用，契合新课标提倡的"合作学习"理念。

（2）实施多样合作实践活动

设计丰富的合作活动，如角色扮演、案例研讨、课题探究等，让学生在实践中体验合作的乐趣，培养合作意识与协作能力，对应"社会参与"核心素养。

2. 构建激励性合作竞争机制

（1）推行积分管理制度

结合新课标"评价多元化"原则，推行积分管理制度，兼顾个人表现与团队贡献，如为积极参与讨论、提出独特见解或成功解答问题的学生及团队共同赋分，特别对学习成绩较弱但勇于表达的学生给予额外加分激励，即对成绩不同的学生赋予不同的加分奖励，以平衡个体差异，激发全员参与的热情。

（2）积分动态公示与学期评价挂钩

定期公示积分动态，将其与学期评价挂钩，增强学生对合作学习成果的认可与重视，激发持续学习动力，对应"自主发展"核心素养。

3. 优化精准评价与考核机制

（1）积分制评价体系的精细化实施

为了确保学生的积极性得到有效激发和维持，教师需要建立一套精准的评价体系。

①细化积分标准

依据新课标"过程性评价"要求，细化积分标准，涵盖知识掌握、思维品质、合作态度、创新能力等多个维度，确保评价全面、公正。

②即时反馈与定期汇总

实施即时反馈与定期汇总，利用数字化平台实时呈现学生积分变化，引导学生自我反思、调整学习策略，对应"学会学习"核心素养。

（2）课堂即时评价的深度运用与创新

①关注个体差异，即时肯定学生表现

教师应依据新课标"关注个体差异"原则，运用口头表扬、肢体语言等多种方式，对学生在合作过程中的独特贡献、积极态度予以即时肯定，增强其成就感与自信心。

②优化评价策略，激发内在学习动机

持续优化评价策略，注重评价的针对性、启发性与人文关怀，如运用激励性评语、个性化建议等，激发学生内在学习动机，对应"人文底蕴"与"科学精神"核心素养。

综上所述，面对学生讨论互动积极性不高的挑战，教师应秉持新课标理念，聚焦核心素养培养，通过营造互助合作的班级文化氛围、构建激励性合作竞争机制、优化精准评价与考核机制等多元策略，充分调动学生参与小组合作学习的积极性，构建富有活力、深度参与的高效课堂，为学生全面发展与终身学习奠定坚实基础。

三、分数排名及换算方法

如果缺乏数字化平台的统计反馈评价系统，可以采用 Excel 表格手动计算名次及分数换算。如图 6.3.1 所示。

	A	B	C	D
1	分数	名次	换算1	换算2
2	141	7	74	86
3	190	1	100	100
4	138	8	73	85
5	170	4	89	95
6	182	3	96	98
7	123	9	65	80
8	60	11	32	56
9	143	6	75	87
10	109	10	57	76
11	186	2	98	99
12	40	12	21	46
13	157	5	83	91
14	名次：	RANK(A2,$A$2:$A$13)		
15	换算1：	A2*100/MAX($A$2:$A$13)		
16	换算2：	10*C2^(1/2)		

C2 单元格公式：=A2*100/MAX($A$2:$A$13)

图 6.3.1

1. 名次公式：RANK（A2，$A$2：$A$13）

2. 换算为百分数。可以以班内最高分数为 100 分进行换算。

（1）方法 1 公式：A2*100/MAX（$A$2：$A$13）

（2）方法 2 公式：10*C2^（1/2）

方法 2 是基于全班最高分为基数调整，旨在缩小分数差距，提升整体分数水平，让学生更易接受自己的综合表现分数。此方法出自《轻松高效做好班主任工作》（马九克著）。

第四节　学习小组的精神文化建设

小组文化建设是新时代教育中培养团队协作、自主学习和创新能力的重要手段。本节将围绕小组文化的内涵与实施展开，从组名设计、组训口号提炼、组规制订执行到合作学习规范与习惯培养，全方位构建积极健康的小组氛围，同时结合互动口令、分享展示等活动，活跃课堂气氛，并通过班级学习小组量化考核方案，以科学评价机制激励学生积极进取，养成良好的学习习惯，最终在多元化的评优表彰中让学生累积自信，促进全面发展。

一、小组文化建设内涵与实施

小组文化建设是班级管理的核心工作，由班主任和科任教师精心指导，小组长引领并推动。小组文化既包括显性元素（如组名、组训、口号、组规、组歌等），也涵盖隐性文化（如共同愿景、集体荣誉感、良好风气、和谐人际关系、组长威信与感召力等）。隐性文化虽不易察觉，却是小组文化之根基，需长期积累与沉淀，内化为成员自觉行为。

1. 组名设计的艺术

组名应响亮、富含深意、积极向上，能激发成员的进取心。不同学段应选取与年龄特点、心理需求相契合的组名，兼顾审美与实际，避免拔高。

（1）小学低年级（1~3年级）

如"白鸽组""百灵组""蚂蚁力量组""小骆驼队""雏鹰展翅组""喜羊羊队"等，富有趣味且寓意正面。

（2）小学高年级（4~6年级）

如"火凤翱翔组""火树银花组""火箭先锋队""火炬接力组"等，具有成长象征意义。

（3）初中阶段

如"王者无畏组""青莲清雅组""世纪跨越组""旭日东升组""凌霜傲雪组""奋进前行组"等，含有积极向上的意义。

（4）高中阶段

倾向于成熟稳重的组名，如"晨曦求知组""好学笃志组""梦之翼翱翔组",也可选用富含哲理的名称,如"精益求精组""梦的眼睛组""挑战极限组",甚至可以以组长名字命名,以体现其责任担当。

教师应引导学生选取正能量组名,坚决摒弃消极内容。

2. 组训与口号的提炼

组训与口号应简洁有力,具有感染力和指向性,体现小组核心价值观。例如:

小学组训:"快乐学习,团结进取"。

初中组训:"独立思考,合作共赢"。

高中组训:"坚韧不拔,博学笃志""共同进步,超越自我"。

3. 组规制订与执行

组规应详尽、具体、操作性强,涵盖自习、课堂活动(对学、群学、展示、点评、质疑等)、作业完成等多个环节,设置量化评价标准和相应奖惩措施。组规应随实际情况适时补充、调整和完善。例如:

小学组规:"热爱小组,乐于贡献;服从小组长安排,接受同伴及老师建议;视小组为家,珍爱团队;独立完成作业,拒绝抄袭,主动追求知识。"

初中及以上阶段,组规还应强调纪律意识、积极参与讨论、善于倾听他人意见等要点。

4. 合作学习规范与习惯养成

为提升学生在多元互动中的沟通能力和综合素质,应制订并推行合作学习规范和习惯:

(1)四项基本准则

积极进取,争当先驱;认真自学,踊跃发言;合作探究,勇于质疑;团结协作,共促进步。(可通过平板电脑等数字化工具发送给学生)

（2）八大习惯

尊重他人，耐心倾听；自律自省，遵规守纪；履行职责，勤奋进取；感恩宽容，友好相处；诚实守信，言行一致；细致规划，做事有序；协同竞争，携手进步；持续改进，追求卓越。（可在学生平板电脑上呈现）

通过上述对小组文化建设的细致规划与实践，培养学生的团队精神，提升他们在多元互动中的沟通能力和综合素质，营造积极健康、团结向上的学习氛围，为学生全面发展奠定坚实基础。

二、营造浓厚活跃的课堂氛围

在面对充满活力与朝气的青少年学生时，教师需努力打造一个积极向上且富有生机的学习环境。除了独立思考的时间，我们可通过规范的口令和语言表达形式，引导学生投入学习活动。

1. 学习讨论环节

教师可以设计一系列互动口令，如：

当教师宣布"独学时间（或独学）"或"静心自学"口令后，学生回复"安静专注"或"安静"。

当教师提示"对学交流（或对学）"或"两人交流"口令后，学生回应"轻声细语"或"小声"。

当教师指示"群学讨论（或群学）"或"小组研讨"口令后，学生回应"积极参与"或"参与"。

可以根据各个学段的实际情况设定相应的课堂口令，以确保口令过后学生能够迅速进入相应学习环节。

2. 分享展示阶段

在分享展示过程中，鼓励学生参与组织活动。如一个小组完成分享后，组员可主动邀请："我们小组分享完毕，哪位同学或小组愿意进行补充或提出不同见解？"这样不仅使课堂气氛更加生动活泼，也锻炼了学生的主持能力和组织协调能力。强调学生发言要清晰响亮、条理分明，避免声音微弱、表述不清的情况。日常教学中教师应注重对学生语言表达能力及逻辑思维能力的训练。展示结束后，其他同学可以通过积极点评或热烈的掌声给予鼓励反馈。

三、班级学习小组量化考核方案

1. 核心理念与目标设定

旨在通过科学合理的量化考核机制，营造积极进取、团结协作的小组文化氛围，促使学生养成勤于思考、勇于探索的学习习惯，并激发他们敢于展现自我、乐于分享成果的表现意识，最终实现全员参与、共同进步的高效学习目标。

2. 组织结构

每个学习小组设立学习小组长，并按学科、卫生、学习、纪律、体育等方面分设学科小组长，确保每位成员都承担具体职责并深度参与各项活动。其中，学习小组长负责统筹全组工作，学科小组长协助学习小组长开展相关学科教学管理，各类事务小组长分别负责本组内的卫生、学习、纪律等专项事务。

3. 考核机制（供参考）

（1）教师直接加分

对于课堂表现优异、受到表扬的学生，由教师直接加授分数。

（2）成绩与荣誉奖励

依据小组和个人在各类测试、竞赛中的表现，给予相应的积分奖励，荣誉级别越高，积分奖励越多。在各类考试检测或竞赛中取得班级前三名的学习小组或个人，分别奖励3、2、1分；获得校级一、二、三等奖的，依次奖励 5、3、2 分；获得区级、市级以上荣誉则相应给予加倍奖励。

4. 评优表彰方式

（1）平时评价

每周评选出团队之星 5 名、优秀学生 10 名，进行表彰。

（2）学期考核

每半学期全班评选出优秀学习小组 1~2 个、良好学习小组 2~3 个，同时对获奖小组进行奖励。此外，还可以选出一批优秀学生，分别授予以下荣誉称号：

①团队之星：为小组树立良好风气，带领全组成员勤奋学习、严守纪律的核心人物。

②学习之星：自身学业成绩优异，且能有效指导、帮助同组同学提升学习成绩的同学。

③进步之星：在学习、遵守纪律、参加活动中表现出显著进步的同学。

④文明之星：积极维护小组形象，行为举止得体，具有良好文明素养的同学。

上述被评为星级的同学，其学期操行等级将被评定为优秀，并推荐参加更高层级的评优活动。

总之，在教学实践中，我们要深入了解学生的心理需求，多采用表扬激励手段，设置多样化的表扬项目，让更多的学生体验成功的喜悦，从而从一次成功走向多次成功，逐步累积自信。通过这样的策略，可以充分调动学生积极性，促进他们的全面发展。

学习思考讨论题参考答案

问题一：在智慧课堂环境下，教师应如何构建学习小组并确定小组长，以促进学生的合作学习与核心素养的全面发展？

参考答案

在智慧课堂环境下，构建学习小组和确定小组长对于促进学生的合作学习与核心素养的全面发展至关重要。以下是几个关键方面，教师可以在这些方面进行深入探讨和实践。

1. 学习小组构建的核心意义

（1）增强学习动力。通过小组合作学习，增强学生的学习积极性和主动性。

（2）提升学习效果。小组内的讨论、交流、分享知识和经验有助于加深对学习内容的理解。

（3）培养合作与沟通能力。小组合作学习要求学生学会倾听、表达、协商和合作。

（4）促进全面发展。担任小组长等职务，锻炼学生的组织领导能力、解决问题的能力以及人际交往能力。

2. 小组长的角色定位与选拔机制

（1）小组长的角色定位。领导者、组织者、协调者。

（2）小组长的选拔标准。学习成绩、沟通协调能力、责任心、组织管理能力。

（3）小组长的产生方式。自荐与推荐相结合、教师综合评估、轮换制度。

3. 学习小组的构建过程与策略

（1）学生分组的策略与平衡。考虑学业水平、性别比例、性格特质以及兴趣爱好等因素。

（2）学习小组的自主形成。采取双向选择的方式确定小组长及小组成员关系。

（3）学科小组长的选拔与职责。设立学科小组长，负责组织和协调小组内该学科的学习活动。

（4）培训与持续指导。对小组长进行必要的培训和指导，提高其组织领导能力和管理水平。

（5）动态调整与持续优化。根据实际情况对小组进行动态调整和优化。

（6）座位布局的优化。采取合适的座位排布方案，如方形或环形布局，以便于小组内部的互动和协作。

通过上述措施，教师可以有效地构建学习小组并确定小组长，促进学生的合作学习与核心素养的全面发展。

问题二：在智慧课堂环境下，如何有效运行学习小组并培养组长及成员的协作机制，以促进学生的全面发展和核心素养的培养？

参考答案

在智慧课堂环境下，学习小组的高效协作对于学生的全面发展和核心素养的培养至关重要。以下是几个关键方面，教师可以在这些方面进行深入探讨和实践。

1.学习小组长的培养与发展

（1）精神领袖。学习小组长应塑造积极的人格魅力，营造包容、互助的小组文化氛围。

（2）学习引领。学习小组长需指导组员深入探究学习内容，解决学习中的难题。

（3）监督与激励。学习小组长应全面监督组员的学习进度，提供适时的激励和支持。

（4）组织协调。学习小组长负责协调小组的学习活动和任务分配。

（5）评价与反馈。学习小组长需对组员的表现进行公正评价，并提供建设性的反馈。

2. 学科小组长的职责

（1）作业管理。负责收集和分发学科作业，及时向学科班长反馈作业完成情况。

（2）问题记录。记录并上报组员在学科学习中遇到的问题。

（3）协作支持。学科小组长需配合学习小组长，共同推进小组的学科学习和活动。

3. 提升小组成员的主体性和合作精神

（1）主体意识。鼓励成员积极参与小组活动，认识到自己在小组中的价值和作用。

（2）沟通协作。培养成员的倾听和沟通技巧，促进小组内部的有效交流。

（3）团队精神。强调团队合作的重要性，鼓励成员为小组的集体利益和目标共同努力。

4. 运行机制优化与高效运作策略

（1）定期评估与反馈。定期组织小组成员对小组运行机制进行评估和反馈。

（2）培训与指导。提供相应的培训和指导，帮助成员更好地履行职责。

（3）激励机制完善。设立合理的奖励机制，对表现优秀的小组和个人给予表彰。

（4）组建原则及人员构成。遵循多元融合的原则，促进团队的多样性与互补性。

（5）明确职责与高效协作。小组长负责制订并执行小组活动计划，成员根据需求和优势进行分工。

（6）运行规则与管理流程。制订清晰的运行规则和管理流程，确保小组活动的有序进行。

（7）多元评价体系与激励机制。每位小组成员在智慧教育平台上定期开展自我评价和互评。

通过上述措施，教师可以有效地运行学习小组并培养组长及成员的协作机制，促进学生的全面发展和核心素养的培养。

问题三：在智慧课堂环境下，教师应采取哪些策略调动学生的积极性，以促使学生积极参与，促进学生核心素养的培养？

参考答案

在智慧课堂环境下，调动学生的积极性对于提升学习效果和落实新课标理念至关重要。以下是几个关键方面，教师可以在这些方面进行深入探讨和实践。

1. 学生积极性缺失成因剖析

（1）心理压力与自我表达困境。学生可能因害怕批评、担忧不被接纳而选择沉默。

（2）学业顾虑与合作动力不足。学生可能担忧帮助他人会耗费自身学习时间，影响成绩。

2. 激发学生积极性的策略探讨

（1）营造互助合作的班级文化氛围。提倡共建共享学习观，实施多样合作实践活动。

（2）构建激励性合作竞争机制。推行积分管理制度，积分动态公示与学期评价挂钩。

3. 优化精准评价与考核机制优化

（1）积分制评价体系的精细化实施。细化积分标准，即时反馈与定期汇总。

（2）课堂即时评价的深度运用与创新。关注个体差异，即时肯定学生表现；优化评价策略，激发内在学习动机。

通过上述措施，教师可以有效地调动学生的积极性，促使学生积极参与，促进学生核心素养的培养。

问题四：在智慧课堂环境下，教师如何通过精神文化建设有效提升学习小组的凝聚力和学生的学习积极性？

参考答案

在智慧课堂环境下，学习小组的精神文化建设对于提升学生的团队协作能力、自主学习能力和创新能力至关重要。以下是几个关键方面，教师可以在这些方面进行深入探讨和实践。

1. 小组文化建设内涵与实施

（1）组名设计的艺术。选择富有深意、积极向上的组名，激发成员的进取心。

（2）组训与口号的提炼。制订简洁有力、具有感染力的组训和口号，体现小组核心价值观。

（3）组规制订与执行。制订详尽、具体、操作性强的组规，确保奖惩分明，促进良好学习习惯的养成。

（4）合作学习规范与习惯养成。制订合作学习规范，促使学生养成尊重他人、自律自省等良好习惯。

2. 营造浓厚活跃的课堂氛围

（1）学习讨论环节。设计互动口令，引导学生迅速进入相应学习环节。

（2）分享展示阶段。鼓励学生参与组织活动，提高语言表达能力及逻辑思维能力。

3.班级学习小组量化考核方案

（1）核心理念与目标设定。通过量化考核机制，塑造积极进取的小组文化氛围。

（2）组织结构。设立组长和各类事务小组长，确保每位成员都承担具体职责。

（3）考核机制。依据小组和个人的表现给予相应的积分奖励。

（4）评优表彰方式。评选优秀学习小组、良好学习小组、团队之星、学习之星、进步之星等，通过表扬激励手段，让更多的学生体验成功的喜悦。

通过上述措施，教师可以有效地通过精神文化建设提升学习小组的凝聚力和学生的学习积极性，促进学生的全面发展。

第七章
自主管理委员会的建设

学习本章内容思考讨论回答下面问题：

问题一：如何在智慧课堂环境下构建班级自主管理委员会，以促进学生自我管理和自主学习能力的提升？

问题二：在智慧课堂环境下，如何通过班级文化建设与实践策略，促进学生的全面发展和集体凝聚力的提升？

问题三：在智慧课堂环境下，如何通过班级自主管理委员会的职责培训，提升学生的自我管理能力和班级整体的自主运行效率？

问题四：如何在学校层面有效构建和运行学生自主管理委员会，以促进学生的全面发展和自主管理能力的提高？

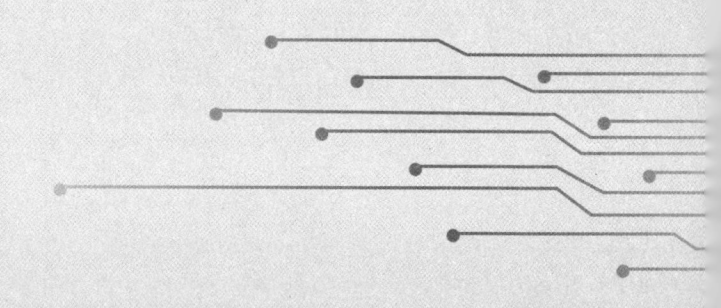

在智慧课堂教学改革中，要真正实现学生核心素养的全面发展和落实立德树人根本任务，除了创新教学模式与流程外，还需要重视培养学生的自我管理和自主学习能力。为此，班级和学校（或年级）应当建立自主管理委员会（简称"自管会"），尤其是班级层面的自主管理委员会，班级自主管理委员会在班级民主建设中扮演着不可或缺的角色。通过全员参与、角色互换的方式，每个学生既要学会成为管理者，也要意识到自己同时也是被管理者。

第一节 班级自主管理委员会的构建

班级自主管理委员会的构建，旨在推动学生自我管理和提升团队协作能力，实现教育的主体性与实效性。通过设立多元化的岗位如行政班长（简称"班长"）、各领域班长等，构建以学生为主体的班级管理体系。通过公开选举和轮流值班，确保每个学生都有机会参与管理实践，增强责任感与领导力。班级自主管理委员会不仅能规范班级日常运作，更能在学习、文体、纪律等多方面发挥作用，有助于培养学生的综合素质，落实立德树人根本任务。通过构建并运行这套机制，学生将在实践中锻炼能力，班级也将形成自主有序、积极向上的良好氛围。

一、自管会的组建与产生

1. 组织构成

班级自主管理委员会通常由班长、副班长、团支部书记以及各领域负责人（如学习班长、体育班长、文艺班长、纪检班长、生活班长、科研班长等）组成。为了适应更多元化的自主管理需求，也可吸收各学科班长、学习小组长等担任自管会成员，让尽可能多的学生有机会承担起"班长"

职责，以满足他们的表现欲，锻炼领导力。

2. 选拔机制

班级自管会成员应具有较高的威信和影响力，以确保管理工作的顺利开展。理想的方法是通过选举产生，所有学生均有资格自荐或被推荐竞选班干部职位。班主任和科任教师组织全体学生采用差额选举的方式选出班干部，再根据当选者的特长进行合理分工。同时，也可以探索实行竞选制度，鼓励竞选者发表竞选演说，全班同学无记名投票，并经历公开唱票、监票、计票环节并确保公正透明。高中阶段尤其提倡采取竞选办法选拔学生干部，这不仅能增强学生的民主意识、责任意识和法治观念，也是对他们胆识和表达能力的有效锻炼。

此外，日常工作中还可设立值日班长和值周班长制度，轮流负责班级日常事务性工作，让每个学生都有机会实践管理才能。

二、自管会的运行机制

1. 管理的组织结构与职责分配

（1）班长的领导作用

班级自管会在班长的领导下运行，班长对班主任和科任教师负责，各领域班长则向班长负责。班长全面统筹班级管理工作，监督指导各领域班长履行职责，确保班级事务有序进行。在班长不在场时，副班长代行其职，共同维护班级管理效率。

（2）部分领域负责人的职责与分工

①团支部书记：专注于班级组织建设和思想引领。

②体育班长、文艺班长：分别负责班级的体育活动、文化艺术活动策划与实施。

③纪检班长：维护班级纪律，强化监督作用。

④生活班长、安全班长：关注班级日常生活服务与安全保障。

⑤电教班长：负责现代教育技术的应用与推广。

2. 学习班长的独特作用

（1）学习活动的组织与协调

学习班长协调各学习小组长，确保小组内学习活动顺畅进行，同时深入洞察班级整体学习态势，策划并执行多样化的学习提升策略，如举办学习方法分享会、组织专题研讨活动等。

（2）教学质量监控与反馈

学习班长监控并分析班级各科成绩趋势，识别共性问题，提出改进方案。同时，与学科班长紧密协作，充当师生沟通桥梁，及时反馈学生学习困惑，协助教师优化教学方法，为班级营造优质学习环境，有力推动整体学习成绩的持续提升。

3. 值日与值周班长制度

值日班长与值周班长的设置与轮换：班长负责安排值日班长和值周班长的工作。值日班长通常由学科班长或学习小组长每日轮值，值周班长则由自管会成员每周轮换担任。值日班长在值日期间接受值周班长的指导，确保快速适应并高效履行职责。经过一段时间的实际操作，全体学生将熟练掌握并积极参与班级日常管理工作。

自管会机构的设置如图 7.1.1 所示。

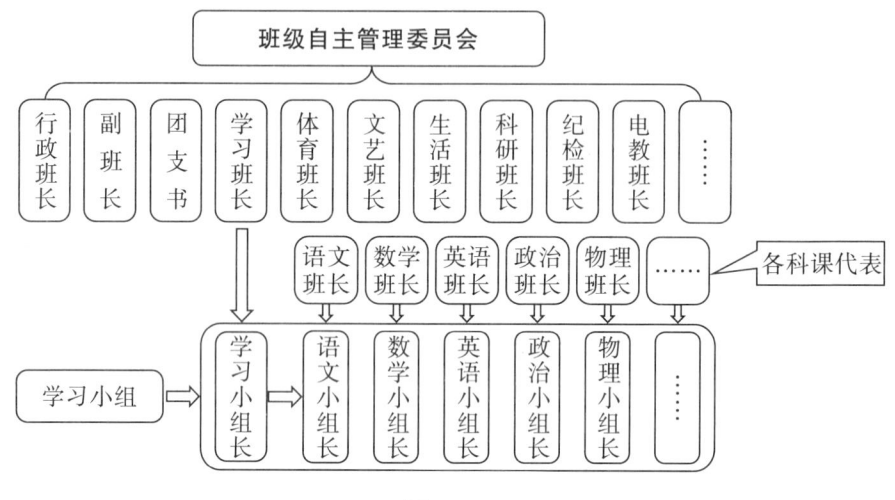

```
                        班级自主管理委员会
    ┌────┬────┬────┬────┬────┬────┬────┬────┬────┬────┐
    行政  副班  团支  学习  体育  文艺  生活  科研  纪检  电教  ……
    班长  长    书    班长  班长  班长  班长  班长  班长  班长
                      │
              ┌───┬───┬───┬───┐
              语文  数学  英语  政治  物理  ……  →  各科课代表
              班长  班长  班长  班长  班长
                      │
    学习小组 → 学习  语文  数学  英语  政治  物理  ……
              小组  小组  小组  小组  小组  小组
              长    长    长    长    长    长
```

图 7.1.1

总之，班级自主管理委员会依托以班长为核心的运行机制，旨在通过明确各领域班长的职责与分工，培养学生的实际管理能力和团队协作精神，同时深化学生在学习、组织、纪律、生活、安全及现代教育技术等多方面的实践参与，有效落实立德树人根本任务。尽管该机制看似复杂，但经过实践操作与反复磨合，它将会逐渐发挥其在提升学生综合能力与提高班级整体管理水平方面的显著作用。

第二节 班级文化建设的宗旨与实践

班级文化建设旨在激发学生人文情感，塑造团结进取的班级精神，通过显性文化建设、制度规范、量化考核及多元化表彰等多元策略，培养学生全面发展，增强集体凝聚力。下面将围绕这一核心目标，探讨如何通过实践活动，如班级标志确立、核心理念传播、制度执行及激励机制，以及日常行为习惯和价值观的培养，构建积极向上、和谐有序的班级文化环境，促进学生自主性、独立性和创新能力的提升。

一、班级文化建设与实践策略

1. 班级文化建设总体目标

（1）人文情感培育

班级文化建设的首要任务是丰富学生的精神世界，通过多样化的文化活动，陶冶学生情操，培养其坚韧品质，实现其精神世界的全面发展。

（2）凝聚力锻造与精神家园构建

着重强调班级凝聚力的重要性，通过各类集体活动和制度建设，使班级成为团结一心、相互支持、共同进步的精神家园。

（3）行为习惯与价值观塑造

班级文化应深入日常生活，通过建立明确的行为规范和学习习惯，推动学生养成良好习惯，为未来人生奠定坚实基础，同时也应注重品德教育和价值观引领。

（4）自主性、独立性与创新精神激发

鼓励学生积极参与班级管理和各项活动，培养其自主决策、独立思考的能力，以及在实践中不断创新的精神，促使他们在学习和生活中始终保持高昂的热情和决心。

2. 班级文化的显性表现与建设手法

（1）个性化班级标志确立

①班名选取

选取寓意深刻、特色鲜明的名称，如"雷霆一班""志远班"等，旨在展示班级的独特风貌，起到激励和导向作用。

②班级口号

设计简洁有力且富含深意的十六字口号，如"自主创新，团结向上；勤学善思，立志争光"，以便在跑操或大型集会时激发学生的士气，展现班级积极进取的精神风貌。

③班旗与班徽

设计能够彰显班级文化内涵、象征意义突出的班旗与班徽，部分学校会在升国旗仪式后升起优秀班级的班旗，以此作为表彰先进、激励后进的有效手段。

（2）班级核心理念凝练与传播

①班训制订

制订精练而鼓舞人心的班训，既能激发所有学生的潜能，又能指导其日常行为习惯的养成，例如小学阶段可采用"我的事情我做主"的班训，中学阶段则有"细节决定成败，态度成就梦想""青春无畏，放飞梦想"等一系列富有哲理和教育意义的班训。

②宣誓词创作

创作激昂的班级宣誓词，每日诵读以增强集体认同感和使命感，如引用传统文化智慧，激励学生自强不息，厚德载物。如"天行健，君子以自强不息；地势坤，君子以厚德载物。我们坚信：紧密团结的力量无人能敌；勤奋刻苦、顽强拼搏，我们将重塑自我，勇往直前。"

（3）班级情感纽带建设

班歌选定：选取或改编与班级文化内涵相契合的歌曲作为班歌，利用音乐的力量增强班级凝聚力。

总之，在建设班级文化的过程中，应根据实际情况灵活调整上述各项内容，旨在营造一种奋发向上、充满活力的竞争与合作氛围，让每一个学生都能在这个大家庭中找到归属感，像战士般朝气蓬勃地面对每一天的学习与生活挑战。

二、班级规范与激励机制构建

1. 班级规章制度的构建与执行

班规作为班级文化中的显性表现，是规范学生行为、营造良好班级氛围的关键要素。一般情况下，班规应由班级自主管理委员会组织全体学生共同讨论制订，并确保每个学生严格遵守。下面的班规总纲可以作为参考。

（1）礼仪风尚方面

言谈举止文明有礼，尊重他人，尊重自己。

（2）卫生习惯养成

保持个人和集体环境整洁，展现良好的个人修养。

（3）纪律与行为规范

严格遵守学校及班级规定，体现出热爱校园和班级的情怀。

（4）高效学习与毅力锤炼

推广科学学习方法，激励学生坚持不懈，追求卓越。

（5）诚信品格塑造

言行一致，树立诚实守信的价值观。

（6）素养积淀与阅读推广

阅读优质书籍，提高内在素养。

（7）体育锻炼与毅力磨炼

积极参与体育活动，增强体质，锻炼意志力。

（8）集体主义精神发扬

强化集体荣誉感，行动上体现团队精神，互帮互助。

（9）团结协作与共同进步

积极创建和谐班级，追求共同目标。

（10）社会责任与理想追求

甘于奉献，心怀服务社会的理想抱负。

2. 量化考核及晋级激励机制

（1）小组精细化量化管理

构建覆盖到校情况、卫生状况、作息时间、自主学习、课堂参与（含坐姿、交流互动、团队学习、成果展示、问题探究等环节）、作业完成等全方位的考核体系。每个环节均设置加分与减分标准（每个学生可设置基础分100分），每日依据既定标准实时记录并更新学生在校表现，利用数字化平台即时反馈给学生，家长也能通过移动终端随时查看孩子在学校的综合评价信息。

（2）班级积分制晋级激励系统

①积分晋级体系设计

借鉴教育阶段划分（如从学前教育到高等教育）和军事职务晋升（如从士兵至将军）的晋升模式，构建积分晋级梯度，结合学生兴趣，采用游戏化晋升机制。晋级规则为积分累计达标方可晋升，晋级难度随等级升高而增加，旨在激励小组间形成良性竞争与合作，营造积极进取的学习氛围。

②评分平衡与课堂互动激励

在实际操作中，要注意平衡各小组及个体之间的得分差距，可通过课堂互动方式给表现相对较弱的小组和个人更多发言提问的机会，从而有效提高其得分。要充分利用积分系统来调动学生的积极性，避免出现部分学生对分数无所谓的现象，确保分数激励功能的有效发挥。

通过严谨的班级制度与灵活的激励机制相结合的方式，班级文化得以在规范学生行为的同时，有效激发学生潜能，如同双轨列车既能确保行驶的稳定有序，又能提供充足的动力，驱动全体学生朝着共同的目标前进。

三、班级表彰与评价体系构建

1. 多元化先进评选项目

在班级管理中，以表扬激励为主，批评为辅，是激发学生积极性和进取心的有效策略。为了营造积极向上的学习氛围，鼓励每个学生都争当先进，我们可以设立一系列的优秀评选项目，即多元化先进评选项目，并确保评选标准清晰、公正。以下是一些具体的评选项目及其标准：

（1）学习小组典范

考查小组完成任务的时效性、课堂讨论的规范性和积极性，展示内容的质量和深度，以及问题提出的原创性和价值性。

（2）团队协作之星

该类评选侧重团队协作与组织能力，如能有效率地完成学习任务，课堂互动表现活跃且有条不紊，对后进生的帮助成效显著，整体上展现出积极主动的学习风貌。

（3）卓越个人表彰

评价标准涵盖学习成绩优异，作业及测试题高质量完成并按时提交，积极参与课堂活动，在讨论、展示、点评和质疑环节起到模范带头作用，并乐于帮助组内其他同学共同进步。

（4）展示能手

表彰那些在课堂展示时姿态大方自信、语言表达清晰、声音洪亮、能够脱稿流畅展示，且展示内容紧扣主题、深刻有见解、引发学生热烈讨论的同学。

（5）思考挑战者

鼓励学生积极思考、勇于提问，评选出那些提问具有较高价值、能引起师生共鸣的学生。

（6）点评专家

表彰那些在课堂点评环节表现突出的学生，他们声音洪亮，富有激情，言简意赅，点评精准到位，能够一针见血地点出关键所在。

（7）阅读之星

关注学生的阅读习惯和阅读成果，评价标准包括高质量的阅读摘抄，良好的阅读态度与纪律，积极参与读书交流会等活动，成绩优异，以及积极投稿发表文章等。

（8）创新实践者

包括学生在课堂外的创新实践活动表现，如科技制作、艺术创作、社会实践等。鼓励学生发挥自己的创造力和实践能力，将所学知识应用于实际生活中，培养创新精神和实践能力。

2. 公正公平的评价体系

在班级管理中，建立一个公正、透明且具有激励性的评价体系是至关重要的。这样的体系不仅确保了评价的客观性和公平性，而且能够有效地激发学生的内在潜能，促进他们的全面发展。以下是班级评价体系的具体构建方案：

（1）明确具体的评价标准

制订详尽且易于理解的评价细则和量化指标，明确每项评价的具体要求，使学生能够清晰地认识到优秀的标准，并有明确的目标去追求。

（2）增强评价过程的透明度

通过确保评价过程的公开性，包括提名、评审等环节，让学生了解并参与到评价过程中，从而提高评价的透明度和学生的参与感。

（3）拓展评价参与的维度

除了教师评价，特别强调学生自评和互评的重要性，以形成多角度、全方位的评价体系，确保评价的全面性和多元性。

（4）建立及时的评价反馈系统

设立定期的反馈机制，确保学生能够及时获得评价结果和具体的改进建议，帮助他们更好地认识自我，明确发展方向。

（5）尊重个性化的激励方式

评价体系应充分考虑学生的个性化发展，尊重并鼓励学生发挥自己的特长和兴趣，支持他们在各自擅长的领域中展现自我。

（6）平衡激励与指导的关系

在评选过程中，既要表彰优秀，也要对表现不足的学生提供建设性的指导意见和鼓励，帮助他们找到提升的方向，实现自我超越。

通过实施这些措施，我们旨在营造一个积极、健康、充满活力的学习环境，让每个学生都能在公平、公正的评价体系下展现自己的才华，实现自我价值，不断取得成长和进步。

制订加分与减分制度时，应兼顾小组和个人的表现，并尽量设置多元化的表扬项，让更多学生有机会体验成功带来的喜悦。同时，要培养学生的集体荣誉感，多从小组层面进行表扬或批评，增强团队凝聚力。

在实施批评教育时，要注意批评的艺术性，避免直接针对某个错误对学生进行公开批评，尤其是对待年龄较大的学生，要充分尊重其自尊心。若发现学生存在问题，首先应当肯定其优点和进步，然后再针对性地指出需要改进的地方，这样更易于学生接受。接手新班级之初，教师应当让学生明白，每个学生都有新的开始和成长的机会，不会因过去的经历而对他们预先设限，以此给予所有学生尤其是原表现较差的学生更多的信心和动力。

第三节　班级自主管理委员会的职责培训

班级自管会的核心成员包括行政班长、团支部书记以及其他负责人（如学习班长、纪律班长及生活班长等），他们的职责培训至关重要，下面分别阐述。

一、行政班长职责培训

1. 行政班长对班主任和各科教师负责，全面承担起班级各项事务的统筹与管理工作。

2. 主导并指导所有班委会成员的工作，确保他们在各自负责的领域内高效运作。

3. 负责安排值日班长和值周班长人选，并监督其日常工作的执行情况，包括值日任务的完成、值周工作的组织与实施。

4. 监督并指导值日班长及值周班长主持每日和每周工作流程，检查其记录和公示信息是否准确无误。

5. 制订一套完善的班干部考核量化标准，负责评估所有行政团队成员以及值日、值周班长的工作表现，作为评选优秀班干部的重要依据。

6. 根据值周班长提供的每周评估报告，定期（每月或每两周一次）进行优秀学习小组和个人的升降级评定。

7. 定期组织班级大型活动，策划、组织、协调全程。

8. 代表班级接受来自学校和年级的各项奖励或处罚决定。

9. 指导班级文化墙、黑板报等公共空间的内容更新、维护和管理。

二、团支部书记职责培训

1. 团支部书记在行政班长的领导下开展工作，全面落实班长布置的各项任务。

2. 在文明礼仪、行为规范、校纪校规遵守等方面发挥引领作用，带领全班团员成为遵纪守法、积极向上的典范。

3. 全面负责班级团支部建设，接收同学入团申请，做好团费收缴工作。

4. 积极策划并组织开展各类健康有益、寓教于乐的课外活动，以营造浓厚的学习氛围和良好的成长环境。

三、非行政班长（班委会成员）职责培训

非行政班长，即班级其他委员，均需在行政班长的领导下，履行各自分工明确的职责，并积极配合完成行政班长分配的各项任务。

1. 科研班长职责

（1）指导并协调各学科班长（课代表），确保科研小组各项工作的顺利进行。

（2）主动承担学科间和师生间的沟通桥梁角色，有效指导和组织相关对接工作。

2. 学习班长（学习委员）职责

（1）领导并培养各学习小组长，提升其领导力与教学辅助能力。

（2）协同科任教师开展"培优补差"工作，确保全班同学学习成绩均衡提高。

（3）确保班级内部学习服务及沟通协调机制的有效运行。

3. 生活班长（生活委员）职责

（1）监督并指导教室、校园卫生区域的清洁维护以及宿舍卫生管理。

（2）负责就餐服务相关事宜，保证同学们拥有良好的生活环境。

（3）负责班费的保管、支出，并确保账务记录准确无误，定期公示。

4. 纪检班长（纪律委员）职责

（1）贯彻执行校纪校规和班级规章制度，监督落实情况。

（2）协助值日班长和值周班长进行考勤、课堂纪律、活动秩序等方面的检查、记录及评价。

（3）积极参与学校自主管理委员会的工作，推进班级纪律建设的相关事项。

5. 体育班长（体育委员）职责

（1）协助体育教师上好体育课，保障体育教学活动正常进行。

（2）监督指导同学们做好早操、课间操等日常锻炼活动。

（3）组织策划各类体育活动，丰富学生课余生活。

6. 文艺班长（文艺委员）职责

（1）协助音乐、美术等相关学科教师完成课堂教学任务。

（2）承担班级文艺活动的组织策划与实施，营造积极向上的文化氛围。

（3）负责教室布置、橱窗更新以及板报设计等工作。

7. 电教班长（电教委员）职责

（1）负责班级电教设备（电脑、多媒体、电子白板等）的管理和维护。

（2）协助教师使用电教设备，处理故障报修问题，包括学生平板电脑的损坏报修。

（3）引导同学利用平板电脑开展多元化的学习活动，配合信息技术课程的教学。

8. 值日班长职责

（1）全面负责全天考勤记录，对迟到学生进行批评教育并将相应情况计入考评。

（2）实施全天各小组量化考核，记录小组得分与扣分详情。

（3）与纪检班长共同执行自习、课堂、两操、升旗等活动的纪律检查，做好评价与记录。

（4）与生活班长共同检查教室、宿舍及校园卫生，落实评价与记录。

（5）联合纪检班长、体育班长、文艺班长、电教班长、学习班长、科研班长等，共同进行相应区域的巡查与信息收集工作，并做好评价与记录。

（6）搜集并书写每日赠言或格言警句，启迪同学们的心灵。

（7）主持每天的"自主管理会议"，总结每天学习、纪律、生活、安全等情况，完成值日交接，并将考评结果上报给值周班长。

以上各岗位之间既有独立性又有相互联系，形成了一个互相支撑的管理体系。在实际操作中，可根据实际情况灵活调整和创新运用，同时要求各项记录工作既要通过纸笔记录，也要同步录入智慧教育平台，确保数据及时、准确、全面。

第四节　学校自主管理委员会

在构建学习小组与班级自主管理委员会的基础之上，为进一步促进学生核心素养的提升，并落实立德树人根本任务，学校德育管理部门应积极推进学校（或年级）层级的学生自主管理委员会的建立。这一新型组织将在传统学生会的基础上进行创新与发展，更好地服务于学生的全面发展。

一、学校自管会的构建

1. 组织架构

学校自主管理委员会由主席团、秘书处及多个职能部门组成。主席团设主席 1 人、副主席 2~3 人；秘书处包括秘书长 1 名、副秘书长 2~3 名及若干工作人员；下设学习部、纪律部、生活部、卫生部、文体部等职能部门，各部门均配置部长 1 人、副部长 1~3 人及若干成员。

2. 产生机制

成员的产生采取选举与推举相结合的方式。候选人可通过自我推荐及他人推荐产生，由师生代表组成的评聘委员会根据选拔标准进行评选。同时，也可通过班级推选代表直接进入自管会，并根据实际情况进行职务分配。关键职位可通过竞选方式确定人选。

3. 任期设定

为确保更多学生有机会参与管理工作，任期一般设定为一年或一学期。部分职务可实行月度或周轮换制，以增强学生的参与度和管理经验。

4. 选拔原则与标准

选拔遵循公平、公开、公正的原则，注重候选人的爱班爱校情怀、品学兼优表现、工作能力与责任心以及参与管理工作的热情。选拔标准涵盖综合素质、道德品质、遵守校规校纪情况、工作能力、学习成绩等方面。

5. 选拔流程

包括提交书面申请、进行公开选举（或推举）、组织考察与评审、公布任职名单以及开展具体工作等步骤。确保流程的透明度和公正性。

二、自管会的运作体系

1. 运作机制

自管会由主席和副主席担任核心领导，对德育处（或政教处）负责，直接指导各部门部长开展工作。各部门部长则带领团队执行任务，并定期向主席团汇报工作进展。

2. 规则制订

制订《学生自主管理章程》，明确学生干部的行为规范、选拔任用程序、考核评估办法、各部门职责与工作流程、量化考核细则以及考核结果的应用与公示等。确保自管会工作的规范化和制度化。

三、班级量化管理与实施

在学校自管会建立的基础上，进一步强化班级的量化考核管理，制订详细的一日常规要求，并在班主任讨论认可后在全校范围内推广执行。若条件尚未成熟，德育处可直接负责班级的量化考核工作。

1. 量化考核细则

针对学生在校期间的各项行为表现，制订具体的量化考核指标和加分、减分标准。迟到、早退、课间操表现、升旗仪式参与情况、集会纪律等由德育处负责考核；课堂表现如专注度、坐姿等由教务处负责考核。注重正面激励与负面约束相结合，确保考核的公正性和有效性。

2. 检查与落实措施

规章制度一定要伴随严格的检查和落实措施以确保其有效执行。每天安排行政人员或在行政人员指导下由自管会成员协助进行检查工作。利用智慧教育平台或手工记录方式进行数据统计和更新，确保数据的即时性和准确性。检查结果需每日公布、每周汇总、每月通报，以推动班主任有效落实班级自主量化管理工作并提供反馈和改进建议。所有检查记录要详细准确且便于班主任查阅核对。

综上所述，构建学校和班级两级的自主管理委员会是一个系统性且富有挑战性的任务，需要学校德育处和班主任的共同努力与指导支持。在实际操作中应结合校情实际不断探索完善相关机制并充分发挥学生的主体作用，以提升其自主管理能力。在实施初期可先从班级自管会入手逐步推至学校自管会建设，以确保平稳过渡和有效衔接。

学习思考讨论题参考答案

问题一：如何在智慧课堂环境下构建班级自主管理委员会，以促进学生自我管理和自主学习能力的提升？

参考答案

在智慧课堂环境下，构建班级自主管理委员会对于促进学生自我管理和自主学习能力的提升具有重要意义。以下是几个关键方面，教师可以在这些方面进行深入探讨和实践。

1. 自管会的组建与产生

（1）组织构成。班级自主管理委员会由行政班长（简称"班长"）、副班长、团支部书记以及各领域负责人组成。

（2）选拔机制。通过选举产生自管会成员，确保每个学生都有机会参与管理实践。

2. 自管会的运行机制

（1）管理的组织结构与职责分配。明确班长的领导作用和各领域班长的职责分工。

（2）学习班长的独特作用。组织学习活动，监控并分析班级学习态势。

（3）值日与值周班长制度。设立值日班长和值周班长制度，轮流负责班级日常事务性工作。

通过上述措施，教师可以有效地构建班级自主管理委员会，促进学生的自我管理能力和自主学习能力的提升。

问题二：在智慧课堂环境下，如何通过班级文化建设与实践策略，促进学生的全面发展和集体凝聚力的提升？

参考答案

在智慧课堂环境下，班级文化建设是促进学生全面发展和集体凝聚力提升的重要途径。以下是几个关键方面，教师可以在这些方面进行深入探讨和实践。

1. 班级文化建设与实践策略

（1）班级文化建设总体目标。包括人文情感培育、凝聚力锻造、行为习惯与价值观塑造、自主性与创新精神激发。

（2）班级文化的显性表现与建设手法。涉及个性化班级标志确立、班级核心理念凝练与传播、班级情感纽带建设。

2. 班级规范与激励机制构建

（1）班级规章制度的构建与执行。包括礼仪风尚、卫生习惯、纪律与行为规范、高效学习与毅力锤炼等方面的规定。

（2）量化考核及晋级激励机制。通过小组精细化量化管理和班级积分制晋级激励系统，激发学生的积极性和进取心。

3. 班级表彰与评价体系构建

（1）多元化先进评选项目。设立学习小组典范、团队协作之星、卓越个人表彰等评选项目，鼓励学生争当先进。

（2）评价体系的公正与激励。确保评选标准清晰、公正，培养学生的集体荣誉感，注意批评的艺术性，给予学生信心和动力。

通过上述措施，教师可以有效地通过班级文化建设与实践策略，促进学生的全面发展和集体凝聚力的提升。

问题三：在智慧课堂环境下，如何通过班级自主管理委员会的职责培训，提升学生的自我管理能力和班级整体的自主运行效率？

参考答案

在智慧课堂环境下，班级自主管理委员会的职责培训对于提升学生的自我管理能力和班级整体的自主运行效率至关重要。以下是几个关键方面，教师可以在这些方面进行深入探讨和实践。

1. 行政班长职责培训

（1）全面管理班级事务。行政班长负责班级各项事务的统筹与管理工作。

（2）指导班委会成员。主导并指导所有班委会成员的工作，确保高效运作。

（3）监督值日与值周班长。负责安排及监督值日班长和值周班长的日常工作。

2. 团支部书记职责培训

（1）落实班级任务。在行政班长的领导下全面落实班长布置的各项任务。

（2）引领文明行为。在文明礼仪等方面发挥引领作用，带领全班团员成为遵纪守法的典范。

3. 非行政班长（班委会成员）职责培训

（1）各领域班长职责。科研班长、学习班长、生活班长等在行政班长的领导下履行各自职责。

（2）值日班长职责。①全天考勤与量化考核。全面负责全天考勤记录和各小组量化考核。②纪律检查与记录。执行自习、课堂、两操等活动的纪律检查并记录。

（3）协同完成任务。积极配合完成行政班长分配的各项任务，形成互为支撑的管理体系。

通过上述措施，教师可以有效地通过班级自主管理委员会的职责培训，提升学生的自我管理能力和班级整体的自主运行效率。

问题四：如何在学校层面有效构建和运行学生自主管理委员会，以促进学生的全面发展和自主管理能力的提高？

参考答案

在学校层面构建和运行学生自主管理委员会对促进学生的全面发展和自主管理能力的提高具有重要意义。以下是几个关键方面，教师可以在这些方面进行深入探讨和实践。

1. 学校自管会的构建

（1）组织架构。明确自管会的组织结构，包括主席团、秘书处和各职能部门。

（2）产生机制。采用选举与推举相结合的方式产生自管会成员。

（3）任期设定。设定合适的任期，确保更多学生有机会参与管理。

（4）选拔原则与标准。遵循公平、公开、公正的原则，制订明确的选拔标准。

（5）选拔流程。确保选拔流程的透明度和公正性。

2. 自管会的运作体系

（1）运作机制。建立有效的领导和执行机制，确保自管会工作的顺利进行。

（2）规则制订。制订《学生自主管理章程》，规范自管会的工作流程。

3. 班级量化管理与实施

（1）量化考核细则。制订具体的量化考核指标和标准，确保考核的公正性和有效性。

（2）检查与落实措施。建立严格的检查和落实措施，确保规章制度的有效执行。

通过上述措施，教师可以有效地在学校层面构建和运行学生自主管理委员会，促进学生的全面发展和自主管理能力的提高。

第八章
数字技术与教育数字化转型

学习本章内容思考讨论回答下面问题：

问题一：在教育数字化转型的背景下，教师应如何提升自身的数字素养，并有效整合和应用数字课程资源，以促进学生的个性化学习和全面发展？

问题二：在教育数字化转型中，教师应如何设计和制作高质量的微课视频，以促进学生的个性化学习和提升教学效果？

问题三：在智慧课堂教育环境下，如何合理应用智慧教育平台和平板电脑，促进学生核心素养的全面发展并提升教学质量？

问题四：如何有效利用国家中小学智慧教育平台的资源，促进教师教学和学生学习的数字化转型？

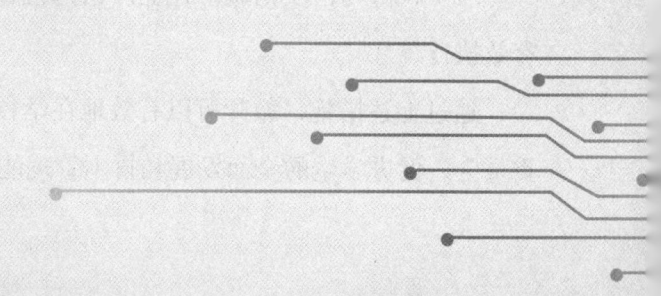

第一节　教育数字化与数字技术概览

一、教育信息化与教育数字化的交织发展

教育信息化与教育数字化是现代教育体系中紧密相连、相互促进的两大要素。教育信息化聚焦利用信息技术全面改造和优化教育系统，涉及基础设施建设、教育资源开发、教学与管理信息化和教学手段与工具革新等多个方面。而教育数字化则更注重教育内容、教学过程、教育管理等核心环节的深度数字化转型，旨在实现信息的高效传递、个性化学习及教育生态的创新。

1. 教育信息化

教育信息化致力于将信息技术广泛应用于教育的各个层面，以优化教学过程、提高教学质量与效率，并促进教育资源的共享和教育公平。具体措施包括：

（1）基础设施建设

构建校园网络环境、智能教室及云端平台等硬件设施，为教育信息化奠定坚实基础。

（2）教育资源开发

创建电子图书馆、在线数据库和电子教材等丰富多样的教育资源，充实数字化教学内容。

（3）教学与管理信息化

利用智慧教育系统、远程教育平台及学籍教务管理系统等工具，实现教学与管理的高效运作。

(4）教学手段与工具革新

借助电脑、平板、交互式白板等设备以及在线教学、虚拟实验室等平台，打破地域限制，共享优质教育资源。

2. 教育数字化

在教育信息化的基础上，教育数字化进一步专注于教育内容与过程的深度数字化转型。通过将传统教育资源和教育活动转化为数字形式，实现信息的高效传输与个性化学习。数字化转型的实践包括：

（1）数字化教育资源制作与整合

开发电子书、音视频课程、虚拟现实（VR）/增强现实（AR）等教学内容以及大型开放式在线课程（MOOC）、微课等多元化教育资源。

（2）教育管理全流程数字化

实现学籍管理、成绩记录、出勤统计等信息的电子化管理，并建立数字化教育评估和反馈系统。

（3）混合式与个性化教学模式

借助在线学习平台、数字教材及互动教学软件等工具，创新教学模式，实现线上线下教学的有机融合，并利用人工智能（AI）和大数据技术促进个性化学习和自适应学习环境的构建。

（4）数字化互动教学场景

利用在线讨论区、即时反馈系统等工具强化师生互动，优化教学体验。

综上所述，可以看出教育信息化是一种宏观战略部署，旨在通过全面应用信息技术提升教育系统的整体效能。而教育数字化则是信息化进程中的微观实践与深化，专注内容和过程的数字化转型。两者相互补充、共同推进教育现代化水平的提升，以改善教学效果、提高教育质量，培养适应信息化社会需求的人才。

3. 教育信息化与数字化转型的融合与创新发展

在教育信息化的实践中，我国已通过"三通两平台"（宽带网络校校通、优质资源班班通、网络学习空间人人通，建设教育资源公共服务平台和教育管理公共服务平台）建设，实现了教学应用的广泛覆盖和师生信息素养的显著提升，有力推动了教育公平与质量提升。而教育数字化转型则带来了更具革命性的变化，它不仅是对技术的简单应用，更是对教育生态的深度重塑。在中小学教学中，数字化转型的体现尤为明显：

（1）跨越时空壁垒

数字化教育打破了传统学习的时空限制，构建了随需随学的学习模式，为每个学生提供了无边界的学习机会。

（2）教育资源丰富化与个性化

依托海量的在线资源库，个性化地匹配学生的学习需求，实现按需学习并拓宽知识视野。

（3）互动探究式学习的推广

通过智能教室与自适应技术等手段鼓励学生从被动接受知识转向主动探究学习，形成情境化、交互性强的新型学习体验。

（4）教育管理的智能化

利用大数据分析技术实时收集并分析学生的学习行为数据，推动教育治理走向智能化和动态优化。

（5）个性化评价体系的构建与发展

教育数字化转型推动评价体系从单一的考试选拔转向过程性、多维度评价，重点关注学生的个性化成长和核心素养发展。通过数字化手段系统追踪并分析学生在各方面的表现，为每个学生提供个性化的成长路径和发展方向。

教育信息化与数字化转型的深度融合不仅增强了教育的灵活性和包容

性，而且通过数据驱动决策、创新学习体验以及构建开放多元的教育生态系统等方式为教育教学注入了新的活力。这一变革不仅提升了教育的效率和质量，也为培养未来社会所需的创新型人才创造了无限可能。

二、教师数字素养与教学实践融合

1. 数字技术教育资源与教师技能需求

（1）丰富的数字技术教育资源

在教育领域，数字技术资源极为丰富，涵盖了通用软件、学科专用工具、多元数字教育内容、智慧教育平台、智能评价系统以及先进的智能教室设施等。这些资源为教学实践提供了强大的支持和创新的可能性。

（2）教师必备的数字技术知识与技能

提升教师的数字素养，首先要确保他们掌握坚实的数字技术理论基础和熟练的操作技能。这包括：

①数字技术理论知识

教师应深入理解多媒体技术、互联网、大数据、虚拟现实（VR）、人工智能（AI）等核心概念，以及它们的原理和它们在教育中的应用潜力。

②数字技术操作技能

教师需要精通各种数字教育资源的选择和使用策略，能够熟练操作各类数字化设备和软件平台，并具备解决教学中技术问题的能力。同时，他们还应能够根据具体的教学情境，有效地整合和运用这些技术资源，支持学生的个性化学习和学校的精细化管理。

2. 教师数字素养在教学改革中的核心作用

（1）数字技能与教学实践的深度融合

在教育数字化转型的背景下，教师需要掌握一些数字技能，如在线课程开发、多媒体资源制作和网络平台运营等。这些技能有助于教师创新教学方法，丰富教学内容，设计更具灵活性的教学活动，以满足不同学生的需求。通过熟练运用数字工具，将抽象概念具象化，增强课堂的互动性，从而显著提升教学质量。

（2）数字素养对个性化教学的支撑

具备高数字素养的教师能够利用数字化手段打破时空限制，整合优质教育资源，为每个学生量身定制学习路径和资源。这使得教师能够更有效地进行精准辅导，促进学生的自主学习和团队协作探究。通过这种方式，所有学生都能根据个人特点获得全面发展并提升各项能力。

（3）提升教育公平与教学质量

教师数字素养的提升对推进教育公平具有积极意义。借助互联网技术的力量，教师能够将优质教育资源传播到更广泛的地区，为弱势群体提供更多的教育机会，从而缩小教育差距。同时，教师利用数字技术进行精细化管理，能够针对每个学生的特点给予个性化的关注和支持，进一步提高整体教育质量和效率。

三、数字化教学的实施与资源应用

1. 教育数字化的核心应用领域

教育数字化涉及四个核心环节：教学设计、教学实施、学业评价以及协同育人。它们均深度融入数字技术。

（1）数字化教学设计

教师需要熟练运用数字技术资源分析学情，灵活选择和制作数字教育资源。这包括挖掘与分析学生学习数据、高效获取与管理教育资源，并基于此设计富有成效的教学活动方案。同时，教师还应掌握创建混合式学习环境的技巧，以融合线上与线下的学习优势。

（2）数字化教学实施

教师应熟练运用数字技术资源优化课堂教学，有效组织和管理教学活动，实现教学流程的智能化与个性化。例如，借助在线平台提供即时反馈、个性化学习指导及协作学习机会。

（3）数字化学业评价

教师要具备使用数字工具和技术进行学生学业评价的能力。这包括选用合适的评估数据采集工具，运用数据分析模型深入剖析学业数据，实现学业表现的可视化展示与解读，以支持精确的教学决策。

（4）数字化协同育人

教师应善于利用数字技术促进学校、家庭和社会的紧密合作，共同育人。充分利用德育、心理健康教育等方面的数字技术资源，培养学生适应数字化时代的必备素养，推动家校间的有效沟通与共育机制的建立。

2. 教育数字化实践与资源开发

（1）智慧教育平台的功能整合

智慧教育平台通过整合教学互动、自主学习、在线考试、深度数据分析、教学资源共享、交流协作及安全保障等功能，体现了教育数字化在具体教学中的应用。新课标已经明确指出，教育数字化应充分发挥新技术优势，探索线上线下深度融合的教学模式，以满足个性化学习需求。因此，在日常教学中，教师应积极将数字课程资源与线下深度学习相结合，推动教育数字化在课堂教学中的实际应用。

（2）本地化资源的实践与应用

广大教师应结合本地区、本校的学情特点，团队协作开发适合本地学生的数字课程资源。这些资源可以在智慧教育平台共享，也可以直接应用于课堂教学中。通过本地化资源的实践与应用，教师可以更好地满足学生的学习需求，提升教学效果。

3. 教学资源的形式与类型

（1）多元化数字教学资源

教学资源是为满足在线教学需求而准备的各种形式的教学素材，包括文档、音视频、图片、动画等多种格式内容。资源类型涵盖多媒体教材、试题库、试卷、演示文稿、案例研究、文献资料、网络课程、微课视频等多种形式，可为教师提供丰富的教学资源。

（2）资源类型与应用场景

在日常备课过程中，教师编制的教案、试题、试卷、PowerPoint演示课件、案例材料，以及自行制作或收集的音视频、图片、微课视频等都属于广义的教学资源范畴。这些资源可以灵活运用于课堂教学中，也可以通过智慧教育平台提前分享给学生，助力他们开展课前深度自主学习。通过合理利用这些教学资源，教师可以提升课堂教学的吸引力和有效性，促进学生的全面发展。

四、数字课程资源与智学包的整合应用

1. 数字课程资源概述

课程资源，或称为教学资源，是教育教学活动得以顺利进行的基石。从广义上讲，课程资源涵盖了所有有助于实现课程目标的要素，如信息、实物、人力以及各类学习场所。而从狭义角度看，课程资源特指直接服务于教学过程的实体性资源，如教材、辅助材料以及数字课程资源等。下面着重探讨的是数字课程资源，它包含了多媒体教材、试题库、电子课件、网络课程、微课视频等。

2. 智学包及其构成

（1）智学包概念引入

借鉴手术包、工具包或文件包的集成理念，我们提出了"智学包"的

概念。智学包是将数字课程资源进行有机整合和打包,以便通过智慧教育平台实现资源的高效管理和便捷使用。

(2)智学包的内容与结构

智学包作为数字课程资源的集合体,包含了丰富多样的教育资源类型。具体而言,它涵盖了多媒体教材、习题集、试卷、演示文稿、案例分析、文献资料、在线课程以及微课视频等。这些资源不仅包含了针对单个课时设计的精致学习案,还包含了高效精练的微课视频、配合学习的主题图片和文本资料,以及促进小组研讨的话题、个性化学习任务与配套测试题等。此外,智学包还利用虚拟技术手段为特定问题的探究提供了模拟实验等创新资源。

3. 微课视频及其特点

微课视频是智学包中不可或缺的重要组成部分。

(1)微课视频的定义与重要性

为了促进学生的深度自主学习,课前提供优质的数字课程资源至关重要。尽管互联网上存在大量的视频片段,但未经整合和编辑的素材并不能直接作为系统的课程资源使用,更不能替代课程本身。因此,根据本校学生的实际情况制作针对性强且高质量的数字课程资源显得尤为重要。这些资源可以通过对网络上的相关视频进行再加工和精细编排后制作而成,也可以直接通过优质的 PowerPoint 课件进行录制得到。

(2)微课视频的主要特点

微课视频是一种具有明确教学目的、内容紧凑、能够在短时间内集中解决一个知识点的小型视频课程。其时长一般为小学阶段 3~5 分钟、初中阶段 5~6 分钟、高中阶段 7~8 分钟,最长不超过 10 分钟。每个微课视频都具备明确的教学目标,并能以短小精悍的形式阐述一个问题的核心,确保学生在短时间内获得高效的学习体验。

（3）微课视频设计制作的注意事项

微课视频并非一整节课内容的简单浓缩或常规精品课堂录像的截取片段，而是独立完整的教学片段。在制作过程中，教师需要深入思考并对原课件进行重新设计和精细化处理。这包括选择合适的录制工具、设计清晰的教学流程、制作精美的课件页面以及添加必要的互动元素等。通过精心设计和制作，每个微课视频都能成为引导学生高效自主学习的有效工具，为提升教学质量和学习效果发挥重要作用。

五、人工智能（AI）是教育革新的催化剂

AI 是数字技术的重要分支和高级应用。AI 技术的飞速发展，正在以前所未有的方式重塑教学和学习的过程。特别是生成式人工智能，在个性化学习、教学辅助和学校管理等方面展现出巨大潜力，并为教育的未来发展指明了新的方向。

1. 教师教学效率的提升

AI 在教学中的应用极大地提高了教师的工作效率。它能够自动完成试卷批改、成绩分析等烦琐任务，释放教师的时间，使教师能够专注于教学内容的创新和课堂互动的深化。AI 的数据分析能力为教师提供了实时反馈，使教师能够及时调整教学策略，实现更有效的教学。此外，AI 提供的丰富教学资源和工具，能帮助教师更好地理解学生需求，促进教学技能的提升。

具体影响包括：

（1）教学方案的制订

AI 能协助教师快速制订符合新课标要求和学生特点的教学方案，并提供多样化的教学策略和活动建议，确保教学方案的科学性和针对性。

（2）个性化学习计划

利用AI的数据分析能力，教师能够为每个学生制定个性化的学习计划，精准推送学习资源，提升学习效果。

（3）创新的作业设计

AI能帮助教师设计更具创新性和挑战性的作业，如项目式作业、研究性学习等，培养学生解决复杂问题的能力。

（4）及时的评估与反馈

AI能辅助教师快速评估学生作业和表现，并提供即时反馈，帮助学生了解学习状况和调整方法。

（5）资源的快速获取

教师可利用AI快速搜索和筛选最新的教育研究、教学方法、相关学术文章和教学视频等资源。

（6）课堂互动性增强

AI能生成互动性强的问题和活动，辅助教师动态调整教学，提高学生参与度和兴趣，激发学生思考和讨论。

（7）教学方法的创新

AI能帮助学生更好地理解抽象概念，为教学方法创新提供建议和指导。

（8）教师的专业发展

教师可以通过AI获取最新的教育理念、教学技巧和研究动态，促进教学能力的持续提升。

2. 学生个性化学习体验

生成式AI能通过深度分析学生的学习模式、进度和偏好，提供定制化的学习体验。识别学生在特定学科或概念上的薄弱点，推送补充材料和练习，确保学生在个性化的学习路径上稳步前进。例如 AI 聊天机器人能模拟一对一辅导，即时解答疑问，促进学生的独立思考和问题解决能力。虚拟现实（VR）和增强现实（AR）技术结合 AI，能创造沉浸式学习环境，增强记忆和理解。

具体帮助包括：

（1）拓展知识边界

AI 作为随身百科全书，能覆盖各学科领域，随时解答疑问，鼓励学生跨学科学习，促进全面发展，激发自主学习能力。

（2）定制学习路径

AI 能精准分析每个学生的学习习惯与偏好，智能匹配教育资源，设计个性化学习路径，确保学习进度贴合个人节奏，最大化释放潜能。

（3）强化批判思维

通过 AI 互动，学生能学会提问、分析综合信息，增强批判性思维能力，面对复杂问题时能独立探索解决方案，展现创新思维与决策能力。

（4）提升语言艺术

AI 帮助学生通过模拟对话练习锻炼口语表达和情感交流能力，优化全方位语言艺术训练。

尽管 AI 在教育领域的应用带来了许多积极变化，但我们必须认识到技术永远不能取代教师的引导和人文关怀。生成式 AI 应作为教师的辅助工具，而非替代者。教师与 AI 之间的协同合作将成为未来教育的重要发展方向。随着技术的不断成熟，我们期待着 AI 能够在尊重教育本质的前提下，为教育的现代化、智能化发展注入新的活力。这场由 AI 引领的教育变革将培养出能够更好适应未来社会的优秀人才，共同开创教学的全新未来。

第二节　微课视频的设计制作策略

当学校或特定区域计划统一制作微课视频时，特别是面对庞大的学科教师队伍，建议将每个学科团队细分为多个制作小组。每个小组由2~3位教师组成，理想组合是技术娴熟的青年教师与经验丰富的中年教师，以实现技术与教学经验的完美结合。

一、微课视频制作流程概览

微课视频的制作过程主要经历选题、设计和制作三大核心环节。

1. 选题阶段

首先，根据课程的核心知识点、难点及易混淆点，将单节课或整个教学单元精心拆分为多个独立的知识模块。不同学段的知识模块数量可灵活设置为2~3个或3~5个，并列出详细的知识清单。各学科团队应紧密结合各自的教材特色和内容体系，对知识模块进行合理且有针对性的划分。

2. 设计阶段

对每个选定的知识点进行深入剖析和研究，创新性地设计录制前的PowerPoint演示文稿。这些文稿应融入丰富的视觉元素，如图形、图片、音频、视频、动画等，以确保内容生动形象，易于学生理解和吸收。

3. 制作阶段

完成PowerPoint课件设计后，教师将对着电脑屏幕进行授课演示，并使用专业的录屏软件记录整个讲解过程。后期制作同样关键，包括消除背景噪音、剪辑冗余内容、添加字幕和注释，以及在视频开头和结尾处加入定制化的内容等，以提升视频的专业度和观看体验。

此外，微课视频可根据覆盖范围进一步细分为针对具体知识点的微课和覆盖整个教学单元或完整教材的系列微课。

二、知识点微课视频设计案例

以高中物理"直流电动机的工作原理"为例，详细探讨微课视频设计的具体步骤：

1. 微课设计方案

（1）在设计"直流电动机的工作原理"的微课视频时，教师首先应深入研读教材，准确把握电刷和换向器的作用机制这一重点与难点。为此，创造性地绘制放大版的电刷与换向器结构图至关重要，这是课件设计中的核心部分，因为教材往往无法提供如此直观的展示（如图 8.2.1 所示）。

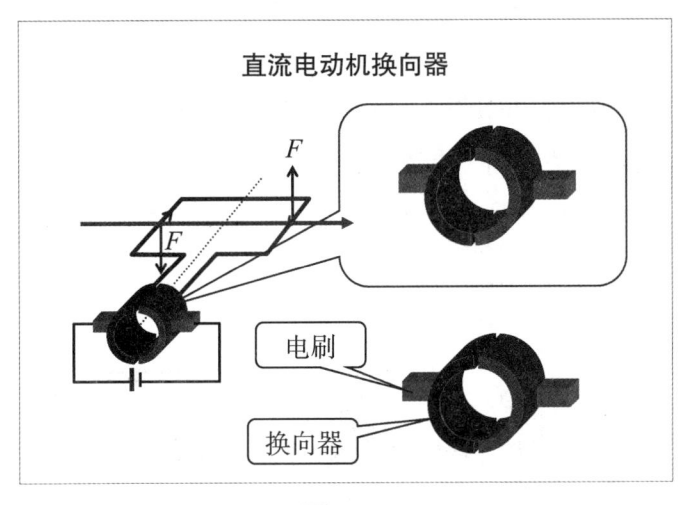

图 8.2.1

（2）为了清晰阐明电刷和换向器如何协同工作推动电动机转动，有必要精心绘制线圈在磁场中不同位置的受力示意图，并结合实例深入分析各个位置的受力情况，如图 8.2.2 所示。

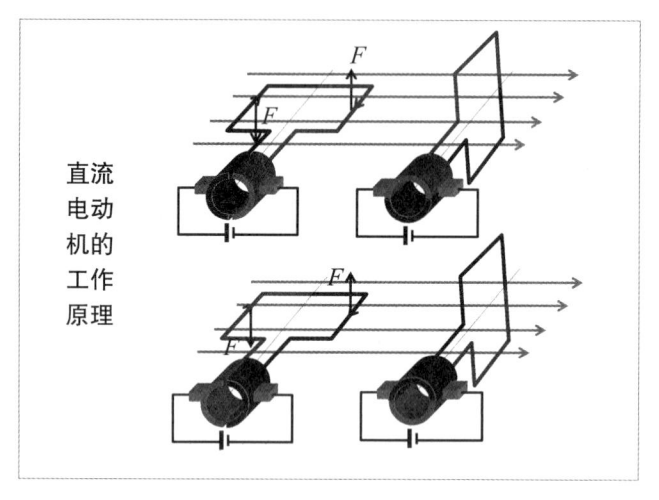

图 8.2.2

（3）利用动画手段动态展示线圈每旋转 90°过程中电流方向和磁场方向的变化。这要求进行相应的动画设置和技巧运用，如图 8.2.3 所示。通过 PowerPoint 中的"强调"效果，如"陀螺旋"动画等，可以生动模拟线圈与换向器同步转动的过程。在讲解的同时使用录屏软件实时记录屏幕操作，最终合成高质量的"直流电动机的工作原理"微课视频。市面上有多款功能强大的录屏软件可供选择，如简洁实用的 EV 录屏软件和有复杂编辑功能的 Camtasia Studio 等。

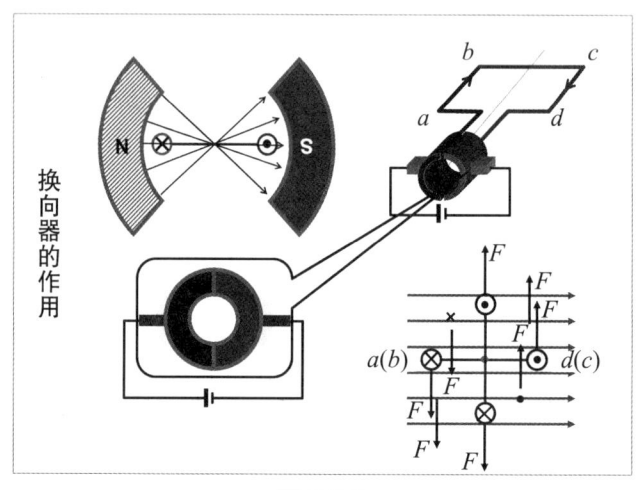

图 8.2.3

2. 格式规范与一致性

（1）在制作与微课视频配套的 PowerPoint 课件时，应确保视频封面具有统一且一致的格式标准。若涉及学校组织的大规模集体制作，建议由校方统一制订一个相对规范的模板供各学科团队参考使用。模板虽统一但可根据各学科特色灵活调整色彩搭配并嵌入学校标志，以体现学校风格和学科特色。

（2）内容页面的排版格式也需保持严格统一，各级标题所采用的字体、字号应当一致且符合预设的标准格式，参见图 8.2.4 所示页面布局。无论是主标题、副标题还是其他层级内容都要遵循这一规范进行排版设计，确保整体风格和谐统一、专业美观。这样的设计有助于提高微课视频的专业性和学生的观看体验，从而更有效地传递知识和信息。

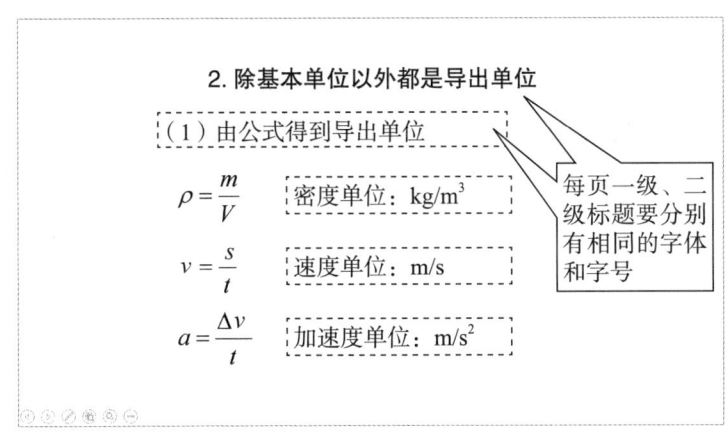

图 8.2.4

三、教学单元微课视频的制作规划

当着手设计一个完整的教学单元微课视频时，需要对整个单元的教学内容进行深入分析与全面规划。依据不同学科的特点和具体教学内容的需求，将该单元的内容合理且精细地拆分为多个独立而关联的知识点，是确保微课视频质量的关键。

以物理学科的"牛顿第二定律的应用"为例,我们来详细阐述如何精心策划一个教学单元的系列微课视频。

1. 精细划分知识点

为了深入剖析"牛顿第二定律的应用"这一教学单元的知识体系,我们不仅要挖掘课本中的基本知识点,更要对其进行适当的扩展与深化,为学生提供更丰富、更有深度的学习内容。例如,可以将此单元精细划分为以下四个核心知识点(为便于学生自主学习,根据学生情况,还可以细化为更多的小知识点,此处只是举例说明):牛顿运动定律在实际问题中的应用;斜面上物体运动的动态分析;二力作用下物体的水平加速运动;超重与失重现象的深入探究。每个知识点对应一个专题微课视频。

2. 统一设定格式与风格

为确保整个微课视频系列的专业性与一致性,我们需要对格式与风格进行统一设定。首先,利用幻灯片母版功能,快速创建并应用统一且精美的封面格式布局,确保每个微课视频的首页封面都具备相同的视觉风格,如图8.2.5 所示。其次,在内容页面的设计上,也要保持各级标题、字体、字号等格式的规范统一,使得整个微课视频系列在视觉上呈现出高度的一致性。

图 8.2.5

四、微课视频录制的关键要点

在录制微课视频时，遵循以下原则，能够显著提升视频质量与教学效果。

1. 内容选择的原则性考量

在选择录制内容时，应避免将教师在课堂上对全体学生进行的讲解内容直接录制成视频，并在课堂上播放。微课视频应着重突出教学中的重点、难点、疑点及易错点，为学生提供有针对性的学习资源和辅助材料。通过这样的内容选择与设计，我们能确保微课视频的内容既精练又高效，从而更好地满足学生的学习需求。

2. 实验教学视频制作原则

实验教学视频制作时，要侧重实物操作与真实记录，提倡装置简化与针对性录制的原则。

（1）实物操作优先原则

在理科教学中的演示实验环节，应最大限度地在课堂上进行实物操作展示，尽可能减少对预录视频的依赖。凡可通过教师亲手操作直观展示的实验，均应予以亲历式演示讲解或让学生动手操作，以确保学生对实验过程与原理有直观而深刻的理解。

（2）真实录像主导策略

在多媒体资源选用上，应以真实实验录像为首选，相较于动画模拟，其更能传达实验的真实性与可靠性。尽管动画在阐释复杂概念或现象时具有优势，但在能够有效使用实景录像的情况下，应优先考虑实景录像的应用，以增强学生对实验实际操作的认知。

（3）实验装置生活化与简易化

在进行演示实验时，除了使用必要的实验器材外，教师应鼓励并指导学生，在保证实验效果的前提下，利用日常生活中常见的物品创新设计与简化实验装置。此举既能拉近实验与学生生活的距离，便于他们从熟悉情境中领悟科学原理，又能降低实验认知门槛，有助于学生轻松掌握相关知识。

（4）特殊实验针对性视频制作

针对实验过程过长（如某些慢速化学反应）、受限于课堂条件（涉及有毒物质或特殊设备需求）、微观现象难以直接观测或常规教学手段难以有效展示的特殊情况，适宜制作专门的实验视频供学生课外自主学习。此类特殊实验的视频化处理既解决了课堂时间与条件限制问题，又确保了学生能够全面、安全地了解这些特殊实验内容。

综上所述，在实验教学中，我们着重强调实验教学应以实物操作为核心，注重真实记录，倡导装置简化与创新，以及针对特殊实验进行有针对性的视频制作，旨在减少对视频替代实物操作的依赖，同时确保实验教学的有效性与安全性。

3. 激发学生参与课程资源制作的热情

我们应积极鼓励学生自己动手创作一些辅助学习的小视频。例如，可以指导学生学习和使用几何画板来绘制动态图形、制作思维导图，或者编写 PowerPoint 文档等多媒体学习资源。学生完成的作品可以上传至班级的共享空间，供其他同学参考、学习和讨论。这样的做法不仅能够激发学生的学习兴趣和创造力，还能促进他们的自主学习和同伴互助，营造一个积极、互动的学习环境。

五、微课视频制作对教师的要求

1. 教师需具备全方位高素养

在微课视频制作过程中，虽然不需要庞大的资金支持，且市面上存在众多功能强大的录屏软件如 Camtasia Studio 等使制作相对便捷，但这一过程对教师的专业素养提出了全方位的高要求。教师需要身兼数职，包括编剧、导演、演示者、录制者、视频剪辑师以及资源整合者，他们往往需要在安静的环境中独立完成从 PowerPoint 课件设计到最终视频录制与编辑的整个流程。

（1）教学业务能力

教师要具备扎实的专业知识、教学功底和一定的教学实践经验。这是确保无论是独立的知识点还是整个教学单元的微课视频内容都严谨科学、准确无误、逻辑清晰且富含知识价值的基础。

（2）数字技术技能

教师应熟练掌握各种常用数字工具的应用技巧。这包括精通 PowerPoint 中的图形绘制、动画设置等功能，能够有效利用网络资源进行视频的下载、裁剪与编辑，以及娴熟运用录屏软件进行高质量的课程录制等。

（3）媒体融合能力

媒体技术与教学内容的融合能力是微课视频制作的关键。教师不仅需要具备传统的教学能力，更要在微课视频制作时展现出将各类媒体素材与教学内容巧妙融合的能力。这包括适时引入恰当的图形展示、设置合理的动画效果、精选贴切的图片及音视频文件，以辅助学生更好地理解和吸收学科知识。

（4）艺术审美意识

艺术审美意识在微课视频制作中同样不可或缺。在设计与制作阶段，教师需要关注视频的视觉美学效果，从 PowerPoint 课件的文字字体、字号大小、颜色搭配到背景设定，再到插入图片和网络视频的质量把控等方面均需精心策划，力求提升微课视频的艺术表现力和观赏性，从而有效激发学生的学习兴趣和积极性。

2. 优质微课视频制作的标准与原则

微课视频的制作追求卓越品质，需遵循一套严谨的标准和原则。在打造高质量微课视频时，可参考以下五大核心原则：聚焦、精练、清晰、技术适配及创新性。

（1）知识点精确聚焦

微课视频应专注于解析一个独立且关键的知识点。这是学生在自主学习过程中可能遇到障碍而需要教师重点解读的内容。这些内容通常是单元或章节的核心概念、难点问题或易混淆之处。对于大多数学生通过阅读教材即可自行掌握的知识内容，则无须专门制作微课视频。

（2）内容简洁明了

由于微课视频的理想时长是 5~8 分钟，甚至更短，因此要求内容高度凝练、要点提炼精准、难点剖析深入。步步引导学生有序地掌握知识点，强调言简意赅，每句话都要经过精心设计与预演，确保信息传递准确高效。与传统课堂讲解不同，微课视频更注重精练与高效。

（3）语言图像清晰规范

在讲解过程中，微课视频需使用规范的学术用语和表达清晰的条理分明的语言，以便于学生理解。同时保持专业性和严谨性，避免口语化表达。画面布局要合理美观，视频画质要高清无瑕疵。PowerPoint 课件应具备清晰的学习内容展示效果，字体建议选择黑体或楷体而非宋体，字号应不小于 28 磅，以保持观看舒适度；插入的视频片段应画质清晰、内容相关且具有辅助说明作用；图片选择与版面设计布局应合理得当，以提升整体视觉效果和观看体验。

（4）恰当运用制作技术

针对不同的教学主题和内容特点，教师应选择适宜的数字技术手段进行辅助展示和说明，动画、视频等多媒体元素的应用可以帮助学生更好地理解和掌握知识内容。然而，在应用这些技术手段时务必注意适度原则，避免过度使用分散学生的注意力或影响教学效果。技术应用的最终目标是服务于教学目标和提升学生的学习效果。

（5）倡导多维创新活动

制作微课视频本身就是教育创新的一种体现。因此，在微课视频的制作过程中应提倡创新理念、实施创新方法，并突破传统技术运用的限制。通过丰富多样的教学策略和手段，激发学生的学习兴趣和积极性，促进他们对知识的深入理解和吸收。同时，根据实际需求可将微课视频分为即时型与经典型两种类型进行制作：即时型微课视频制作相对简易便捷，适用于快速录制作业、练习、指导等内容；而经典型微课视频则更注重精致化和可共享性，具有长期使用价值和广泛传播潜力，通常借助功能强大的录屏软件如 Camtasia Studio 进行创作。其中，Camtasia Studio 9.0 版本的具体使用方法可在《创建高效信息化课堂》（马九克著）中找到详细说明。

第三节　智慧教育平台的应用

一、设计理念与产品构想

在深入贯彻新课标核心理念的背景下，我们构思并设计了一款智慧教育平台产品。该产品紧密围绕学生核心素养的培养，旨在通过智慧化的教学手段，为课堂教学提供全面、高效、个性化的支持。我们的设计理念是将技术与教学深度融合，让智慧教育平台成为教师教学的得力助手、学生学习的贴心伙伴。

二、产品功能与服务体系

1. 智能化教学设计与资源建设

（1）数字化内容创新

借助动画编辑、音视频剪辑等工具，教师能轻松创建生动、富有创意的教学内容，满足新课标的要求，同时激发学生的学习兴趣和创造力。

（2）情境化学习环境

利用虚拟现实（VR）技术构建虚拟实验场景，让学生在模拟实践中深化对知识的理解和应用，提升实践能力。

（3）个性化成果展示

鼓励学生利用数字媒体技术创作多元化的学习成果，并通过系统支持的个性化提交、展示和评价，促进学生的个性化发展。

2. 高效互动式课堂实施

（1）实时互动与反馈

通过智能设备实现师生间的高效互动，包括实时答题、讨论等功能，确保教师能及时了解学生的学习情况，调整教学策略。

（2）合作学习与动态活动

借助多终端互动技术，便捷地组织小组合作、探究等活动，增强课堂的趣味性和吸引力，提升学生的参与度。

（3）分层次监控与管理

教师可根据学生的不同层次进行分组管理，布置个性化的练习任务，并通过智能分析工具生成课堂报告，为教学调整提供数据支持。

3. 自主学习与个性化路径

（1）前置学习资源

提供丰富的课件、学习案等前置学习资源，引导学生完成课前自主学习任务，为新课学习做好准备。

（2）智能反馈与深度学习

系统智能批改作业并提供错题解析，针对每位学生的特点推荐个性化的学习路径，包括定制化的习题集和针对弱项的强化训练等。同时，支持专项技能如英语口语的日常提升。

4. 数据驱动的学情分析与评价

（1）全维度数据收集与分析

收集并分析师生交互、学生行为等多维度数据，形成直观的学情报告，帮助教师全面了解学生的学习情况。

（2）精准诊断与个性化教学

基于数据分析结果，进行精准的学情诊断，为不同学生群体提供差异化的教学策略和个性化学习任务。

（3）综合素质评价与发展追踪

构建全方位的评价体系，关注学生的学科成绩、认知能力、情感状态等方面的发展，为学生的全面发展提供指导。

5. AI 技术支持下的个性化教学

（1）个性化推荐与知识图谱

利用 AI 技术根据学生的特点推送个性化的学习资源和计划，并利用知识图谱精准定位学生的学习痛点，提供针对性的辅导。

（2）智能语音技术在教学中的应用

通过智能语音技术评估学生的口语表达能力，提供精细化的反馈和指导，帮助学生提升口语能力。

（3）持续优化教育大模型技术

开发并持续优化适用于教育领域的大模型技术，在多个学科领域为学生提供精准解答、复杂概念解析等支持，增强学生的自主学习能力。

6. 移动终端云管控服务

为了规范学生使用智能设备的行为，我们配备了云管控终端系统。该系统可以限制学生访问不良网站、过度使用娱乐应用等行为，同时也可以监控学生的学习进度和设备使用情况。通过云管控终端系统，可以培养学生良好的数字习惯和素养，为其未来的数字化生活打下坚实基础。

通过整合上述功能与服务体系，我们的智慧教育平台产品能够为课堂教学提供全面、高效、个性化的支持。它不仅能够减轻教师的教学负担、提升教学效果，还能够激发学生的学习兴趣和创造力，促进其个性化发展。未来，我们将继续优化产品功能，丰富服务体系，为更多师生提供更加优质、高效的智慧教育服务。同时，我们也期待与更多教育同仁携手合作，共同推动智慧教育的发展与创新。

三、数字技术赋能智慧课堂教学

数字技术在教育领域的深度应用，旨在通过智能科技手段革新教学模式和方法，构建一个集智能化学习与互动式学习于一体的现代教育生态体系。其核心目标是打造以学生为主体的学习环境，提供高度个性化的教育资源和服务，实现日常教育到终身教育的定制化，从而真正意义上落实因材施教的理念。根据前面对智慧教育平台设计的一般要求，下面将详细介绍智慧教育平台应具有的功能。

我们的智慧课堂教学解决方案从多个层面进行了实践：

1. 教学设计维度

（1）创新数字资源建设

①数字化内容创作：教师掌握基础软件技能后，借助动画编辑、音视频剪辑等工具，制作生动形象的 PowerPoint 动画及微课视频等教学内容。

②精细化课堂设计：依托智慧课堂产品系列，深入了解学生学情，遵循新课标，为每节课量身定制数字教学资源，覆盖课前自主学习、课中互动交流分享以及课后复习，确保对学生自主学习与合作学习的有效支持，培养其核心素养。

③情境化教学场景构造：利用虚拟现实（VR）技术搭建实际情境下的项目式任务，设立模拟实验室，让学生亲手操作，提升知识的实际应用

能力。

（2）多元化成果展示与评估机制

①多媒体作品创作：鼓励学生运用数字媒体技术创作多元化的学习成果，如微电影、视频报告、海报设计、电子书籍等，替代单一的传统考核方式。

②个性化表现与反馈：教师能够布置分层个性化作业，学生可实时展示、交流、互评作业，系统自动形成学情报告，教师针对个体差异进行指导，提升学生对知识的理解和应用水平。

2. 课堂互动环节

（1）高效实时互动功能

①跨终端互动参与：使用智能设备实现教师与学生的双向互动，包括随机点名、打分、抽答、抢答、问答、实时笔记、批注等功能，激发课堂活力。

②实时反馈与辅导：根据课堂测试数据实时反馈学生答题情况，及时解答难点，提高课堂效率。

③合作学习与反馈循环：借助多终端消息互通技术，引导学生围绕问题开展小组内或小组间的自主合作学习、协作探究与分享展示，锻炼他们的探究思考、表达沟通及团队协作能力。

④动态活动丰富课堂：教师可根据不同需求灵活运用多种教学手段，如图文互动、教学附件演示、快速测验、投票、作品展示等，使课堂更具趣味性和吸引力。

（2）分层次过程监控与管理

①练习与答疑环节：教师利用智慧教育平台布置练习任务，实时监测每个学生的答题进度与正确率，为个性化辅导提供依据。

②同伴互助学习：设置拍照上传答案、相互评价的学习环节，促进生

生互动，加强解决问题能力和批判性思维训练。

③课堂智能分析与反馈：每一堂课结束后，系统基于课堂互动数据自动生成分析报告，帮助教师全面了解课堂教与学的情况，发现问题并采取措施改进教学方式，学生也可据此精准巩固相关知识点。

3. 自主学习模块

（1）线上资源推送与自主学习

①课前资料准备

教师提前向学生推送包含课件、学习案、微课视频在内的课前学习材料，助力学生课前深度自主学习。

②驱动性问题导向的任务分配

教师设定基于驱动性问题的课前任务，学生结合课前资料完成任务，随后展开线上小组合作探究学习，并进行小组间讨论交流，教师在线监督并给予点评，实现课前深入学习的效果。

③个性化学习路径规划

系统基于学生个体差异推荐定制化的习题集，支持学生按需自主学习。

（2）实时反馈与深度学习

①智能错题解析与补救

系统自动批改作业并深入分析错误原因，辅以原理讲解，帮助学生理解错误根源。

②知识短板针对性训练

针对薄弱知识点，学生可自行选择强化训练，系统动态更新题库、知识点详解及相应微课视频，根据学生练习状况调整题目难度，确保学生扎实掌握全部知识点。

③英语学科能力日常提升

学生可随时随地进行英语口语练习，提高语言运用能力。

④学情记录与自我诊断

系统全面记录学生在校学习数据，将详细学情反馈给学生，便于他们了解自身阶段性的学习效果，针对不足之处调整学习计划，有针对性地巩固和学习。

4.学情分析与综合评价体系

（1）全面数据采集与分析

①多维度课堂行为数据收集

通过各类终端设备及应用程序，全面记录师生交互、学生答题、小组讨论等多种学习行为数据。

②数据可视化展现

将收集的数据转化为可视化图表，直观呈现学生、教师、班级乃至整个学校在学情和教学上的整体状况。

（2）精准学情诊断与干预策略

①学情追踪与改进措施

基于数据分析结果，准确找到学生的问题所在，制订个性化的教学方案和辅导策略。

②动态分组与差异化教学

针对学困生、后进生和学优生，教师灵活分组并推送不同难易度和侧重点的学习任务，实现个性化教学。

（3）综合素质评价与发展追踪

①全方位能力评估

不仅关注学科知识掌握程度，还考查学生的认知能力、情感状态以及课外活动表现，塑造全面的学生数字画像。

②成长轨迹长期跟踪

通过对学生历史学习数据的连续跟踪和定期分析，把握学生的发展趋势和进步情况，有效指导教育教学工作。

5. AI 辅助教学功能

（1）个性化推荐算法

根据每个学生的学习特点和进度，智能生成和推送适应其需求的学习材料与学习计划。

（2）教学知识图谱技术

利用学科知识结构，精准探测学生对各个知识点的掌握程度，通过分析学生作业、练习、考试及答疑环节的数据，以可视化知识图谱形式展示学生对各知识点的掌握情况，从而精确识别学习瓶颈与弱点。

（3）语音识别技术在英语口语教学中的应用

当学生朗读单词或句子时，AI 能够自动评估发音准确性，提供总体评分和单个单词发音细节反馈，并显示标准发音供参考对照。

（4）教育专用大模型技术

通过整合多元教育数据、执行数据预处理、特征工程、模型设计、预训练、迁移学习等步骤，在语文、数学、英语等科目中开发出适用于自主学习环境的教育专用大模型。该模型能够根据具体问题提供精练而准确的答案，例如解释语文词汇含义、简明阐述数学概念或公式、创建有助于记忆英语单词的具象场景等。

实际应用中，智慧课堂不断吸收先进的教育理念，紧密结合学科特色和学生学习习惯，根据用户反馈持续优化教育专用大模型，使之更贴近教育教学实际，最终融入各级学校、各类课堂和各类智能终端，让 AI 成为广大教师得力的教学助手。

6. 云管控终端服务

专为中小学生设计的移动终端管理系统采用云端架构,管理员可在云端平台上实时查看每个学生的行为日志和违规记录,灵活管理学生可使用的 APP 清单及上网时间。此系统可有效地防止学生随意安装应用、访问不良网站等行为,旨在通过合理的管控措施,引导学生健康合理地使用智能设备,培养良好的数字素养,确保他们在拥抱智能时代的同时养成良好的数字生活习惯。

四、平板电脑在教学中的误区及正确应用

随着科技的日新月异,平板电脑作为一种现代教学工具,逐渐融入了教育领域。然而,在推进智慧课堂教学的过程中,许多教师可能陷入了一个误区,认为技术的运用越多越好,而未能深刻认识到数字化赋能的课堂教学改革实际上是课堂教学结构的变革。下面将详细探讨平板电脑在教学中的适宜应用及使用注意事项,以期帮助教师和学生充分利用平板电脑的优势,同时避免过度依赖,确保教学过程的有效实施。

1. 数字技术工具应用需适度

在智慧课堂教学中,数字技术工具的使用并非越多越好,而应适度。过度依赖技术可能导致教学内容的浅表化和学生思维的跳跃性增加。因此,教师需要审慎选择何时使用数字技术工具,以及如何使用。

(1)误区:过度依赖平板电脑

一些教师可能过度依赖平板电脑,将其作为主要的教学工具,而忽视了其他教学手段的运用。例如,一些教师可能简单地将课堂讲解内容录像后在课堂上播放,尤其是实验课程。然而,这种做法可能剥夺了学生亲手操作实验的机会,影响了他们的实践能力和科学素养的培养。同时也易导致学生对平板电脑产生依赖心理,削弱他们的自主学习能力和创新意识。

（2）正确应用：审慎选择与融合

正确应用平板电脑等数字技术工具的关键在于审慎选择和融合。教师应该根据教学内容和目标，选择最适合的数字技术工具。例如，对于无法现场完成的高科技实验现象，可以通过平板电脑播放相关视频，帮助学生更好地理解；对于因难度大或耗时长而不便在课堂上演示的实验，平板电脑也可以作为一种辅助工具。但需要注意的是，能用实验不用视频，能用视频不用动画，应该尽量保证学生通过实际操作或观察来获得直观经验。同时，还需要将平板电脑与其他教学手段相结合，如板书、实物展示、课堂演示等，形成多元化的教学模式，以满足学生的不同学习需求。

2. 重视手写笔记的传统价值

尽管平板电脑提供了便捷的书写功能，但手写笔记的传统价值依然不可忽视。手写笔记不仅有助于学生记忆和理解知识，还能培养他们主动思考的习惯。

（1）误区：忽视手写笔记的重要性

一些教师可能认为平板电脑可以完全替代手写笔记，从而忽视了手写笔记的重要性。然而，手写笔记的过程不仅是知识的记录，更是思维整理和深化的过程。

（2）正确应用：平板电脑与手写笔记相结合

正确应用平板电脑的方式应该是将其与手写笔记相结合。教师可以鼓励学生使用平板电脑进行课堂互动和实时记录，但同时也要强调手写笔记的重要性，引导他们在关键时刻使用纸质笔记本进行记录和整理。这种结合方式既充分利用了平板电脑的便捷性，又保留了手写笔记的独特价值。

3. 电子错题集与纸质纠错本相互补充

虽然智能系统能够自动生成错题集并进行个性化试题推送辅导，但电子错题集并不能完全替代纸质纠错本。学生依然需要拥有自己的纠错本，用于记录自主学习中遇到的问题。

（1）误区：完全依赖电子错题集

一些教师可能过于依赖电子错题集，认为它可以完全替代纸质纠错本。然而，这种做法可能导致学生忽视纸质纠错本在知识巩固和深化方面的独特作用。

（2）正确应用：电子错题集与纸质纠错本相互补充

正确应用电子错题集的方式应该是将其与纸质纠错本相互补充。教师可以鼓励学生使用电子错题集进行错题整理和反思，但同时也要强调纸质纠错本的重要性，引导他们在关键时刻使用纸质纠错本进行深度纠错和整理。这种相互补充的方式既充分利用了电子错题集的便捷性和个性化辅导优势，又保留了纸质纠错本在知识巩固和深化方面的独特作用。

综上所述，平板电脑等现代信息技术教学工具在教学中是一把双刃剑。要想充分发挥其优势并避免潜在负面影响，教师需要坚持"人机结合、以学为主"的原则，合理规划平板电脑的功能应用和时间安排，将其与其他传统教学手段相互补充。只有这样，才能引导学生形成自主、互动且富有深度的学习模式，全面提升他们的综合素质与学业成就。

第四节　国家智慧教育平台资源及应用

国家中小学智慧教育平台（网址为 https://basic.smartedu.cn），拥有丰富的数字课程资源。"学生自主学习"板块包含了全面系统的中小学各科课程内容，由北京及全国其他地方的优秀教师录制，尤其适合学生在假期进行复习巩固或提前自学，也可作为日常教学中的辅助教学资源。而在"教师备课授课"板块，教师可充分利用平台上的课程资源来准备和优化教学方案。如图 8.4.1 所示。

图 8.4.1

一、个人中心功能与操作

1. 进入个人中心

（1）将光标置于右上角的头像小图标上面，在下面出现的选项中，点击"个人中心"，如图 8.4.2 所示，即可进入个人中心。

图 8.4.2

（2）在个人中心界面中，左侧提供了多个选项卡，点击任意一项，右侧会展示相应的内容。例如，在"我的资源库"中，可以查看并管理自己已收藏的课程资源。如图 8.4.3 所示。

图 8.4.3

2. 资源库内容添加

（1）新建云文档

点击图 8.4.3 右上角的"新建云文档"，可在线创建并编辑 Word 文档。系统会自动保存至资源库中。

（2）新建互动课件

点击图 8.4.3 右上角的"新建互动课件"，可在线创建并编辑 PowerPoint 文档。系统会自动保存至资源库中。

（3）导入本地文档

点击图 8.4.3 右上角的"导入本地文档"，可以把本地的 PowerPoint 课件、Word、PDF 等文档上传到资源库中。

（4）添加平台资源

可以将国家智慧教育平台上选取的"视频课程""学习任务单""课后练习""课件""教学设计"等添加到个人资源库中。

二、在线编辑 PowerPoint 课件

打开"我的资源库"中某一个 PowerPoint 课件，或者新建一个 PowerPoint 文档，在此可以在线编辑 PowerPoint 课件。如图 8.4.4 所示。

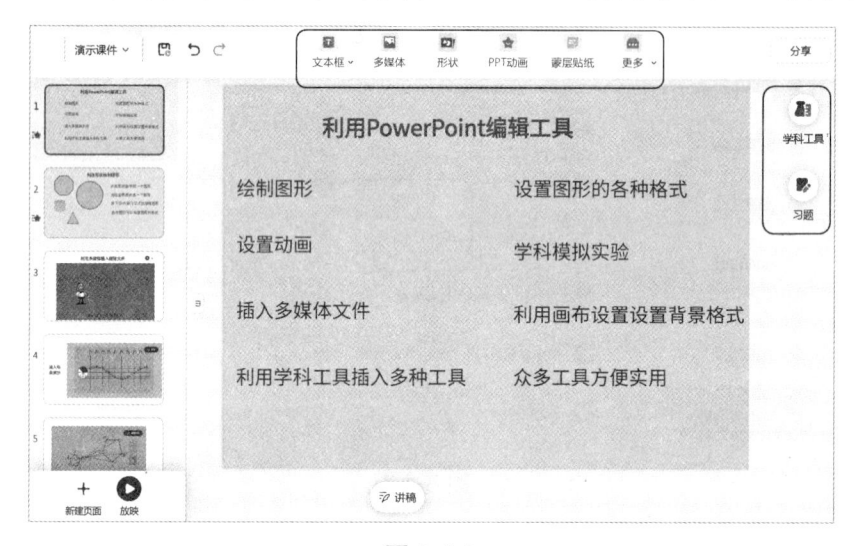

图 8.4.4

1. 文本插入与编辑

通过点击顶部工具栏的"文本框"选项，可以插入"文本框"并调整格式。

2. 多媒体插入

点击"多媒体"选项，可以插入"我的资源库"中的多媒体文件，或将本地的多媒体文件插入 PowerPoint 中。

3. 图形绘制与编辑

（1）点击"形状"选项，可以在 PowerPoint 中绘制各种图形。如图 8.4.5 所示。点击某一个形状后，在 PowerPoint 界面点击一下，可以在界面上插入一个图形。

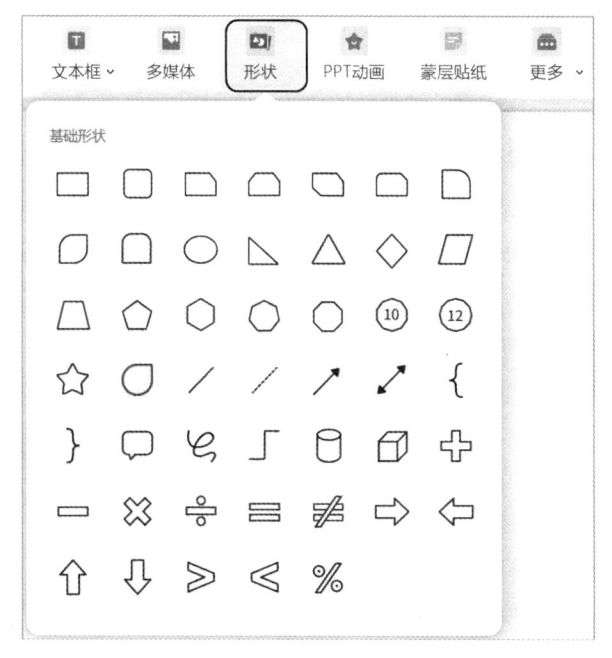

图 8.4.5

（2）编辑图形。选中插入的图形，可以设置填充颜色和边框颜色等，点击图形上面工具条右上角的三个小点，在右边的"图形设置"窗格中设置图形的更多格式。如图 8.4.6 所示。按下 Shift 键，用鼠标拉动图形的右下角，可以等比例改变图形的大小。拖动图形右边的转动柄可以让图形转动。

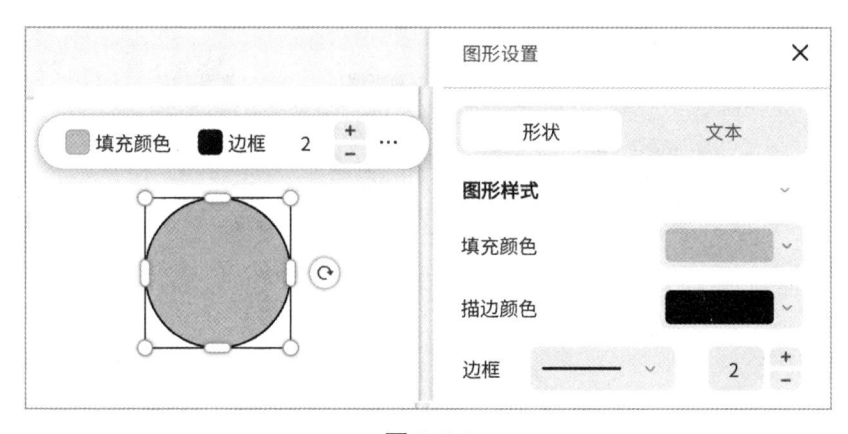

图 8.4.6

4. 设置动画

（1）添加动画

点击"PPT动画"选项，在右边出现动画窗格，再选中对象（图形或文本框），点击"添加动画"，选择要添加的动画即可。如图8.4.7所示。

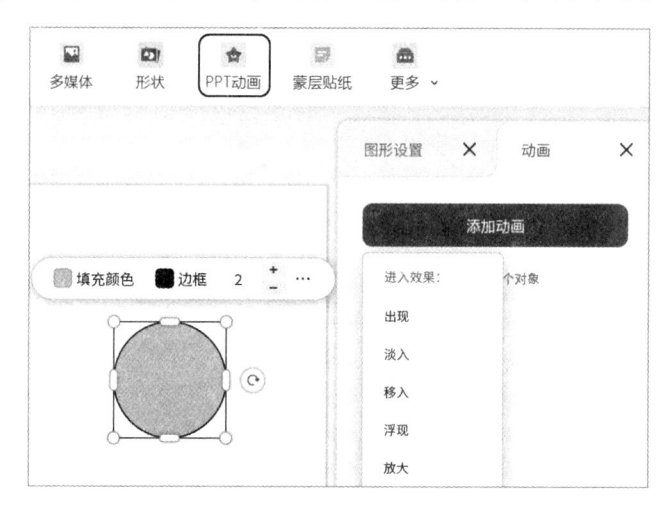

图 8.4.7

（2）动画设置

添加某一个动画后，点击进入动画设置的选项中，可以设置进入的方式、效果、类型、持续时间等参数。如图8.4.8所示。

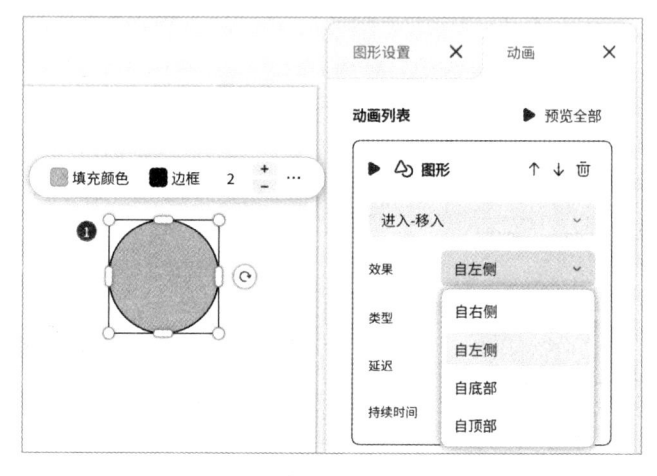

图 8.4.8

5. 蒙层贴纸功能

点击"蒙层贴纸"选项，可以将图片插入 PowerPoint 中。

6. 更多工具使用

点击"更多"选项，可以插入随堂练习、表格、链接、公式、思维导图等。如图 8.4.9 所示。

图 8.4.9

（1）插入随堂练习

①创建随堂练习。点击"随堂练习"，有"单选题""判断题"和"多选题"等不同的题型供选择。选中某一个题型，点击"创建"，可以创建一个随堂练习。如图 8.4.10 所示。

图 8.4.10

②编辑随堂练习。创建一个随堂练习后，可以编辑随堂练习，根据需

要插入图片、公式、音视频文件等。编辑完成后点击"插入"即可。如图 8.4.11 所示。

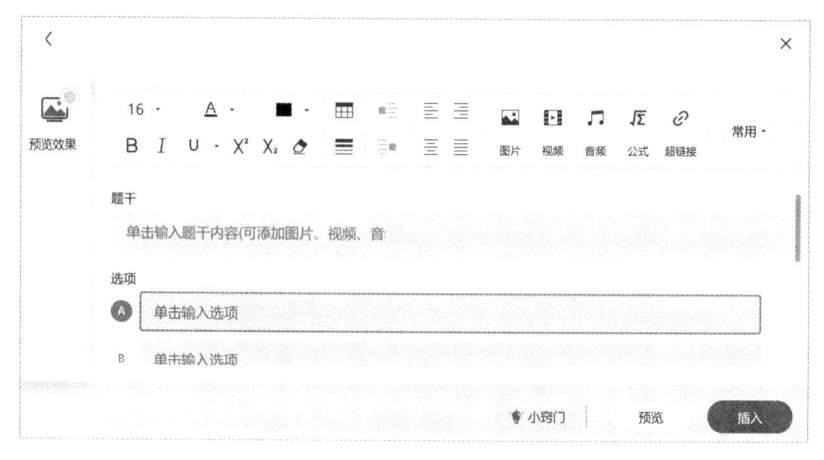

图 8.4.11

（2）插入公式

点击"公式库"，选择学科和学段，找到需要的公式，可以选择"插入"，将公式直接插入，或选择"编辑后插入"，对公式编辑后再插入。如图 8.4.12 所示。

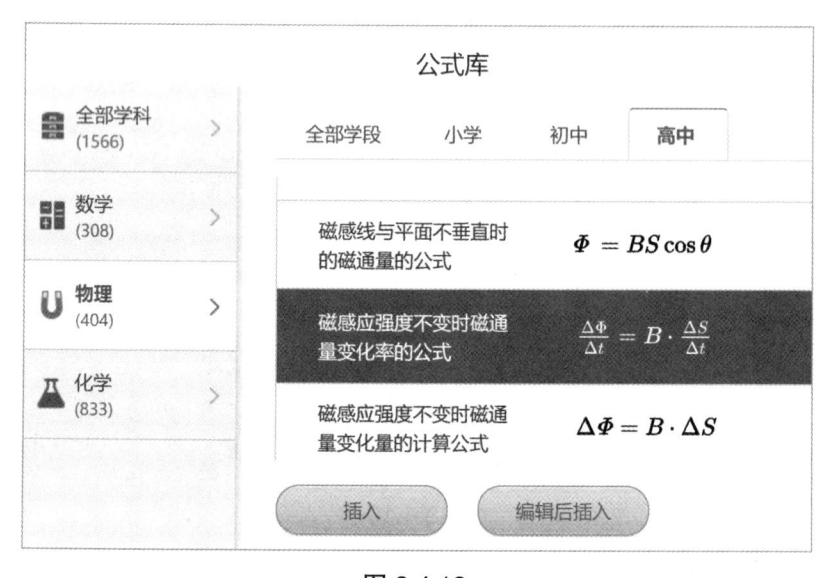

图 8.4.12

7. 学科工具集成

点击 PowerPoint 编辑界面右上角的"学科工具",可以看到有符合学科特点的众多学科工具,选中需要的插入即可。如图 8.4.13 所示。

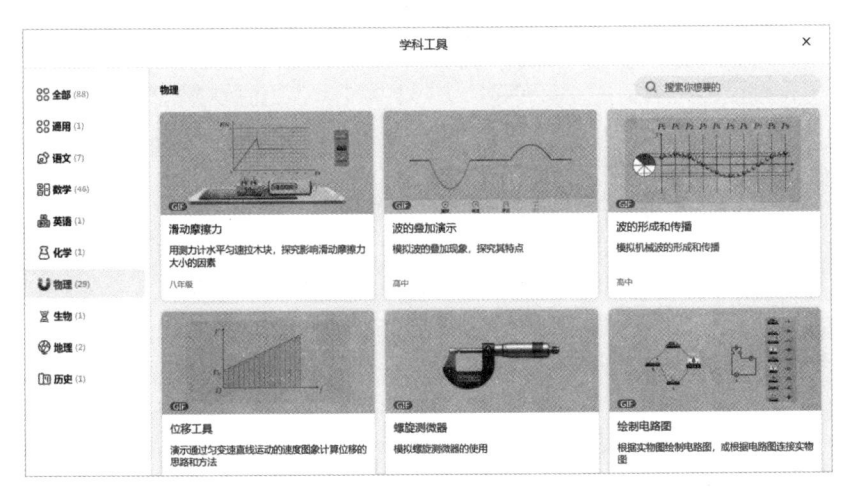

图 8.4.13

8. 播放 PowerPoint 课件

(1)在界面左下角可以点击"播放"按钮,或在左侧预览窗口中的某一幻灯片页面上右击鼠标,选中"从当前页放映",都可实现播放,如图 8.4.14 所示。

图 8.4.14

（2）在放映的过程中，会看到界面下方有"画笔""橡皮擦"和"授课工具"等工具，点击"授课工具"，"互动工具"中的"计时器"在课堂上常常使用。如图 8.4.15 所示。在"学科工具"中，选择某一个学科工具（工具与图 8.4.13 类同），可以直接插入使用。

图 8.4.15

三、获取与应用教学资源

从首页进入"教师备课授课"界面后，教师可以便捷地下载并整合各类备课所需的教学资源。

1. 下载备课资源

（1）在选定自己的学科和教学章节及课程之后，会看到平台提供的丰富的"课程包""课件"和"教学设计"等素材。如图 8.4.16 所示。

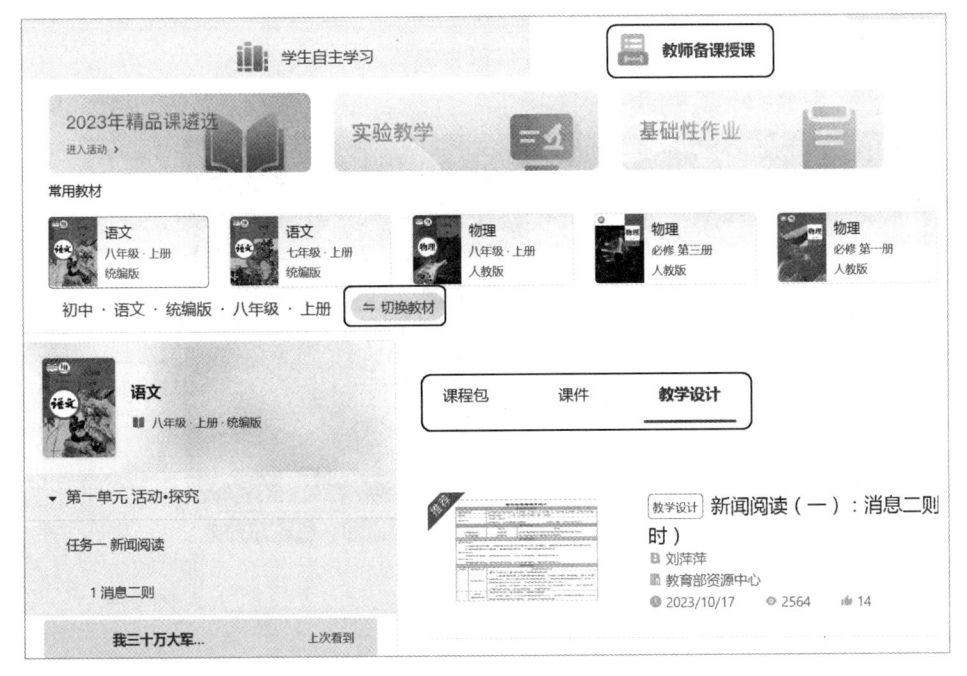

图 8.4.16

（2）当打开某一个具体的"视频""课件"或"教学设计"时，会看到右下角设置有操作按钮。若打开的是视频，可选择"存到我的资源库"，或选择不同的播放方式："全屏授课"或"H5 播放器授课"。若打开的是课件，还可以重新"编辑资源"。如图 8.4.17 所示。存储在"我的资源库"中的 PowerPoint 课件，可以在线再编辑并在课堂上实时播放演示。对于打开的"教学设计""学习任务""课后练习"，教师可直接复制其中的文字内容并进行个性化调整。

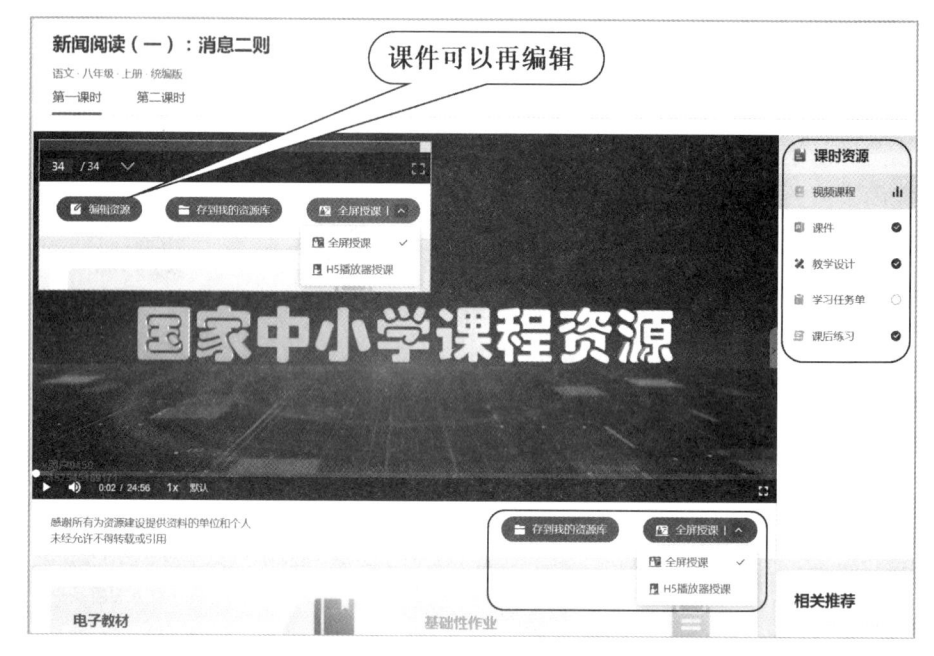

图 8.4.17

2. 应用电子教材功能

备课时可以将电子教材的插图和例题直接截图（或复制文字）插入自己的 PowerPoint 课件或 Word 文档中。

（1）在主页面，点击"教材"，找到需要的教材。如图 8.4.18 所示。

图 8.4.18

（2）点击打开所需要的教材，点击右上角，可以将电子教材添加到我的资源库,或者点击"全屏授课"全屏展示。如图 8.4.19 所示。

图 8.4.19

(3)在"全屏授课"模式下,教师能够轻松截图保存教材画面,或者启用左下角的"放映"功能浏览教材详情。如图 8.4.20 所示。

图 8.4.20

(4)当教材处于"放映"状态时,右下角会显示一系列工具图标,如图 8.4.21 所示。其中,"文本选择工具"允许教师选取并复制电子教材中的文字内容，以便于在自编教学材料中引用。

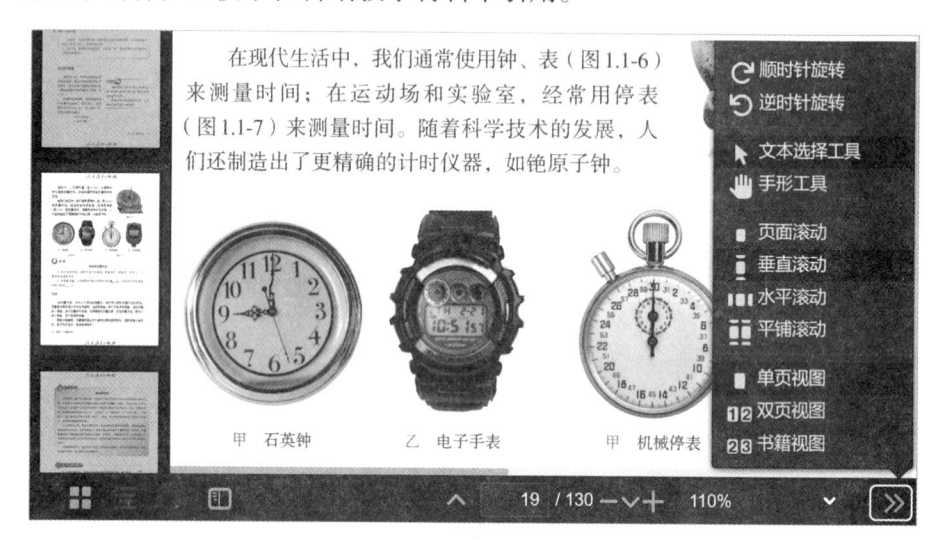

图 8.4.21

四、充分利用国家精品课程资源

在"学生自主学习"板块中，平台汇集了各学科的高质量国家精品课资源，包括视频课程、配套的"学习任务单"和"课后练习"文档。

1. 视频播放与资源管理

（1）在"学生自主学习"板块里选定某一课时后，用户可点击左下角的播放按钮进行正常播放。点击界面下方的"存到我的资源库"，可以将视频添加到我的资源库中。还可以选择适合的播放器如"H5 播放器"进行观看。如图 8.4.22 所示。同样，点击界面右边的"课件""教学设计""学习任务单"和"课后练习"等项目时，界面下方出现相应的选项按钮。

图 8.4.22

（2）当选择使用"H5 播放器"上课时，会进入一个如图 8.4.23 所示的集成界面，能够流畅播放视频课程及查阅相关学习文档。

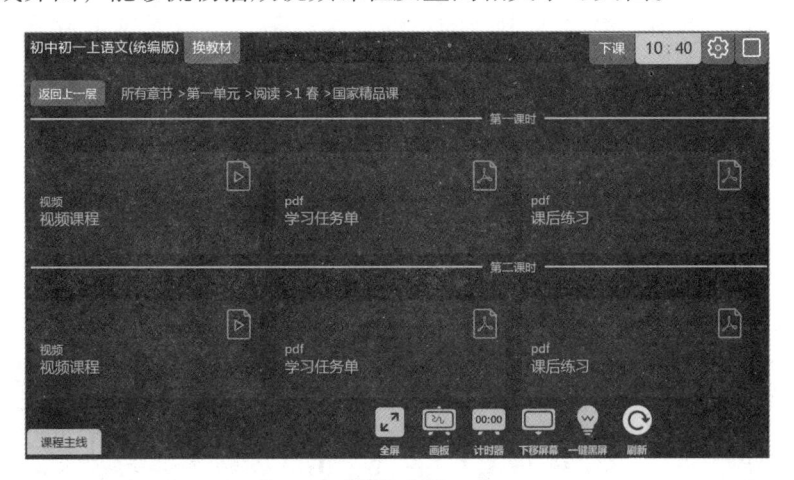

图 8.4.23

（3）使用"H5 播放器"授课时，在视频或学习任务单播放的过程中，点击下方的"画板"，左边出现侧边工具栏，有众多工具供选用，如图 8.4.24 所示。而点击左下角的"课程主线"，则会展现出整个课程的结构框架。

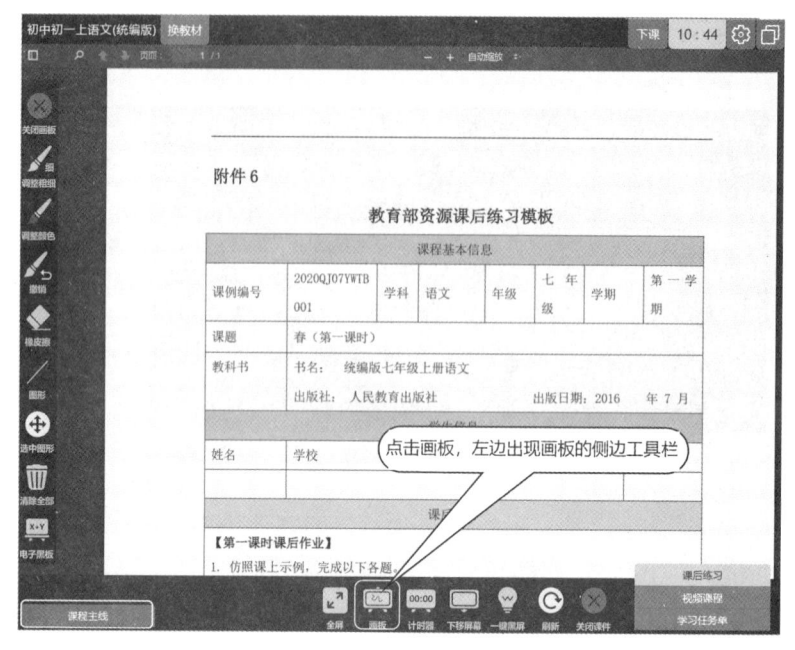

图 8.4.24

（4）点击图 8.4.24 左下角的"课程主线"，可以看到本章节的"国家精品课"和"部优"课。国家精品课又称为国家中小学课程资源，一般由北京市教研室组织北京市的优秀教师录制。部优课也称为基础教育精品课，一般由全国各地教师提供。如图 8.4.25 所示。点击"国家精品课"或"部优"课，可以看到有"视频课程"（有的课有实验视频）、PDF 格式的"学习任务单"和"课后练习"三个文件。

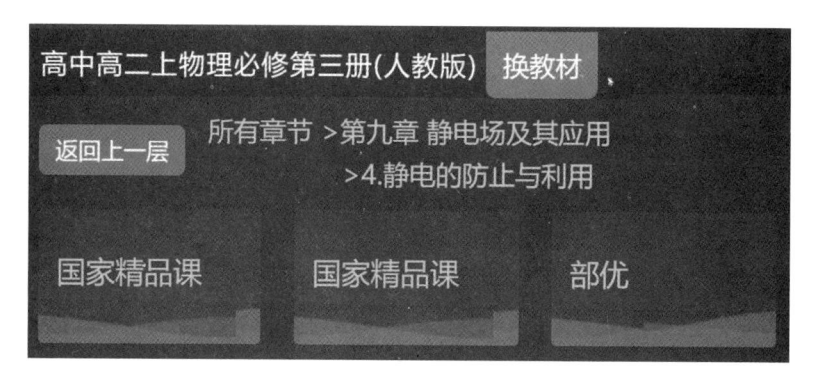

图 8.4.25

2. 应用电子黑板功能

（1）使用"H5 播放器"授课时，在左侧工具栏下方点击"电子黑板"功能，教师可以利用侧边工具在虚拟黑板上进行板书、绘制图形等操作。例如，添加"四线三格"与"田字格"的模板。如图 8.4.26 所示。黑板支持多屏切换，完成第一屏内容书写后，只需点击第二屏即可继续。

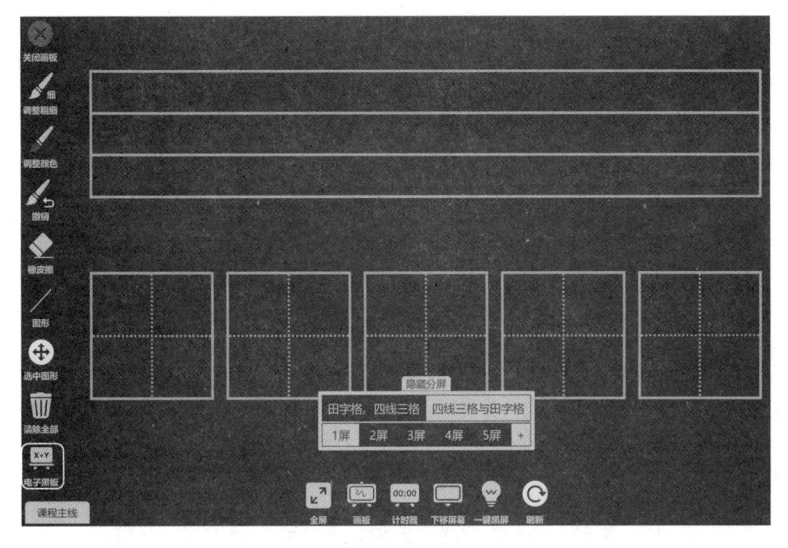

图 8.4.26

（2）在左侧工具栏内点击"图形"选项，选择任意图形，在黑板上点击即可插入。插入后的图形可通过点击右上角的"四个小方块"图标调出不同的编辑工具。如对于添加的圆形图形，可以进行添加"内接正方形""外切正方形"等操作。如图 8.4.27 所示。

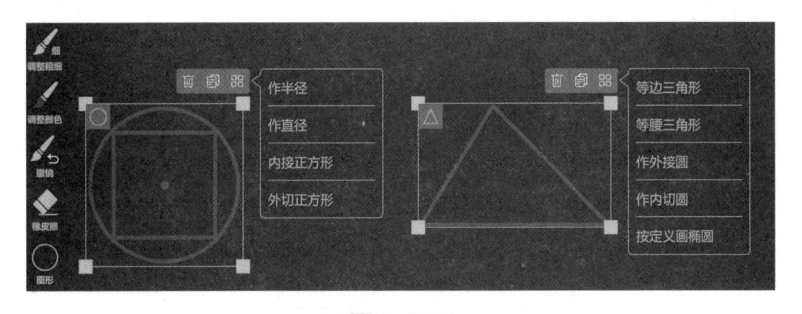

图 8.4.27

在实际课堂教学中，要充分利用国家智慧教育平台中的数字课程资源。教师可以在"个人中心"的"我的资源库"中进行 PowerPoint 课件和 Word 文档的在线编辑、播放以充实授课内容；同时，教师应当积极引导学生利用这些数字课程资源开展个性化学习，并借此推动课堂教学向数字化转型，不断探索和实践新的教学模式。

学习思考讨论题参考答案

问题一：在教育数字化转型的背景下，教师应如何提升自身的数字素养，并有效整合和应用数字课程资源，以促进学生的个性化学习和全面发展？

参考答案

在教育数字化转型的背景下，教师提升自身的数字素养并有效整合和应用数字课程资源对于促进学生的个性化学习和全面发展至关重要。以下是几个关键方面，教师可以在这些方面进行深入探讨和实践。

1. 教育信息化与数字化的交织发展

（1）教育信息化的实践。包括基础设施建设、教育资源开发、教学与管理信息化和教学手段与工具革新等。

（2）教育数字化的深化。涉及数字教育资源制作与整合、教育管理全流程数字化等。

2. 教师数字素养与教学实践融合

（1）数字技术教育资源与教师技能需求。教师需掌握数字技术理论知识和操作技能。

（2）教师数字素养的核心作用。数字技能与教学实践的深度融合、对个性化教学的支撑、提升教育公平与教学质量。

3.数字化教学的实施与资源应用

（1）教育数字化的核心应用领域。教学设计、教学实施、学业评价、协同育人。

（2）教育数字化实践与资源开发。智慧教育平台的功能整合、本地化资源的实践与应用。

4.数字课程资源与智学包的整合应用

（1）数字课程资源概述。涵盖多媒体教材、试题库、电子课件等。

（2）智学包及其构成。整合和打包数字课程资源，以实现高效管理和便捷使用。

（3）微课视频的特点与设计制作。微课视频作为智学包的重要组成部分，具有明确的教学目的和紧凑的内容。

通过上述措施，教师可以有效地提升自身的数字素养，并有效整合和应用数字课程资源，以促进学生的个性化学习和全面发展。

问题二：在教育数字化转型中，教师应如何设计和制作高质量的微课视频，以促进学生的个性化学习和提升教学效果？

参考答案

在教育数字化转型中，设计和制作高质量的微课视频对于促进学生的个性化学习和提升教学效果具有重要意义。以下是几个关键方面，教师可以在这些方面进行深入探讨和实践。

1.微课视频制作流程概览

（1）选题阶段。根据课程的核心知识点、难点及易混淆点进行合理划分。

（2）设计阶段。深入剖析知识点，创新性地设计录制前的PowerPoint演示文稿。

（3）制作阶段。使用专业录屏软件记录讲解过程，并进行后期制作。

2.知识点微课视频设计案例

（1）微课设计方案。以高中物理"直流电动机的工作原理"为例，探讨微课视频设计的具体步骤。

（2）格式规范与一致性。确保视频封面和内容页面的排版格式统一。

3.教学单元微课视频的制作规划

（1）精细划分知识点。将教学单元内容合理拆分为多个独立而关联的知识点。

（2）统一设定格式与风格。对整个微课视频系列的格式与风格进行统一设定。

4.微课视频录制的关键要点

（1）内容选择的原则性考量。着重突出教学中的重点、难点、疑点及易错点。

（2）实验教学视频制作原则侧重实物操作与真实记录，提倡装置简化与针对性录制。

5.微课视频的制作对教师的要求

（1）教师需具备全方位高素养。包括教学业务能力、数字技术技能、媒体融合能力和艺术审美意识。

（2）优质微课视频的制作标准与原则。聚焦、精练、清晰、技术适配及创新性。

通过上述措施，教师可以有效地设计和制作高质量的微课视频，以促进学生的个性化学习和提升教学效果。

问题三：在智慧课堂教育环境下，如何合理应用智慧教育平台和平板电脑，促进学生核心素养的全面发展并提升教学质量？

参考答案

在智慧课堂教育环境下，合理应用智慧教育平台和平板电脑对促进学生核心素养的全面发展和提升教学质量至关重要。以下是几个关键方面，教师可以在这些方面进行深入探讨和实践。

1. 智慧教育平台的设计理念与产品构想

（1）紧密围绕核心素养培养。设计智慧教育平台，提供全面、高效、个性化的教学支持。

（2）技术与教学深度融合。使智慧教育平台成为教师教学的助手和学生学习的伙伴。

2. 智慧教育平台的功能与服务体系

（1）智能化教学设计与资源建设。包括数字化内容创新、情境化学习环境、个性化成果展示。

（2）高效互动式课堂实施。实现实时互动与反馈、合作学习与动态活动、分层次监控与管理。

（3）自主学习与个性化路径。提供前置学习资源、智能反馈与深度学习。

（4）数据驱动的学情分析与评价。全维度数据收集与分析、精准诊断与个性化教学、综合素质评价与发展追踪。

（5）AI技术支持下的个性化教学。个性化推荐与知识图谱、智能语音技术应用、持续优化教育大模型技术。

（6）移动终端云管控服务。规范学生使用智能设备的行为，培养良好的数字习惯和素养。

3. 数字技术赋能智慧课堂教学

（1）教学设计维度。创新数字资源建设、多元化成果展示与评估机制。

（2）课堂互动环节。高效实时互动功能、分层次过程监控与管理。

（3）自主学习模块。线上资源推送与自主学习、实时反馈与深度学习。

（4）学情分析与综合评价体系。全面数据采集与分析、精准学情诊断与干预策略、综合素质评价与发展追踪。

（5）AI辅助教学功能。个性化推荐算法、教学知识图谱技术、语音识别技术应用、教育专用大模型技术。

（6）云管控终端服务。移动终端云管控服务，引导学生健康合理地使用智能设备。

4.平板电脑在教学中的误区及正确应用

（1）数字技术工具应用需适度。审慎选择与融合，避免过度依赖平板电脑。

（2）重视手写笔记的传统价值。平板电脑与手写笔记相结合，强调手写笔记的重要性。

（3）电子错题集与纸质纠错本相互补充。电子错题集与纸质纠错本相互补充，正确应用电子错题集。

通过上述措施，教师可以有效地利用智慧教育平台和平板电脑，促进学生核心素养的全面发展并提升教学质量。这不仅能够帮助教师和学生充分利用平板电脑的优势，同时避免过度依赖，确保教育过程的有效实施。

问题四：如何有效利用国家中小学智慧教育平台的资源，促进教师教学和学生学习的数字化转型？

参考答案

国家中小学智慧教育平台提供了丰富的数字课程资源，对于促进教师教学和学生学习的数字化转型具有重要作用。以下是几个关键方面，教师可以在这些方面进行深入探讨和实践。

1.平台资源概览与应用

（1）学生自主学习资源。平台提供全面系统的中小学各科课程内容，适合学生假期巩固复习或提前自学。

（2）教师备课授课资源。教师可利用平台课程资源来准备和优化教学方案。

2. 个人中心功能操作

（1）进入个人中心与资源管理。教师可通过个人中心管理已收藏的课程资源。

（2）资源库内容添加。教师可通过新建云文档、新建互动课件、导入本地文档来添加平台资源。

3. 在线编辑与课件制作

（1）文本与多媒体插入。教师可在线编辑 PowerPoint 课件，插入文本和多媒体文件。

（2）形状绘制与动画设置。教师可编辑图形并为其添加动画效果，增强课件的互动性和吸引力。

4. 教学资源的获取与应用

（1）下载与整合备课资源。教师可下载各类备课素材，如课程包、课件和教学设计。

（2）应用电子教材功能。教师可截图或复制电子教材内容，丰富教学材料。

5. 国家精品课程资源利用

（1）视频播放与资源管理。教师可播放和管理国家精品课程视频及配套学习文档。

（2）电子黑板功能应用。教师可在虚拟黑板上进行板书、绘制图形等操作。

通过上述措施，教师可以有效地利用国家中小学智慧教育平台的资源，促进教学和学习的数字化转型。

第九章

推进智慧课堂实施的必要措施

学习本章内容思考讨论回答下面问题：

问题一：在智慧课堂教学改革中，学校如何构建有效的管理体系和导师团队，以促进教师专业成长和提升教学质量？

问题二：如何通过系列教学比赛活动提升教师的智慧课堂教学能力，并有效促进学生核心素养的发展？

问题三：如何通过系统化培训确保教师、学生和家长全面掌握智慧课堂教学模式基本要求，促进学生核心素养的发展？

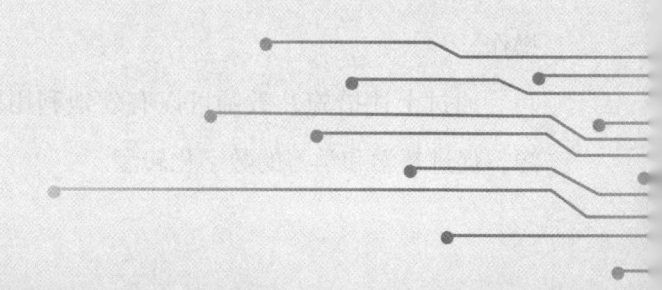

第一节　构建智慧课堂教学管理体系

一、学校顶层设计与全员协同体系

在推进数字化转型的智慧课堂教学改革进程中，学校需建立一个全面而深入的管理体系，确保改革行动有序且高效实施。该体系的核心在于从顶层设计到全员协同的全方位改革与优化。

1. 顶层设计规划

智慧课堂教学的改革首先依赖于明确的战略规划，涵盖发展目标、实施路径及配套政策等。学校应根据最新的教育发展趋势和自身实际情况，科学合理地设计智慧课堂发展战略，以确保改革方向正确且路径可行。

2. 组织协同机制

智慧课堂教学改革不仅是教学方式的变革，还涉及学校组织架构和协同机制的创新。学校需构建灵活且高效的内部组织结构，明确各部门、各层级在智慧课堂建设中的角色与职责。通过合理的制度安排和协同运作，确保各方统一目标，形成合力推进改革的良好局面。

3. 教育资源整合与优化

数字化转型要求教育资源的重新整合与优化配置。学校应充分利用现代信息技术手段，整合校内外优质教育资源，实现资源的云端化、智能化管理，以满足智慧课堂个性化、灵活化教学的需求。

4. 新型评价体系构建

为适应智慧课堂的教学模式，评价体系也需相应升级转型。学校应以核心素养为核心，结合过程性评价、能力评价和多元评价等方式，构建科学、公正、全面的教学效果评价体系。这将为教学改革提供准确的反馈信息，助力教学质量的持续提升。

5. 课程体系重建

智慧课堂教学改革的实施需与课程内容和教学方式的更新同步进行。学校应重新设计和构建课程体系，确保课程内容既体现学科知识的内在逻辑，又支持学生的个性化自主学习需求。同时，教学方法与评价标准也应与智慧课堂理念相匹配，形成相辅相成的良好格局。

6. 全员参与与能力提升

智慧课堂教学的改革与实施是一项全员工程，离不开全体教职员工及学生的共同参与和努力。学校应通过系统性的培训、研讨、交流等活动，不断提升教师的数字素养和教学创新能力，同时培养学生的自主学习习惯，营造全员支持智慧课堂教学改革的良好氛围，为改革的顺利实施提供有力保障。

总之，在数字化转型背景下推进智慧课堂教学改革，要求学校在顶层设计上具备前瞻性和战略性思维，建立高效灵活的组织协同机制，实现教育资源的优化配置，构建适应教学需求的新型评价体系，重新设计课程体系，以充分体现智慧课堂教学理念，并确保全员参与和能力提升。只有构建这样一个完整的支持体系，智慧课堂教学改革才能真正落地生根、不断迭代优化，从而有效提升教育教学质量，培养适应未来社会发展的高素质人才。

二、构建健全的领导管理服务体系

为有效推动智慧课堂的建设与实践，学校各级管理层、全体教师以及相关部门需形成紧密的合作机制，共同构建和维护智慧教育生态。具体职责分工如下：

1. 高层决策与统筹协调

（1）董事长（校长）

主导数字化校园建设的战略决策过程，负责全面统筹和协调各部门资源，确保智慧课堂项目在宏观层面得到合理布局并整体有序推进。

（2）业务校长

具体负责规划并制订智慧课堂教学改革的详细实施方案，以智慧课堂教学模式为核心，围绕互动式、启发式、探究式、体验式等先进教学理念，指导各学部开展具体而细致的落实工作。

（3）学部校长

在业务校长的指导下进一步细化和完善智慧课堂教学改革方案，并组织教师团队落地实施。特别强调加强学习共同体的构建工作，在前置性自主学习、合作交流等关键环节中实现智慧教学实践的突破和创新。

2. 教学支持与研究部门协同合作

（1）教务处

积极协助各学部执行课堂教学改革计划，实时统计和分析教学数据，做好智慧课堂教学改革过程中的教学督导和日常行政管理工作。

（2）科研室

①组织定期的教师培训活动，提升教师在智慧课堂教学理论和技术应用方面的素养和能力水平。

②与学部校长紧密合作，共同指导和监控数字化课堂教学方案的实际应用，及时发现并解决在实施过程中遇到的问题和挑战。

③积极申报和承担相关科研课题研究工作，收集整理重要的研究资料和数据信息，深入开展具有针对性的教学研究活动，并及时促进研究成果的应用与推广。

（3）德育处

加强班主任队伍建设和班级管理水平提升工作，深入一线与班主任共同研讨智慧课堂环境下德育工作的新挑战和新机遇。积极探索数字化背景下学生德育工作的新内容和新方法，为培养全面发展的人才提供有力支撑。

（4）任课教师及教研组

①持续跟进新课标和智慧课堂理论实践动态，深入研究如何通过智慧课堂实现新课标所倡导的教学目标。如培养学生高阶思维能力及核心素养等关键能力，结合学科特点创造性地运用智慧课堂模式开展日常教学工作。

②积极学习微课视频制作技术和策略方法，自主开发高质量的微课视频资源，努力成为组内的技术引领者和创新实践者。

③在日常教学中认真践行智慧课堂教学改革方案要求，及时反馈问题、总结经验教训并勇于探索创新实践路径，逐步形成具有自身鲜明特色的学科教学模式和风格。

④积极参与各类教学研究活动和课题研究项目工作，撰写高质量的教学论文和案例分析报告等成果材料，提供丰富多样的图片、文字、音频、视频等素材，支持学校科研与宣传工作。

⑤教研组要充分发挥团队协作精神，深入挖掘和培育优质课堂案例资源，在提升教师教学质量的基础上积极配合信息中心完成优质课程的录制和传播工作。

（5）信息中心

承担学校网络与信息技术设备的日常运行维护工作任务；保障数字教育资源在全校范围内的有效配置和高效利用；承担优质课程的录制任务和技术支持工作；为智慧课堂教学改革提供坚实的技术保障和支撑服务。

(6) 智慧教育平台运营服务机构

智慧教育平台运营服务机构不仅负责平台的日常运维工作，更要与学校紧密合作，共同策划和实施各类教研活动，致力于将系统功能与智慧课堂教学实践紧密结合在一起，持续优化服务，以更好地满足一线教学需求。此外，还应积极引进优质的第三方课程资源和技术手段，充分利用数字化技术为智慧课堂教学改革注入强大动能，助力教学模式创新和教学质量的整体提升。

三、成立智慧课堂教学研究中心

为了深入指导并实践研究智慧课堂教学改革，西安藤信学校特此成立智慧课堂教学研究中心。该中心汇集学校领导、年级组长以及各教研组骨干教师等精英力量，共同致力于构建以问题为导向的智慧课堂体系，将新课标理念贯穿于日常教学的始终，有效培养学生的核心素养。

1. 研究中心组织结构及明确分工

（1）领导层及其具体职责

①主任：全面主持智慧课堂教学研究中心的工作规划，并监督其实施情况。

②副主任：协助主任处理日常工作，专注于具体领域的改革和研究任务推进。

③秘书长：负责中心内部的协调与沟通，同时承担相关文档资料的整理与管理工作。

（2）工作小组设置及职责

①课堂改革实践组

专注于智慧课堂模式的落地实施与创新探索。

②自主学习与管理研究组

重点关注学生自主学习能力的提升及自主学习能力在智慧课堂中的有效应用。

③教育资源建设组

负责开发、整合和优化各类数字课程资源，推动资源库的持续升级。

④课题研究推进组

积极开展教育教学科研项目的申报与实施工作，力求产出高质量的研究成果。

⑤技术应用与培训组

强化教师在信息技术方面的技能训练，推广智慧教育平台的合理、高效使用。

⑥系统运维保障组

确保智慧教育平台的稳定运行，提供及时、专业的技术支持服务。

2. 研究中心主要工作任务

（1）细化并践行智慧课堂教学模式

研究中心将进一步细化并完善问题化导向的智慧课堂教学模式，制订各环节的实施方案，并严格检查、跟进其执行情况。

（2）发挥示范引领作用，促进教研组协同发展

①定期组织各教研组开展公开课观摩活动，借鉴并推广优秀教学方法。围绕智慧课堂教学原则，深入探讨如何融入新课标理念和核心素养培育。

②通过集体备课、轮流展示等方式，确保全体教师达到智慧课堂教学的基本标准。发挥年级组长和教研组长的表率作用，提升团队整体的智慧课堂教学水平。

（3）深入开展课题研究，积累教育教学成果

积极收集并整理教育教学数据资料，鼓励全员参与课题申报与研究工

作。力求每位成员都拥有自己的研究课题和发表的教学论文，形成实用、有价值的科研成果。

（4）引领教研活动，增强教学实效性

指导各教研组根据智慧课堂教学模式设定研究主题，确保教研活动具有针对性和实效性。

（5）加强教师数字素养培训，提升技术应用能力

持续开展教师在数字技术软件和智慧教育平台应用方面的专业培训活动，全面提升其数字教学能力和素养。

（6）打造优质数字教育资源库，服务智慧课堂教学需求

在引进外部技术和资源的基础上，重点加强校本数字资源库的建设与管理，确保数字教育资源丰富、适用，并满足智慧课堂教学的多样化需求。

（7）组织系列教学竞赛活动，激发教师创新活力

有序组织教师参加各类教学竞赛活动，如课件制作大赛、微课视频制作大赛等。通过竞赛激发教师的创新活力，推动智慧课堂教学改革的深入发展。

（8）优化智慧教育平台功能配置，提供强大技术支持保障

深度分析并持续优化智慧教育平台的功能配置和服务支持，使其更加符合智慧课堂教学的实际需求，为高效、便捷地开展智慧课堂教学提供坚实的技术支撑和保障服务。

3. 各工作组的工作内容和职责

（1）课堂教改组工作内容与职责

课堂教改组是智慧课堂教学改革理论实践探索的先锋队。教改组深入钻研建构的智慧课堂教学体系及实施策略，针对不同学段的学生特点，创新性地细化并落实"131"教学各环节的具体要求。负责规划并组织具有

明确主题的教学研讨活动，以解决当前阶段教学中的关键问题。此外，还指导各教研组及备课组开展高效的教学研究，并与教务处协同安排全校性的集体听课、评课活动。课堂教改组负责组织以老带新的工作安排，最大限度地发挥优秀骨干教师的示范引领作用，并策划安排学校教师的智慧课堂教学展示、比赛等与教学相关的活动。

在实际操作中，课堂教改组充分利用数字课程资源和智慧教育平台，全力推动"前置性自主合作学习"的实施。前置性自主合作学习与课前自主合作学习虽都发生在正式授课前，但侧重点有所不同：前者更注重引导学生完成学习案，后者则注重通过驱动性问题引导学生利用数字资源进行自我探究后的合作学习。在实际应用时，这两者可以灵活结合，统称为前置性自主合作学习，通过驱动性问题和数字课程资源，实现学习内容的前置深度学习。前置性自主合作学习要完成教学内容的$\frac{1}{4}$以上，为后续教学奠定基础。教师可根据学生预习后的反馈进行二次备课调整，实行精准教学。为此，课堂教改组对前置性学习提出具体翔实的要求，确保有布置、有检查，并借助智慧教育平台进行同伴互评，切实保障前置性自主学习的效果。

具体工作职责如下：

①深入学习和领悟智慧课堂教学改革理念及现代教育理论，积极践行新课标，在智慧课堂教学实践中精细化设计各个教学环节，确保高阶思维能力培养和学生核心素养的形成得以有效落实。

②积极收集整理智慧课堂教学过程中的各类资料，配合课题研究组动员教师积极参与课题申报工作，鼓励教师从日常教学实践中提炼、思考、积累素材，并投身于科研课题的研究与总结中。

③组织校内教师广泛开展教学研讨会，撰写教学论文与心得体会，并协同完成学校内部教学刊物的编辑出版工作。同时，协助学校宣传部门主

动提供反映智慧课堂教学成果的相关材料和宣传素材。

④不断优化和完善智慧课堂教学模式及其操作流程，系统归档学科内的课改资料并建立完备的学科档案库，以便随时向学校提交相关材料，并提供本学科高质量的智慧课堂教学音视频素材。

⑤确保每个教研组至少培养两名（对于大学科则不少于三名）能够熟练掌握音视频剪辑、编辑等信息技术技能且熟练掌握学校录播室及相关技术设备操作方法的骨干教师，以支持智慧课堂教学的技术需求。

（2）自主管理组工作内容与职责

自主管理组在智慧课堂教学中扮演着举足轻重的角色，充分体现了构建学习共同体对于教学改革的重要性。学习共同体是学生群体在共享学习目标指引下通过协同合作、交流分享共同完成学习任务的一种学习模式，其核心目标是促进学生的团队协作能力、创新能力及批判性思维的发展，从而提升学习效果和激发学习兴趣。学生自主管理则是指鼓励学生主动参与学习过程和班级管理活动，以培养自我管理能力、团队精神、责任感及自信心，使学生能够在学习中发挥主动性与创新性。学习共同体为学生自主管理提供了理想的环境与条件，其中的学生互助、知识交流能有效提升个体的学习能力和水平。与此同时，学生自主管理也有力地支持了学习共同体的建立和发展，使学生更加积极地融入学习共同体中，实现个人价值和作用的最大化。加强学习小组的组织建设是发挥学习共同体作用、实现智慧课堂教学模式有效运作的关键，也是确保教学质量的重要保障。

德育处需紧密结合智慧课堂教学改革的新形势，研究如何创新和加强学校的德育实践，探索实施有效的学生自主管理模式，并制订详细的班级工作考核细则，确保各项措施落实到位。在此过程中，应充分利用智慧教育平台优化并执行好自主管理中的考核评价机制，使其成为推动学生全面发展的有力抓手。

具体工作职责如下：

①明确学生自主管理在智慧课堂学习共同体构建中的核心作用，通过培养学生自我管理意识来深化和完善学习共同体的建设工作，使之成为推动智慧课堂教学改革的重要力量。

②营造积极向上的学习共同体氛围，不仅将其作为实施自主学习、合作探究、成果展示等教学流程的有效载体，更将其打造成增进学生间思想碰撞、情感交流的重要平台，从而促进班级整体管理工作健康有序发展。在此过程中，积极邀请家长参与到学习共同体的建设中来，以共同体为纽带，进一步强化学生之间、师生之间以及家校之间的良好互动。

③深入研究在智慧课堂教学改革背景下，如何更有效地开展德育工作，推行学生自主管理的策略和方法；制订并执行详尽的班级工作考核标准，以检查与落实各项德育措施的实施情况，为学生的全面发展和健康成长提供有力保障。

④协助班主任做好班级学习共同体的具体构建工作，注重强化共同体的文化建设，建立健全相应的规章制度，明确各个教学环节中学习共同体成员的角色定位和行为要求，以确保各项教学活动的顺利开展和实施。

⑤充分借助智慧教育平台的优势，将过程性评价融入学习共同体建设的各个方面，使之成为推动学生持续发展的重要动力。通过制订科学合理的评价体系和运用多元化的评价方法，全面、客观地反映学生的学习情况和发展状况；同时关注学生的个体差异和特长发展，为其提供个性化的指导和支持，使每个学生都能在学习共同体中找到属于自己的位置和价值。

（3）资源建设组工作内容与职责

数字技术资源是支撑智慧课堂教学有效实施的关键要素，为智慧课堂教学各个环节的落地实施提供强大的技术支撑。资源建设组的核心任务在于精选资源，构建符合本校实际的高质量资源库，并将这些资源转化为便于系统进行智能分析评价的形式。该组需要与智慧教育平台保持紧密的常态化沟通联系,共同优化和改进平台功能,以更好地服务于智慧课堂教学改革的需求。

具体工作职责如下:

①主动与智慧教育平台保持持续沟通,及时反馈使用中的问题和需求,提出针对性的改进建议,促进平台功能的持续完善和优化。

②积极搜寻、整理并筛选符合新课标且适合本校学生学习特点的各学科试题资源,协同智慧教育平台完成试题的数字化录入工作,确保资源的准确性和可用性。

③深入研究智慧教育平台的各项功能模块,通过实际使用和数据分析提供改进建议,使平台的试题检测与推送功能更加精准,提升系统智能化分析及个性化推荐的效果。

④关注学生的错题数据,深入研究错题集功能的优化方案,旨在最大化地利用错题资源提升学生的智能化学习体验,辅助学生高效地进行查漏补缺,提高学习效果。

(4)课题研究组工作内容与职责

课题研究组是深入理解和掌握智慧课堂教学改革理论,并结合新课标在实践中进行积极推广和应用的重要力量。该组围绕智慧课堂开展全方位的教学研究活动,积累相关资料和数据,推动教育教学创新,为提升学校整体教学质量贡献力量。

具体工作职责包括:

①系统学习并深刻理解智慧课堂教学改革理念及现代教育理论,将其融入日常的智慧课堂教学实践中,不断探索和创新教学方法和手段,以提高教学效果。

②在智慧课堂教学过程中注重收集有价值的资料与数据,积极参与各

级课题的申报和研究工作，紧跟上级课题研究动态，及时了解和掌握最新的教育教学理论和实践成果。

③组织校内教师开展丰富多样的教学研讨活动，鼓励教师撰写学术论文、心得体会等教育教学成果，负责教学期刊、课改简讯的编辑出版等工作，为学校营造良好的学术氛围和教研环境。

④不断细化和完善智慧课堂教学的流程及其操作指南，建立专门的课改档案，全面收集整理课改相关材料；同时定期编纂出版《课改简讯》等刊物，做好智慧课堂教学改革成果的宣传推广工作，以扩大学校的影响力和知名度。

（5）技术应用组工作内容与职责

技术应用组的核心任务是确保教师能够熟练掌握并有效运用教育教学过程中必备的数字技术软件，以提升全体教师的数字素养和教学技术能力。该组负责规划和组织各类培训活动，涵盖常用软件的应用指导以及在数字化课程制作、作业提交、课件设计、视频创作等方面的作品征集与初步评审工作。

具体工作职责如下：

①根据学校实际情况制订并实施关于教师数字技术软件应用的培训计划和策略，确保教师能够在学校管理、教育教学等各个环节中熟练使用各类主流及新兴的教育科技工具，提高教学效果和工作效率。

②定期向教师介绍新推出的教育技术软件及其相关技能，举办线上或线下的培训活动，提供必要的技术支持和指导，帮助教师快速掌握并熟练运用这些工具进行教学和管理工作。

③积极组织和开展教师在数字技术相关的作业、课件设计竞赛、视频制作大赛等活动中的作品征集和评选工作，提供专业意见和技术支持，激发教师的创新热情，提高其数字化教学能力。

④深入各教研组，了解一线教师的教学需求和反馈意见，收集并整理教师在使用智慧教育平台过程中遇到的问题和改进的建议，为优化系统功能提供有价值的参考意见和改进方向。同时，每个教研组应培养至少两名精通音视频剪辑、编辑技术及录播室操作的骨干教师，以保障智慧课堂教学的顺利开展。

（6）系统运维与研发组工作内容与职责

系统运维与研发组承担着智慧教育平台的日常运行维护、功能升级迭代等重要工作。该组结合先进的教育教学理念不断优化平台服务教育教学的功能，为智慧课堂教学的顺利实施提供坚实的技术支撑和保障。

具体工作职责如下：

①产品研发团队负责根据前沿教学理论和实际教学需求对智慧教育平台进行持续的功能增强、体验优化和版本迭代工作，确保其始终适应并推动智慧课堂教学改革的发展。同时，积极探索并引入第三方产品，如理科模拟实验工具、生成式人工智能技术等，进一步丰富和完善平台的功能，提升用户体验和教学效果。

②基础支撑团队负责智慧教育平台的软硬件设施及网络环境的日常运维管理工作，保证其稳定高效运行，以满足全校师生的使用需求；定期对设备进行检查和维护，及时处理故障和问题，确保教学活动的正常进行。

③资源建设团队负责高效整合与开发优质教育资源，维护更新数字化资源库，为师生提供丰富多样的教学资源和学习材料；与资源建设组保持紧密沟通与合作，确保资源的准确性和时效性，以满足智慧课堂教学的实际需求。

④用户支持团队致力于为教师和学生提供平台使用的培训辅导、资料更新、用户反馈处理以及需求采集等工作，耐心解答用户的问题，提供个性化的指导和帮助，使用户能够充分利用平台的功能提高教学效果和学习

效率。

⑤特别关注教学评价体系的研发工作，尤其是基于智慧课堂的学生学习行为的过程性评价系统；通过多角度、多层次地构建综合性评价维度，积累大数据，为学生综合素质评价系统的研发提供科学依据和有力支持，促进学生的全面发展和个性化成长。

虽然各组的工作内容和职责各有侧重，但都紧密围绕智慧课堂教学改革的目标，相互协作，共同推进。课堂教改组深入钻研教学理论，深入课堂教学实践，为改革提供坚实的理论支撑和实践指导；自主管理组则通过培养学生的自我管理能力，为智慧课堂构建高效的学习共同体；资源建设组精心打造数字技术资源库，为智慧课堂教学提供强大的资源保障；课题研究组专注于教学研究与创新，为改革不断注入新的活力；技术应用组致力于提升教师的数字素养，确保技术为教学服务；系统运维与研发组全力保障智慧教育平台的稳定运行与持续优化。各组的分工虽然明确，但又相互交织、互为补充，共同构成了智慧课堂教学改革的完整体系。在这个体系中，每一个组都是不可或缺的一部分，各组的工作成效将直接影响智慧课堂教学改革的整体推进和最终成效。因此，各组要保持高度的责任感和使命感，紧密协作，共同为智慧课堂教学改革的成功实施贡献力量。

四、智慧课堂教学导师团的构建与实施

为了深入推进学校的问题化学习智慧课堂教学改革工作，学校智慧课堂教学研究中心精心组建了智慧课堂教学导师团，并在其下设十个"智慧课堂教学名师成长共同体"（简称"共同体"），特别邀请校内十位在教学教研方面表现卓越的教师担任"智慧课堂教学导师"，分别引领十个共同体的实践活动。

1. 智慧课堂教学导师团结构

智慧课堂教学导师团包含十个专属共同体，每个共同体配置一名导师及 2~3 名自愿报名、通过双向选择机制确定的学员。智慧课堂教学研究中心可根据实际需要，与教研组协商，进行适当的人员调配。

2. 共同体工作基本要求

（1）学习与研究内容

①教育教学理论学习

深入理解和实践学校提出的智慧课堂教学实施方案。

②日常教学实践探索

针对智慧课堂模式的"131"核心教学环节，即数字资源应用、自主学习引导、小组合作探究、成果分享展示和教师引导评价，具体落实操作要求，确保学生主体地位得以充分体现。

③基础技能提升

从备课、课堂教学、作业布置及课后辅导等多维度加强智慧课堂教学的基本技能训练。

④小组建设与学生思维培养

研讨如何通过规范和完善学习小组建设，有效实施"131"的课堂教学环节，进而培养学生的高阶思维能力和核心素养。

⑤课堂管理优化研究

提高智慧课堂教学的组织管理和课堂控制技巧，追求课堂教学的灵活性与高效性。

⑥数字课程资源制作学习

掌握高质量数字微课视频的制作技术，并熟练运用智慧教育平台的各项功能。

（2）学习与研究形式

在导师带领下，共同体成员共同学习研讨、交流分享，旨在促进导师和学员的共同成长。具体形式有：

①集中式学习研讨

定期在共同体内部举行学习讨论会，导师为各成员提供个性化指导，交流学习心得。

②听课评课制度实施

每周至少组织两次集体听课与评课活动，导师亦可为个别成员安排单独的听课与指导。

③观摩互动活动

共同体成员间相互观摩课堂，或与其他共同体进行交叉交流学习。

④开展联合教研活动

两个或多个共同体可联合开展教学理论学习研讨，共享实践经验，集中进行听课与评课活动。

（3）学习与研究周期

学习研究周期一般为一个学期，必要时可酌情延长。

（4）结业验收标准与程序

结业考核参照"西安藤信学校智慧课堂教学评价表"，以各共同体导师的示范课堂为最低标准。验收主要涉及两点：

①学期末，由学校组织导师团对共同体工作成果进行验收评估。在研究中心领导下，导师团团长负责组织$\frac{2}{3}$以上导师及若干名学员的验收小组，对全体学员进行工作表现考核、评价与验收。未达标的学员需在下个阶段继续跟随导师团学习直至达标。

②根据共同体学员的综合评价及研究中心的全面考核结果，评选"智慧课堂教学优秀导师"。若共同体中有学员未达到结业标准，则该导师不

具备参评资格。

通过这一严谨有序且富有创新性的智慧课堂教学实践体系，导师与学员将共同进步，提升教学水平，推动全校智慧课堂教学质量的整体提升，助力学校向现代化一流示范学校迈进。

3. 导师工作职责及待遇

（1）导师工作职责

智慧课堂教学导师承担类似名师工作室或师徒传承的核心任务，对学员进行一对一细致的指导。导师需为所负责的共同体制订详细的工作计划、目标及具体要求。主要职责有：

①与学员一起学习教育教学理论、最新课程方案和课标；研究智慧课堂教学模式与流程，结合学科特点研发实施策略并创造性实践智慧课堂教学。

②对学员进行单独听课与课后即时交流指导，点明教学亮点及改进空间；组织共同体集体听课与评课活动；组织学员到其他共同体观摩学习，实现经验共享与互动提升。

③深入理解学习小组建设细则并研讨优化策略，确保智慧课堂教学各环节有效落实；引导学员强化智慧课堂教学基本功训练并确保技能扎实。

④研究数字课程资源制作方法并指导协助学员共同创作高质量课程资源；学习传授智慧教育平台操作技巧并确保学员熟练掌握相关功能应用。

⑤认真筹备组织教学研究活动并确保有规划、有记录、有过程、有检查、有总结；学期末提交完整活动记录总结报告。

（2）导师津贴政策

①导师指导每两名学员，每月发放津贴 ×× 元；每增加一名学员，津贴相应增加 ×× 元；津贴随工资按月发放。

②学员在共同体学习期间参加校内比赛并获得一、二、三等奖时，分

别给予导师××元、××元、××元奖励；参加区、市、省、国家级比赛获奖时，奖励金额逐级递增××元。

4. 学员工作职责

为促进导师与学员的良性互动和共同进步，特制订共同体学员基本工作职责要求：

（1）坚持自主学习与集体研讨相结合的原则，深入理解和掌握学校提出的智慧课堂教学模式基本要求，并主动观看校内优质课程实录，积极与其他学员分享心得，开展集中研讨活动。

（2）珍惜学习机会，服从导师工作安排，积极参与共同体各项教学研讨活动，不得无故缺席，如遇特殊情况需提前向导师请假说明。

（3）充分尊重和支持导师工作，顾全大局，服从安排。

总之，导师与学员应携手共进，在提升自身教学能力的同时通过各个共同体的教学研讨，努力带动全校教师提升数字化教学水平，共同为学校发展成为现代化一流示范学校贡献力量。

第二节　举办系列教学竞赛活动

为了有针对性地提高智慧课堂各个环节的教学水平，满足教学要求，可制订详细的推进计划，分阶段组织专题教学研究活动。同时，还可以举办一系列与智慧课堂密切相关的教学竞赛，以进一步激发教师的创新精神和教学热情。

一、PowerPoint 课件制作大赛

为了增强教师在智慧课堂环境中运用 PowerPoint 制作高质量课件的能力，可定期举办 PowerPoint 课件制作大赛。以下是课件制作评价参考标准。

PowerPoint 课件制作评价参考标准

作品名称：_____　年　级：_____　学　科：_____

版　本：_____　作者姓名：_____

项目	评价内容	分值	得分
主题与目标	能够从践行新课标理念和培养学生高阶思维能力的角度确定教学目标。主题突出，目标明确。	10	
结构与组织	课件内各幻灯片之间层次分明，逻辑连贯，过渡自然流畅，整体风格协调统一。	10	
图形和动画	根据教学内容，能有效利用 PowerPoint 绘制适宜图形并设置恰当的基本动画，确保文字展示速度适应学生阅读节奏。通过强调、批注等功能准确突出教学重点、难点及易混淆点，并借助动画效果提高课件趣味性和吸引力。	15	
多媒体应用	恰当融入表格、图片、图表、动画、音频及视频等多种多媒体元素，所插入内容与教学主题紧密贴合，清晰度高、位置得当，并掌握超链接、动作功能以及动画触发器等控制技术。	15	
设计和排版	页面布局简洁明了，易于阅读理解；整体设计美观，拥有统一的设计风格和配色方案。版面布局合理，色彩搭配和谐，符合教学目的和学生的认知习惯。	15	
文字和字体、字号	文字清晰易读，无拼写和语法错误，对比度适宜，字体、字号选择得当（避免使用宋体，字号不小于 24 磅）。	15	
技术与运行	作品经过优化处理，加载快速，播放顺畅稳定，操作便捷灵活，交互性强，启动和链接转换时间短。	10	
创意和创新	在内容呈现、设计思路和技巧应用上展现出一定的创新性，体现教师的独特创意和创新思维，例如使用交互式元素、游戏化设计等方式，以激发学生的参与热情和兴趣。	10	

评价人：_____

总得分：_____

二、举行微课视频制作大赛

在筹备微课视频大赛的过程中,不仅要遵循优质微课视频的标准,还应明确技术层面的若干关键要求。

1. PowerPoint 课件规范

(1)画面尺寸与格式

鉴于多数微课视频是在高质量的 PowerPoint 课件基础上录制的,所有课件需统一设置为 16∶9 宽屏格式,并以"*PPT"或"*PPTX"的标准格式保存。

(2)封面设计规范

①中文版式

A. 课程名称采用微软雅黑字体,字号设定为 48 磅。

B. 学校全称务必填写完整。

C. 学科、年级、主讲人和学校信息采用华文楷体,字号 28 磅,根据实际内容适当调整大小。

②英文版式

A. 课程标题使用 Times New Roman 字体,字号推荐 32~36 磅,重要部分可加大至 40 磅。

B.(Period1)标签应用 Arial 字体,字号设为 28 磅。

C. 正文文字通常采用 24~28 磅,强调部分可用 32 磅。注意中英文标点符号的正确使用,如中文省略号用"……",英文省略号用"…"。

(3)正文内容规范

①中文正文

A. 标题采用黑体,字号 30 磅。

B. 内容正文使用华文楷体,字号尽量不小于 24 磅,辅助性文字至少 18 磅,行数与字数限制为单页不超过 8 行,每行不超过 28 个汉字。

②英文正文

A. 标题采用 Times New Roman 字体，也可搭配 Arial 字体，字号建议 32~36 磅，突出部分可增大到 40 磅。

B. 正文内容同样以 Times New Roman 字体为主，字号 24~28 磅，强调部分可选 32 磅。

C. 英文文本一行一般不超过 15 个单词，单页文本不超过 8 行。

2. 视频录制及后期处理标准

（1）音视频质量

智慧课堂环境下，微课视频要具备高清画质和清晰音频，确保学生能够无障碍接收教学内容。推荐使用高清摄像头和专业麦克风录制，并运用降噪技术减少背景杂音。

（2）分辨率

视频分辨率应选择高清级别，比如 720P（1 280×720 像素）或 1 080P（1 920×1 080 像素），确保画面细腻、易读。

（3）帧率

推荐设置视频帧率为 30 帧/秒或以上，以呈现流畅的画面动画效果。对于包含较多静态幻灯片的 PowerPoint 录制，可以适当降低帧率至 25 帧/秒，以减小文件体积而不影响观看体验。

（4）编码格式

优选 H.264 编码（常见于 MP4 格式）或者 VP9 编码（常用于 WebM 格式）。这些高效压缩格式既能保证视频质量又能控制文件大小，尤其是 H.264 因其较强设备兼容性而被广泛采纳。

（5）视频时长与大小

针对智慧课堂的特点，微课视频时长宜控制在 3~8 分钟，保持内容精练；精品课程视频则为 20 分钟左右。同时，要确保视频文件大小适中，方便学生在线播放和下载。

（6）视频格式

选用MP4等主流且跨平台兼容的格式，便于在不同设备上顺畅播放。

（7）剪辑与字幕

视频制作过程须注重剪辑逻辑性和条理性，可考虑添加字幕，增强学生的理解和接受度，符合智慧课堂无障碍学习的需求。

（8）动画与特效

合理运用动画与特效增强视频的趣味性和吸引力，但要确保内容传递的有效性，避免过度使用导致学生注意力分散。

通过上述细化的规范和要求，参赛教师会更好地制作出符合智慧课堂教学需求的高品质微课视频。

智慧课堂微课视频评价参考标准

作品名称：_____ 年　　级：_____ 学　　科：_____

版　　本：_____ 作者姓名：_____

项目	评价内容	分值	得分
教学理念	课程内容的设计体现新课标理念，能够体现现代教育思想和教学方法，体现培养学生核心素养的教学目标。	15	
教学设计	教学组织结构合理且富于创新，能够有效激发学生内在学习动机，针对教学重点、难点、疑点及易错点设计针对性的教学策略，提升教学效果。	15	
教学内容	教学内容的编排符合学生认知发展规律，主线清晰明了，重点难点突出，逻辑性强，无任何知识性和逻辑错误。	10	
数字技术	微课视频制作过程中，拍摄、剪辑、后期处理等技术运用得当，内容过渡自然、条理分明，画面音效连贯一致，充分展示智慧课堂多媒体技术的整合优势。	10	
作品规范	微课视频时长严格控制在10分钟以内，画质高清稳定，图像清晰细腻，声音纯净无杂音，同步准确无误。同时，视频格式适应各类智能终端播放需求。	10	

续表

项目	评价内容	分值	得分
语言规范	普通话发音标准纯正，语音富有节奏感与感染力，语言表达生动活泼，有利于吸引并保持学生注意力，增强其对课程内容的理解与记忆。	15	
趣味性强	教学过程寓教于乐，深入浅出，采用丰富多样的教学手段和互动元素，引导学生主动参与，提高其学习兴趣与积极性，体现智慧课堂教学的互动性和个性化特点。	10	
目标达成	完成预设的教学目标，切实解决实际教学问题，有效促进学生思维深度拓展和多元能力的发展，展现出智慧课堂教学对学生全面发展的有力支撑。	15	

评价人：_____

总得分：_____

三、举行智慧课堂教学大赛

为了深化学校智慧课堂教学改革，激发全体教师特别是各学科教研组对智慧课堂教学改革的热情，促进教师之间和教研组之间的教学研讨与交流，学校要定期或不定期地举办智慧课堂教学大赛。这一举措旨在推动学校智慧课堂教学的不断进步与发展。西安藤信学校每年会定期举办这样的智慧课堂教学大赛活动。

西安藤信学校第★届智慧课堂教学大赛活动方案

为进一步贯彻新课标精神，践行学生核心素养的全面发展，推动智慧课堂教学模式的深度变革与创新，激发教师团队活力，提升整体教育教学质量，西安藤信学校特举办★★★★学年度"以小组合作学习驱动智慧课堂实践"为主题的第★届智慧课堂教学大赛（简称为"大赛"）。现将具体事项公告如下：

一、鲜明主题

本次大赛的主题为"以小组合作学习驱动智慧课堂实践",旨在鼓励教师通过小组合作学习的方式,推动智慧课堂教学模式的深度变革与创新(注:每届大赛将根据实际教育环境和需求,设立不同的主题,以保持活动的针对性和实效性)。

二、明确目标

本次大赛的目标是引导教师落实立德树人根本任务,积极参与和推动教育教学改革。通过充分利用智慧教育平台,强化教学互动,提升个性化教学水平,实现课堂教学的创新性飞跃。同时,特别强调小组合作学习的重要性,希望通过小组合作学习的方式,激发学生的学习兴趣,提高学生的团队协作能力,培养学生的创新思维和解决问题的能力。

三、广泛参与

本次大赛面向全校在职教师,期待每一位教师的积极参与。

四、赛事日程

****年**月**日至****年**月**日

(一)赛程安排

大赛包括初选、复赛和总决赛三个环节。初选和复赛由各学部分别组织完成,总决赛则由学校教科室、教务处联合统一策划执行。

初选阶段:****年**月**日—****年**月**日

复赛阶段:****年**月**日—****年**月**日

总决赛阶段:****年**月**日—****年**月**日

(二)相关要求

1.各学部须在****年**月**日前向教务处提交详尽的初选与复赛工作计划和实施方案。

2.复赛结束后,各学部按照既定名额(详细分配见附件)推荐优秀教师晋级总决赛,并于****年**月**日前上报至学校教科室。

3.教务处在收到各学部上报的初复赛结果后,将于****年**月**日公布总决赛的具体日程安排及相关事宜。

五、总决赛精彩看点

1.评审阵容强大

为了确保公平公正,我们将邀请智慧课堂研究领域的权威专家以及我校骨干教师组成专业评委会,由校长亲自担任总督导,严格监督评审过程。

2.评审标准科学严谨

我们的评审标准将基于智慧课堂教学评价体系,对参赛教师的教学设计、实施效果、学生参与度以及技术运用等方面进行全面评价。所有评分将公开透明,最终奖项归属将根据评分高低公正决定。

六、丰硕奖品等你来拿

本次大赛中、小学部各自设立一等奖2名、二等奖4名、三等奖6名及若干优秀奖。

一等奖:荣誉证书+个人奖金***元+教研组奖金****元。

二等奖:荣誉证书+个人奖金***元+教研组奖金****元。

三等奖:荣誉证书+个人奖金***元+教研组奖金****元。

优秀奖:荣誉证书。

七、激励与支持

我们希望此次大赛不仅能激励教师在智慧课堂教学上取得更大的突破,还能为获奖教师及其所在的教研组带来实实在在的荣誉和经济支持。我们相信,这将是对他们辛勤努力和创新精神的最大认可。

八、积极参与

西安藤信学校诚挚地希望所有教师能够积极参与本次大赛。我们期待每一位教师都能以此为契机，进一步推动我校智慧课堂教学不断迈上新的台阶。让我们携手努力，共同书写智慧教育的新篇章！

西安藤信学校

年　月　日

附件：

1. 各学部参加决赛名额分布表（略）
2. 西安藤信学校智慧课堂教学评价表

姓　　名：_____　年　　级：_____　班　　级：_____

学　　科：_____　课　　题：_____　时　　间：_____

项目	评价内容	分值	得分
教学目标策划	核心素养导向明确，能够体现对大单元、跨学科及综合课程的初步整合理念，采用"做中学""用中学"的教学模式，成功运用项目化、实践性、情境式等多元学习策略，并通过智慧课堂教学模式践行新课标要求，有效培养学生高阶思维能力和全面发展核心素养。	5	
	能够按照"131"的智慧课堂教学环节设计教学流程。各个环节紧密衔接，逻辑清晰。	5	
资源建设质量	智学包及多媒体课件制作精良，突出重点难点，融合图形、动画、音视频等多种数字技术手段，内容生动有趣、信息呈现图文并茂且无干扰因素，充分调动学生学习的积极性。	5	
	作业设计多元化，兼具生活实践和生产实际应用，具有实践性特点。难度适中，时长合理，注重层次性和针对性。运用系统功能进行错题整理，实现学生的个性化和差异化需求。	5	

续表

项目		评价内容	分值	得分
课堂实施过程	自主学习	能够将知识巧妙转化为驱动性问题,借助学习案引领学生完成前置性自主合作学习,确保学生能独立完成自主学习任务并通过测试验证学习效果。	5	
		充分利用智能技术工具开展自学检测,通过小组间的自评、互评以及教师适时抽查,形成良好的反馈机制,实时掌握并指导学生的自主学习情况。	5	
	合作探究	设计的合作探究问题丰富多样,紧扣主题,任务具体明了,充满真实感、趣味性和挑战性,有效激发学生深度参与合作交流与探究活动的兴趣。	5	
		探究任务设置科学,难易适中,具备可探究价值,无虚假或机械式探究现象,引导学生在解决问题的过程中形成正确而深刻的认识。	5	
	分享展示	学生积极主动发言,声音洪亮自信,思维活跃敏捷,表达清晰流畅,鼓励学生担任小主持人角色,组织高效有序的分享展示活动。	5	
		展示环节中,学生代表团队表述规范,全班学生专注倾听,记录翔实,形成良好的互动氛围,确保课堂全员参与,无消极学习现象。	5	
教师能力展现		教师能适时为学生答疑解惑,针对学生自主学习与合作探究过程中的表现给予及时有效的点拨、引导和个性化评价。	4	
		教师讲解精准到位,富有激情,语言严谨科学,善于以激励性方式启发学生思考。下课前,能带领学生共同归纳总结本节课的教学要点。	3	
		教师着装得体,板书设计合理美观,书写规范准确,彰显专业素养。	3	
小组建设管理		学习小组制度健全,拥有组名、组训和组规等文化建设元素,成员间分工协作默契,充分发挥小组在各学习环节中的协同效应。	10	

续表

项目	评价内容	分值	得分
问题驱动教学	将知识内容巧妙转化为结合生产生活实际的问题情境，问题设计有梯度，难易适宜，确保问题导向贯穿于整个教学过程。	10	
课堂气氛	学生课堂表现活跃，积极参与讨论与发言，听课专注认真。分享展示由学生主导，展现出热烈的辩论、质疑精神。	10	
技术融合能力	平台各项功能应用熟练。能充分恰当地运用多种技术工具进行教学活动。学生平板电脑、耳机齐全。	5	
	音频、视频及图片等多媒体素材选择恰当，画面布局合理，播放质量高，视听体验流畅舒适。	5	

评价人：_____

总得分：_____

第三节 智慧课堂教学的系统化培训

为了确保教师、学生以及家长能够全面地理解智慧课堂教学体系、教学策略及其实际应用，学校可精心策划一系列针对不同角色的培训活动。其中，对教师的培训是重中之重，不仅涵盖了智慧教育平台的技术操作指导，还包括如下为期七天的系统性培训，助力教师深刻理解和熟练运用智慧课堂教学模式与教学流程。

一、教师深度培训模块

1. 智慧课堂教学理念与改革研讨（一天）

本环节深入探讨智慧课堂教学改革的核心价值、定义，以及实施智慧课堂教学模式和具体步骤，旨在帮助教师理解智慧课堂如何有效促进学生高效学习，并为后续的教学实践奠定坚实的理论基础。

2. 数字课程资源制作实训（三天）

在机房操作培训中，教师重点学习如何制作高质量的数字课程资源，包括利用 PowerPoint 创作互动性强、内容丰富的课件，并结合录屏软件如 Camtasia Studio 9.0 进行录制。同时，教师还要学习如何筛选和整合网络上的微视频资源，以适应个人的教学需求。参考《方便快捷制作教学课件》（马九克著，2022 年版）和《创建高效信息化课堂》（马九克著，2020 年版），教师可以获得关于优质课件制作和 Camtasia Studio 9.0 使用方法的详尽指南。

完成机房实操培训后，教师需要完成以下作业，以检验其对所学知识的实际应用能力：

（1）制作一个 PowerPoint 课件文档

在 PowerPoint 文档中制作幻灯片，内容要求分别如下：

①设置两个文本框，分别添加"进入"和"退出"的擦除动画效果，持续时间为 1 秒；进入时从左至右，退出时从右至左，按顺序逐个显示，并用触发器独立控制两段文字动画。

②绘制一辆车子，该车的驾驶室顶棚下面挖去两个半圆的图形，添加两个轮子，设置车子能够左右运动，且轮子能够协调转动的动画。

③制作一组共 24 个大小规格统一（高为 2 厘米、直径为 3 厘米）的空心圆柱体图形，并借助对齐功能整齐排列成横 6 纵 4 的形式。

④绘制出一个秒针分度值为 1 秒的艺术钟表表盘，并添加表示"时"的数字，表示"时"的刻度线要加粗且较长。制作秒针转动的动画，且转动周期为 60 秒。

⑤插入一个音频文件和一个视频片段，并调整画面的大小和放置位置。

⑥至少设计两张体现自己 PowerPoint 课件制作水平的教学幻灯片，包含动画的设置、图形的绘制等多媒体元素。

（2）有统一规范的信息标识

所有幻灯片统一放置带有学校和个人标识的信息。例如，"某某学校某某某"；采用 28 磅黑体加粗字体，位于距离左上角水平 2 厘米、垂直 1.5 厘米处，并将其固定在母版层。所有幻灯片背景选用空白母版，使各幻灯片保持一致性和专业性。

（3）微课视频制作任务

① PowerPoint 课件录制成微课视频

根据所教授学科的内容，精心设计并完成一个完整的 PowerPoint 课件，并将其转化为高质量的微课视频。使用 Camtasia Studio 9.0 进行录制与编辑。在编辑过程中，需要达到以下要求：

A. 对视频进行精细裁剪、分割和降噪处理。

B. 添加必要的批注，以增强教学内容的清晰度和互动性。

C. 应用适当的转场效果以保证视频流畅自然。最好添加局部放大动画，以突出关键知识点。

D. 使用学校统一提供的 PowerPoint 封面和封底模板。可以先将它们导出为 JPG 格式图片，随后插入视频的开头和结尾部分。

E. 根据需要调整录制的 PowerPoint 课件视频与封面、封底图片的分辨率匹配，也可以在 Camtasia Studio 9.0 预览窗口中通过鼠标拖拽来调整其大小，最终输出 MP4 格式视频文件。

注意事项：视频规格应遵循统一标准，即格式为 MP4，长、宽比为 16∶9，分辨率为 1 920×1 080，最低为 1 280×720。每个微课视频时长控制在 3~8 分钟，且单个 MP4 文件大小不宜超过 50 M。保存编辑过程中的所有相关文件，包括源文件、项目文件及最终生成的 MP4 视频文件，并放置于同一文件夹内。该文件夹命名为"某某某培训作业"。同一文件夹内的三个主要文件需统一名称为"某某某微课视频"。其他辅助媒体素材也应存放在此文件夹内。

②网络视频改编为小视频课程

至少选取一段符合自己教学需求的网络视频，运用 Camtasia Studio 9.0 对其进行专业编辑加工。具体步骤如下：

A. 在开始和结束处添加由 PowerPoint 转换而成的 JPG 图片作为视频的个性化封面和封底。

B. 引入转场特效以提升观看体验。

C. 如有必要，可替换原有音频，加入自己的讲解声音或者背景音乐，以强化课程内容的表现力。

D. 应用放大和还原动画效果，以聚焦重要教学信息。

完成编辑后生成 MP4 格式视频文件，确保满足上述规定的视频规格参数。

（4）思维导图创作

针对一个大单元或整章的教学内容，应用 GitMind 软件创建一张详尽的思维导图，用以展现结构化知识脉络。完成后请将此思维导图分别保存为 JPEG（jpg）和透明背景的 PNG 图片格式，同时还要保存为 GitMind 等可编辑格式，以便后续修改与分享。

这个作业有助于智慧课堂教学中的直观展示和学生对复杂学习内容的理解与记忆。

3. 智慧课堂教学模拟课展示（三天）

各教研组组织教师集体观看智慧课堂教学的实况录像，并围绕这些实例展开深度研讨。通过团队协作备课的方式，每个教研组选拔一位教师代表本组进行智慧课堂教学模拟展示。全校层面集中安排各教研组依次开展模拟展示活动，每位上台的教师扮演主讲角色，而其他教师则化身"学生"全程参与并模拟真实的智慧课堂教学环节，以切实理解并体验智慧课堂教学的全过程。

在教研组内部，每位教师都要有机会上一节智慧课堂教学的展示课，确保开学前每一位教师都能够充分掌握智慧课堂教学的基本流程和各项要求。

二、学生智慧课堂操作培训

为帮助新生适应新教学模式，提升自主学习能力，顺利过渡到智慧课堂教学模式，学校组织为期两天的专题培训，旨在系统介绍智慧课堂的教学流程、对自主学习能力的新要求，并通过实践操作让新生切实掌握智慧教育平台系统的使用方法，了解智慧课堂教学模式和教学流程。以下是对学生培训内容的归纳，以几个关键问题的形式呈现：

1. 智慧课堂基本认识

（1）什么是智慧课堂？

如何体现智慧课堂与传统课堂教学模式的不同？

（2）智慧课堂的核心价值是什么？

如何体现其对学生个体发展、协作学习及创新能力的培养？

2. 智慧课堂的教学流程与功能

（1）智慧课堂的一堂课通常包括哪些环节？

如何利用平台进行课前自主学习、课堂互动、即时反馈与课后复习？

（2）智慧课堂提供了哪些特色功能？

如在线讨论、投票问卷、实时测验、个性化学习资源等，它们如何服务于自主学习？

3. 智慧课堂下的自主学习能力培养

（1）智慧课堂对自主学习能力有哪些具体要求？

如时间管理、信息检索、批判性思维、自我评估等能力如何在智慧课堂中得到锻炼？

（2）如何借助智慧课堂提升学习效率？

如何利用平台工具制订个人学习计划、追踪学习进度、寻求同伴互助与教师指导？

4. 小组合作与行为规范

（1）智慧课堂中如何进行有效的小组合作学习？

如何组建学习小组？小组角色如何分工？沟通规则与合作标准是什么？

（2）智慧课堂环境下的行为规范是什么？

如何尊重他人观点、保持网络礼仪、遵守知识产权规定等，以营造积极健康的线上学习氛围？

5. 实操演练与互动技巧

（1）智慧课堂实操训练的内容与步骤是什么？

如何在教师指导下进行模拟课堂活动，如参与在线讨论、完成互动任务、使用互动白板等？

（2）如何掌握并运用智慧课堂互动技巧？

如何有效地提问、回应他人、分享观点、给予和接受反馈，以促进深度学习与知识建构？

通过解答这些问题，引导新生全方位理解智慧课堂的理念、流程与功能，明确自主学习的新要求，掌握小组合作与行为规范。通过实操演练熟悉互动技巧，为实现高效自主学习奠定坚实基础。

三、智慧课堂教学改革家长说明会

为了获得家长对智慧课堂教学方式的充分理解和支持，学校特举办了一场智慧课堂教学改革家长说明会。会议旨在全面解读智慧课堂的教学理念、模式、实际应用及其对学生全面发展的重要性，同时解答家长的疑虑。

1. 智慧课堂的重要性与价值

阐述学校引入智慧课堂这一先进教学模式的深层原因，着重强调其对学生综合素质提升、学习方式优化以及个性化教育目标实现的积极意义。智慧课堂借助信息技术手段，打破传统教育的时空限制，实现知识传授的精准化、学习过程的个性化以及教育资源的共享化，可有力促进学生主动学习、深度思考与创新能力的发展。

2. 智慧课堂的教学机制与教师角色

深入剖析智慧课堂环境下教师角色的转型与强化。尽管人工智能技术为教育提供了强大动力，但教师的人文关怀、个性化指导以及师生深度互动仍然是教育的核心。智慧课堂中的教师不仅是知识的传播者，更是学情分析师、学习设计师和学习的引导者。教师运用智慧教育平台精准把握学生的学习需求，精心设计课前自主学习任务，引导学生掌握基础知识。课堂上教师聚焦重难点讲解，组织高效的小组讨论与合作学习活动，培养学生的思辨力与协作精神。

3. 学生自主学习与课堂参与度

展示智慧课堂如何通过丰富多元的数字课程资源与智慧教育平台，点燃学生自主学习的热情。学校推行小组合作的学习模式和管理制度，确保每个学生在课堂上积极参与讨论、分享观点，形成浓厚的学习氛围。同时，倡导家长在家中扮演积极的陪伴者和支持者的角色，关注并鼓励孩子的自主学习进程。

4. 视力保护与设备使用规范

（1）设备选择与防蓝光技术

学校选用符合国家相关标准的平板电脑，内置高效防蓝光滤镜，有效降低高能可见光辐射，减轻长时间使用屏幕对学生视力的影响。

（2）时间管理与教学结合

为了进一步保护学生的视力，实施科学的管理措施来控制平板电脑的使用时间，确保学生在适宜的时间范围内进行屏幕阅读和学习活动。此外，强调面对面交流与互动的重要性，将其作为主要的教学活动方式，从而平衡数字学习工具与传统教学方法之间的关系。

（3）视力研究与影响分析

根据权威研究资料，目前并没有确凿的实验数据表明，当遵循合理的使用规范时，平板电脑会对学生的视力造成明显损害。也就是说，在智慧课堂的环境中按照制订的标准和时间限制使用平板电脑，并不会显著增加学生的近视率。

5. 网络行为管理与安全控制

（1）定制设备与权限管控

所使用的平板电脑专为教学定制，启动后直接进入封闭式学习系统，无法访问非教学相关网站，确保设备纯粹用于学习。

（2）应用限制与安全防护

设备禁止安装非授权应用，杜绝干扰学习的行为，营造纯净的学习环境。

（3）后台监控与数据管理

教学后台实施严格的监控与管理措施，记录学生操作数据，确保课堂秩序与信息安全。

（4）区别与必要性阐明

特别指出智慧课堂使用的平板电脑与家庭娱乐设备的本质区别，强调其在教育教学中的专业性与必要性。

6. 书写能力与智慧课堂的平衡

（1）平板辅助与手写练习

平板电脑主要用于承载数字化资源，辅助自主学习，不替代传统手写训练。

（2）书写要求与电子交互

尽管部分答题活动在平板上完成，但大量作业和课堂练习仍要求学生手写完成后拍照上传，确保书写技能得到持续锻炼。

（3）家长监控与反馈

家长可通过手机端实时查看孩子的作业情况，跟踪了解其学习进展以及在校表现。

7. 提升自主性较弱学生课堂效率的策略

（1）小组合作与激励机制

我们强调小组合作在智慧课堂教学中的关键作用，通过设立竞争与奖励机制，激发全体学生积极参与讨论、相互监督与支持，尤其有助于提升自主性较弱学生的学习动力。

（2）互助互惠意识培养

让学生认识到无论成绩如何，小组内的交流与合作都能带来共同进步，树立合作学习的价值观。

（3）量化管理与自我提升

将班级日常管理融入小组管理中，利用智慧教育平台实时评价与反馈学生表现，培养学生自我管理与团队协作意识。

（4）全员参与与"动车组效应"

每个学生既是被管理者也是管理者的一部分，形成班级管理的"动车组效应"，确保所有学生深度参与，携手共进。

8. 平板电脑在智慧课堂教学中的多元化应用

（1）课前自主学习与引导

教师精心设计数字课程资源，融合音视频、虚拟实验等多元教学手段，围绕核心素养目标设置探究性问题，引导学生在课前自主探究、深度学习。智慧教育平台支持小组内部的讨论、互评与自学检测，教师借此精准捕捉学生的自学动态，针对性调整教学预案，确保教学活动紧贴学生认知路径，促进知识理解与能力提升。

（2）课中实时互动与诊断

教师借助平板电脑即时推送与核心素养相关的检测题目，学生快速作答后，系统即时反馈结果，助力教师精准评估学生对核心知识的掌握程度。对于主观试题，学生通过拍照上传至大屏，实现课堂即时展示与讨论，教师运用倒计时、随机点名、抢答、计时器等互动工具，灵活调控课堂节奏，激活思维碰撞，提升教学效能。

（3）课后个性化巩固与提升

针对学生在核心素养发展过程中出现的共性问题与个体差异，教师制作针对性小视频，通过系统精准推送辅导，助力学生补短板、强优势。大数据学情报告精准描绘每个学生的素养发展图谱，指导教师因材施教。学生利用错题集功能，聚焦核心素养相关难点，实现个性化复习。精细化教学跟踪确保学生及时查漏补缺，稳步提升学科素养与跨学科能力。

（4）个人与集体学习空间的创建与互动

学生借助平板电脑创建个人线上学习空间，展示包含小组预习成果、实践项目等在内的多元学习产出，彰显个人特色，促进自我反思与成长。

教师在班级学习空间中公开展示学生的学习轨迹与优秀作品，增强学生学习成就感，同时搭建互动学习社区，鼓励学生互学互鉴，培养合作精神与批判性思维，共同构建良好的学习生态。

通过深度交流，期待家长对学校智慧课堂教学改革的理念、方法与价值有更深刻的理解与认同，共同为孩子们构建一个既能高效培养核心素养，又能兼顾身心健康发展的现代化学习环境。家校携手共育，为孩子的未来赋能，共创教育的美好未来。

第四节　取得初步成效

西安藤信学校经过数年的智慧课堂教育改革实践，取得了显著的成效。

一、教学科研成果的概览

1. 会议承办

（1）2023年7月3日，作为全国十七个培训基地之一的西安藤信学校，成功承办了由教育部教育技术与资源发展中心（中央电化教育馆）主办的"2023年教育数字化转型暨'网络学习空间人人通'专项培训"。

（2）2023年4月26日，西安藤信学校承办了面向全国1 380多名信息中心主任和教师的创客教育培训会议。

（3）2024年5月10日，由陕西省教育科学研究院主办、西安藤信学校承办的"聚焦数字课改，共研智慧课堂"数字化课堂教学改革研讨会召开，现场近400人参加，线上参与人数达6 000人。

（4）在2023年9月和2024年5月，西安藤信学校两次成功承办了丝路之秋（春）"当代名师大讲堂"活动。这一活动由陕西省教育学会与甘肃、山西、内蒙古、河南、四川等省份的教育学会联合举办。2023年承办 2 场，2024 年承办 3 场，参会人次达到 5 000 多人。在盛会上，西安藤信学校的众多学科教师代表陕西省的教师群体进行了精彩的教学展示。

2. 获得荣誉

（1）2022 年 11 月，西安藤信学校在陕西省举办的"教育技术应用论文比赛"中获得"优秀组织单位"荣誉，并在全省教师获奖数中排名第五，显示了学校在教育科研活动组织方面的卓越能力。

（2）2022 年 12 月，在西安市第二届中小学创新课堂教学大赛上，西安藤信学校以其创新教学法荣获"优秀单位"称号，并在所有参赛单位中排名第四，展示了学校在教育教学创新上的成就。

（3）在 2023 年 1 月，西安藤信学校被认定为"西安市级智慧校园示范校"。随后的 2 月，学校又被选为"西安市级网络空间学习示范校"，彰显了其在教育技术领域的领先地位。

（4）2023 年 10 月，西安藤信学校因其在美育领域的创新实践被授予"西安市中小学美育创新实验校"的荣誉称号，进一步证明了学校在艺术教育方面的领先地位。

（5）2023 年 8 月，参与华商网中考命题公益课，我校共有 2 位教师荣获"公益直播优秀讲师"称号，学校获得"优秀组织奖"称号。

（6）2023 年 11 月，获得"西安市中小学跨学科主题学习实验学校"称号。同时曹晓茹老师被吸收为"西安市首批跨学科主题学习教研共同体核心成员"。

（7）2023 年 12 月，西安藤信学校再次获得认可，被评为"西安市中小学数字化教科研实验学校"，标志着学校在数字化教育研究领域的持续领先。

（8）在 2023 年的"雁塔好课堂"评选活动中，西安藤信学校共有 7 位教师分别获得了一、二、三等奖，体现了教师团队的高水平与专业性。

在西安市第七届教师微课大赛中，西安藤信学校有 14 位教师分别获得了一、二、三等奖，再次证明了教师出色的教学能力。

（9）2024 年 1 月，获得"西安市中小学项目式学习实验学校"称号。

（10）2024 年 1 月，获得"西安市科技创新与科学教育实验学校"称号。

（11）2024 年 1 月，在西安市小学网络学习空间深化应用的优秀案例评选中，西安藤信学校的案例成为全市七个获奖案例之一，并且是全区唯一获此殊荣的案例，充分展示了学校在网络学习空间开发和利用上的杰出成绩。

（12）2024 年 2 月，西安藤信学校作为唯一的雁塔区代表，荣获"西安市'5G+ 智慧教育'教学场景应用试点学校"称号，突显了学校在利用最新科技推动教育创新方面的先锋角色。

（13）2024 年 5 月，在西安市雁塔区举行的信息科技教学大赛评选中，我校 2 位教师分别获二等奖和三等奖。

两年多时间内，西安藤信学校共获批了 10 项市级课题，教师个人获奖及发表的教育论文数量达到了 30 篇，这些数字生动地印证了学校在教育科研和学术领域所取得的丰硕成果。

二、课堂教学反馈及成效分析

2023 年 6 月中旬，我们针对学生、教师和家长分别进行了座谈会和匿名问卷调查，收集了他们对智慧课堂教学情况的反馈信息。

1. 学生座谈会反馈

（1）座谈会上，学生表示智慧课堂引导他们在课前养成了积极主动思考的习惯，课堂讨论交流避免了注意力分散的现象，并通过分享发言提高了语言表达能力和沟通技巧。同时，平板电脑教学使课堂变得生动有趣，回看功能有助于复习巩固，丰富的课程资源方便自主学习。

（2）匿名问卷调查显示

①绝大多数学生对智慧课堂多样化的学习形式表示满意，见图9.4.1。

第5题 你对智慧课堂教学中满意的选项有（可多选）： [多选题]		
选项	小计	比例
利用学习包进行课前自主自学。	430	80.98%
课堂中互动讨论合作学习的氛围。	426	80.23%
学生讨论后分享展示的过程。	386	72.69%
课堂中教师推送检测题学生作答后立即反馈。	382	71.94%
很喜欢利用平板电脑进行学习。	298	56.12%
你认为还有哪些教学行为让你满意：	33	6.21%
你认为哪些教学行为让你不满意：	24	4.52%
本题有效填写人次	531	

图 9.4.1

②超过97%的学生已适应并喜欢课前自主学习模式，见图9.4.2。

第7题 在课前自主学习的过程中，你自己： [单选题]		
选项	小计	比例
已经很适应课前自主学习的学习方式，并能够完成自主学习的任务。	314	59.13%
基本适应了课前自主学习的形式。	201	37.85%
我还不太适应课前自主学习的学习方式。	9	1.69%
没有时间，课前根本完成不了自学的任务。	7	1.32%
本题有效填写人次	531	

图 9.4.2

③ 97% 以上的学生青睐课堂互动讨论的学习方式，见图 9.4.3。

第 8 题　在课堂讨论交流合作学习的环节中，你自己：[单选题]

选项	小计	比例
很喜欢讨论交流，能够积极主动参与。	291	54.8%
比较喜欢讨论交流，也愿意参与。	225	42.37%
被动参与，不参与不行。	12	2.26%
不喜欢交流讨论不愿意参与。	3	0.56%
本题有效填写人次	531	

图 9.4.3

④高达 98% 的学生对当前的智慧课堂教学整体持满意态度，见图 9.4.4。

第 18 题 你对学校目前开展的智慧课堂教学的整体满意程度：

选项	小计	比例
非常满意	269	50.66%
比较满意	253	47.65%
不太满意	9	1.69%
非常不满意	0	0%
本题有效填写人次	531	

图 9.4.4

2. 教师问卷调查反馈

（1）教师普遍认为学生的学习态度及课堂表现有了显著改善，见图 9.4.5。

第九章　推进智慧课堂实施的必要措施

第17题　智慧课堂教学改革以来，学生的学习及课堂表现方面：[单选题]

选项	小计	比例
学生提前预习的容量变大了。	21	45.65%
师生互动交流的频次增加了。	34	73.91%
学生学习的兴趣提高了。	25	54.35%
课堂教学的容量也变大了。	23	50%
学生学习的积极性调动起来了。	29	63.04%
学生课堂参与度明显提高了。	33	71.74%
学生上课思想开小差的现象明显减少了。	11	23.91%
学生上课打瞌睡的现象基本没有了。	15	32.61%
与之前的教学模式相比，没有显著变化。	0	0%
本题有效填写人次	46	

图 9.4.5

（2）教师普遍认为学生的多方面能力得到了有效培养和提升，见图 9.4.6。

第18题　对学生的能力提高方面，智慧课堂教学你认为可以：[多选题]

选项	小计	比例
培养学生自主学习的能力。	40	86.96%
培养学生独立思考的习惯。	35	76.09%
提高学生的语言表达能力。	35	76.09%
提高学生的自主管理能力。	30	65.22%
培养学生的团队协作意识。	40	86.96%
激发学生内在学习的动力。	27	58.7%
对学生的能力培养并无显著提高。	2	4.35%
本题有效填写人次	46	

图 9.4.6

3. 家长问卷调查反馈

（1）98%的家长认可孩子已经很好地适应了智慧课堂教学，见图9.4.7。

第12题 孩子对于学校目前开展的智慧课堂教学是否适应：

选项	小计	比例
很喜欢已经非常适应了	264	49.07%
基本适应了	263	48.88%
还是不太适应	11	2.04%
完全不适应	0	0%
本题有效填写人次	538	

图 9.4.7

（2）大部分家长认为智慧课堂有效提升了孩子的多种能力，见图9.4.8。

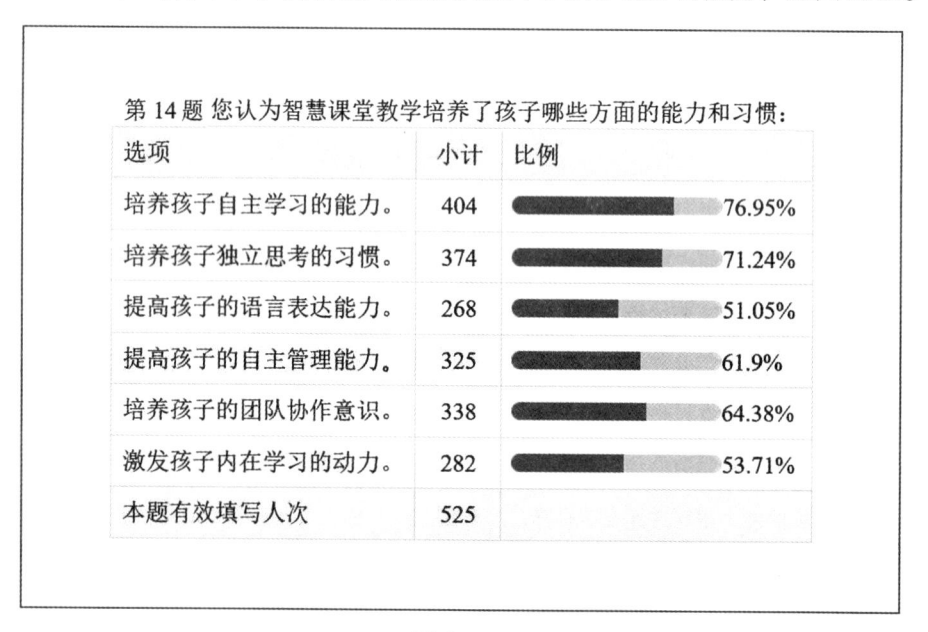

第14题 您认为智慧课堂教学培养了孩子哪些方面的能力和习惯：

选项	小计	比例
培养孩子自主学习的能力。	404	76.95%
培养孩子独立思考的习惯。	374	71.24%
提高孩子的语言表达能力。	268	51.05%
提高孩子的自主管理能力。	325	61.9%
培养孩子的团队协作意识。	338	64.38%
激发孩子内在学习的动力。	282	53.71%
本题有效填写人次	525	

图 9.4.8

（3）超过 97% 的家长对目前的智慧课堂教学表示满意，见图 9.4.9。

第 13 题 对于学校目前开展的智慧课堂教学工作，您认为：

选项	小计	比例
做得很好非常满意	224	41.64%
做得不错比较满意	301	55.95%
不是太满意	13	2.42%
非常不满意	0	0%
本题有效填写人次	538	

图 9.4.9

综上所述，教育数字化赋能、问题化导向的智慧课堂，在践行新课标理念的同时，着力培养学生自主探究、合作交流、发现问题、分析研究、解决问题以及实践应用等核心能力，有力推动了学生核心素养全面发展，落实立德树人根本任务，让学生终身受益。

西安藤信学校现已形成较为完善的智慧课堂教学理论架构及教学模式、系统的教师培训体系、一线专职兼职教研团队以及能够贯彻新课标教学理念的系统平台。学校愿携手致力课堂教学改革的同仁们，共同探索教育数字化转型的路径，进一步深化教育教学研究与实践。

扫描图 9.4.10 所示二维码，可获取更多关于西安藤信学校智慧课堂教学的详细内容与生动案例。

图 9.4.10

学习思考讨论题参考答案

问题一：在智慧课堂教学改革中，学校如何构建有效的管理体系和导师团队，以促进教师专业成长和提升教学质量？

参考答案

在智慧课堂教学改革中，构建有效的管理体系和导师团队对于促进教师专业成长和提升教学质量至关重要。以下是几个关键方面，教师可以在这些方面进行深入探讨和实践。

1. 学校顶层设计与全员协同体系

（1）顶层设计规划。明确智慧课堂教学改革的战略规划，包括发展目标、实施路径及配套政策。

（2）组织协同机制。构建灵活高效的内部组织结构，明确各部门在智慧课堂建设中的角色与职责。

（3）教育资源整合与优化。整合校内外优质教育资源，实现资源的云端化、智能化管理。

（4）新型评价体系构建。构建以核心素养为核心的科学、公正、全面的教学效果评价体系。

（5）课程体系重建。设计与智慧课堂理念相匹配的课程内容和教学方法。

（6）全员参与与能力提升。通过培训、研讨等活动，提升教师的数字素养和教学创新能力。

2. 构建健全的领导管理服务体系

（1）高层决策与统筹协调。校长负责全面统筹，业务校长制订实施方案，学部校长组织实施。

（2）教学支持与研究部门协同合作。教务处、科研室、德育处、教研组等各司其职，形成合作机制。

3.成立智慧课堂教学研究中心

（1）研究中心组织结构及明确分工。设立主任、副主任、秘书长及工作小组，各负其责。

（2）研究中心主要工作任务。细化并践行智慧课堂教学模式，发挥示范引领作用，深入开展课题研究，加强教师数字素养培训等。

（3）各工作组的工作内容和职责。包括课堂改革实践、自主学习与管理研究、教育资源建设、课题研究推进、技术应用与培训、系统运维保障等。

4.智慧课堂教学导师团的构建与实施

（1）导师团结构。设立导师团主管领导、团长和共同体导师与学员。

（2）共同体工作基本要求。包括学习与研究内容、形式、周期和结业验收标准与程序。

（3）导师工作职责及待遇。导师负责一对一指导学员，制订工作计划，组织教学研究活动，并享有一定的津贴。

（4）学员工作职责。学员需积极参与共同体活动，尊重和支持导师工作，共同提升教学质量。

通过上述措施，学校可以在智慧课堂教学改革中构建有效的管理体系和导师团队，促进教师专业成长，提升教学质量。

问题二：如何通过系列教学比赛活动提升教师的智慧课堂教学能力，并有效促进学生核心素养的发展？

参考答案

系列教学比赛活动是提升教师智慧课堂教学能力的有效途径，也是促进学生核心素养发展的重要手段。以下是几个关键方面，教师可以在这些方面进行深入探讨和实践。

1.PowerPoint 课件制作大赛

（1）评价参考标准。包括主题与目标、结构与组织、图形和动画、多媒体应用、设计和排版、文字和字体字号、技术与运行、创意和创新等方面。

（2）提升教学效果。通过比赛激发教师的创新精神，提高教师运用 PowerPoint 制作高质量课件的能力。

2.微课视频制作大赛

（1）课件规范与录制标准。确保画面尺寸、格式、封面设计、正文内容、视频录制及后期处理等符合高标准要求。

（2）促进教学创新。通过微课视频制作，鼓励教师探索新的教学方法和手段，增强教学内容的趣味性和吸引力。

3.智慧课堂教学大赛

（1）大赛活动方案。明确主题、目标、参与范围、赛事日程、总决赛看点、奖项设置、激励与支持等。

（2）教学能力展现。通过教学大赛，展现教师的教学设计、实施效果、学生参与度以及技术运用等能力。

（3）促进学生全面发展。通过小组合作学习的方式，推动智慧课堂教学模式的深度变革与创新，激发学生的学习兴趣，提高学生的团队协作能力和创新思维。

上述系列教学比赛活动，不仅能够有效提升教师的智慧课堂教学能力，还能够积极促进学生核心素养的全面发展。教师应积极参与这些比赛活动，以此为契机，进一步提升自己的教学水平，为学生提供更高质量的教学服务。同时，学校也应为教师提供必要的支持和培训，确保比赛活动的顺利进行和教学目标的实现。

问题三：如何通过系统化培训确保教师、学生和家长全面掌握智慧课堂教学模式基本要求，促进学生核心素养的发展？

参考答案

系统化培训是确保教师、学生和家长全面掌握智慧课堂教学模式的关键，对于促进学生核心素养的发展具有重要意义。以下是几个关键方面，教师可以在这些方面进行深入探讨和实践。

1.教师深度培训模块

（1）教学理念与改革研讨。帮助教师理解智慧课堂的核心价值和教学模式。

（2）数字课程资源制作实训。指导教师制作高质量的数字课程资源。

（3）智慧课堂教学模拟课展示。通过模拟展示和团队协作，教师掌握智慧课堂教学流程。

2.学生智慧课堂操作培训

（1）智慧课堂基本认识。介绍智慧课堂的理念、流程和功能。

（2）自主学习能力培养。指导学生如何在智慧课堂环境下提升自主学习能力。

（3）小组合作与行为规范。强调小组合作的重要性和智慧课堂的行为规范。

3.智慧课堂教学改革家长说明会

（1）智慧课堂的重要性与价值。向家长阐述智慧课堂对学生发展的积极意义。

（2）教学机制与教师角色。解读教学机制和教师在智慧课堂中的角色。

（3）学生自主学习与课堂参与度。展示智慧课堂如何促进学生自主学

习和参与。

通过上述培训活动，教师、学生和家长能够全面理解智慧课堂教学体系、教学策略和实际应用，从而有效提升教学质量和学生的综合素养。教师应积极参与培训，不断提高自身的专业水平和教学能力，为学生提供更优质的教育服务。同时，学校应为教师和学生提供必要的技术和资源支持，确保智慧课堂教学的顺利实施。